本专著得到

国家首批新文科研究与改革实践项目（2021140037），国家自然科学基金（72162028），内蒙古自治区自然科学基金（2021LHMS07001），内蒙古自治区高等学校人文社会科学重点研究基地基金项目内蒙古现代物流与供应链管理研究中心（201906），内蒙古自治区高等学校人文社会科学重点研究基地内蒙古互联网经济研究中心资助。

新零售商业模式的场景化创新研究

供应链、场景链、价值链的适配视角

王福　刘俊华　长青◎著

中国纺织出版社有限公司

内 容 提 要

本书区别于以往新零售商业模式研究的视角，聚焦“新零售+行业”商业模式的场景化创新，基于“人、货、场”的划分和重构的视角，从“供应链（货）”“场景链（场）”“价值链（人）”三个维度出发，分别以大型连锁超市、汽车制造业、大型连锁餐饮企业为实例，对新零售商业模式场景化创新机理和创新路径进行深入研究。在此基础之上，对这三个维度的新零售商业模式场景化创新研究的结果进行整合，以乳制品行业为例构建新零售商业模式场景化适配创新机理，提炼新零售商业模式场景化适配创新路径。理论的成功运用才是研究的根本目的，本研究从场景经济、粉丝经济和感官经济的思路出发，将理论研究落地于场景营销（场）、短视频运营（人）、感官营销（货）以及位置兴趣挖掘的新零售商业模式创新策略。

图书在版编目（CIP）数据

新零售商业模式的场景化创新研究：供应链、场景链、价值链的适配视角／王福，刘俊华，长青著. -- 北京：中国纺织出版社有限公司，2022.9

ISBN 978-7-5180-9763-0

Ⅰ. ①新… Ⅱ. ①王… ②刘… ③长… Ⅲ. ①零售业—商业模式—研究 Ⅳ. ①F713.32

中国版本图书馆CIP数据核字（2022）第148004号

责任编辑：林 启 责任校对：高 涵 责任印制：储志伟

中国纺织出版社有限公司出版发行
地址：北京朝阳区百子湾东里 A407 号楼 邮政编码：100124
销售电话：010—67004422 传真：010—87155801
http://www.c-textilep.com
中国纺织出版社天猫旗舰店
官方微博 http://weibo.com/2119887771
鸿博睿特（天津）印刷科技有限公司印刷 各地新华书店经销
2022年9月第1版第1次印刷
开本：710 × 1000 1/16 印张：15
字数：209千字 定价：120.00元

凡购本书，如有缺页、倒页、脱页，由本社图书营销中心调换

前言
PREFACE

我国零售业经历了“集贸式零售—连锁店式零售—电子商务式零售—新零售”的四个发展阶段，培育和满足着不同时期人们的消费期望，见证着国家的繁荣昌盛和国力强大。①集贸式零售。该阶段按照时间划分是指1990年以前。我国改革开放后，虽然居民收入出现了增长的趋势，但是其实际购买力并不高，主要集中在功能消费领域，该阶段企业关注的是供应链，研究的是消费者的消费需求。由于当时信息传播方式单一、物流较为原始和简单、运营模式较为粗放，因此其产能效率低下而出现了“供给”与“需求”之间的严重不匹配。此时零售业主要以百货店和杂货铺为主，体现了分散式和柜台式经营模式，整体经营能力低下，辐射人群有限。这一阶段的消费者注重产品功能，体现为以产品功能价值为主导逻辑。②连锁店式零售。该阶段按照时间划分是指从1990年开始到2002年结束。由于生产力和生产关系的不断变革，这一阶段人均可支配收入增加，消费者的消费需求呈现为多样化趋势。这一时期物流体系和商品分销体系基于上一阶段的积累和发展趋于规模化，该阶段企业关注的是价值链，研究的是消费者的消费习惯。自1992年中国允许外资零售企业在华投资，我国的零售业态进一步丰富，体现为百货、超市、便利店和专卖店等多种业态并存的格局。随着计算机技术和通信技术的不断进步，以及人们消费期望的不断变革，1996年出现了生鲜超市和社区超市等零售业态。这一阶段的消费者开始注重服务效用，体现为以多元化服务效用价值为主导逻辑。③电子商务式零售。该阶段按照时间划分是从2003年开始到2015年结束。这一阶段移动互联网逐渐普及，消费者获得信息的途径更加丰富，购买渠道更加多元，消费者开始追求性价比，对产品种类以及产品功能有了更高需求，同时也开始注重服务效用。该阶段企业关注的仍然是价值链，研究的是消费者的消费偏好。移动互联网的不断普及使物流和移动支付的性能进一步提升，诸如淘宝、京东以及阿里巴巴等电商平台快速崛起，电商模式从原来的C2C向B2C发展，形成了多种模式并存的局面。这一阶段的消费者仍注重服务效用，以个性化服务效用价值为主导逻辑。④新零售。该阶段按照时间划分是指2016年以后。这一阶段场景要素不断丰富且其功能不断强大，改变着人们的生活方式和消费期望，越来越多的消费者开始追求除产品功能价值和服务效用价值之外的场景体验价值。该阶段企业关注的是场景链，研究的是消费者的消费期望。供应链场景化的管理方式使商品生产、库存、销售环节更为智能。随着物流体系的不断健全，社区团购、直播电商不断涌现，新零售开启了以“娱乐、互动、体验”为主的场景革命。这一阶段的消费者开始注重场景体验，以场景体验价值为主导逻辑。

新零售自2016年被提出以来，其内涵和外延得到了极大的延伸和拓展，并在乳品业、制造业、餐饮业和物流业等不同领域运用，促进了“新零售+行业”的场景化经济繁荣和发展。2020年，新冠肺炎疫情的暴发使新零售的作用和地位愈发凸显。面对顾客日益多元化、个性化和情感化的消费需求、消费习惯和消费偏好及其变化，新零售如何重构人、货、场的关系，生态化地形成人、货、场的结构是非常重要和非常紧迫而不得不解决的关键问题。场景时代到来，为新零售增添了一层增强现实和虚拟现实的意义。随着大数据、移动设备、社交媒体、传感器、定位系统等场景要素在新零售中的渐进嵌入，以及其功能的逐渐强大，新零售成为“产品功能价值”“服务效用价值”和“场景体验价值”这三类价值时空化创造的立体化体现。在这种情形下，供应链各节点和各环节如何围绕核心企业构建场景节点、场景节点集群和场景链，形成新零售场景化商业模式成为学界和业界较为关注的话题，这决定了新零售的未来发展方向。新零售经历了“集贸式零售—连锁店式零售—电子商务式零售—新零售”的四个发展阶段，但其本质上是经历了“实体零售规模扩张”“电子商务爆发”“线上零售红利消退”和“线上线下融合”的四个阶段。无论在哪个发展阶段，场景要素在新零售的嵌入均属于自发性的、无意识的和粗放性的状态，并没有发挥其应有的效用，并未形成理想化的场景经济效益，这使得其难以满足顾客日益时空化的消费期望。在这种情形下，学界很有必要展开相关研究，探讨“新零售+行业”的场景化商业模式创新机理和创新路径，不断形成和完善理论体系而利于指导实践。这对于“新零售+行业”的场景化经济从高速度增长向高质量发展具有重要的理论意义和现实意义。

本研究基于关键词共现的分析方法和文献调研方法确定研究选题，进而按照如下逻辑展开研究。首先，对新零售发展概况进行介绍，并对“新零售+行业”商业模式的场景化进行论述，在对新零售商业模式场景化创新所涉及的新零售商业模式理论、场景理论、新零售商业模式场景化理论、新零售场景化消费理论、新零售商业模式用户画像理论、战略管理理论和动态能力理论进行介绍的基础上，搭建了“新零售商业模式”和“场景化商业模式”之间沟通的桥梁。其次，分别从“供应链逆向重构”“场景链构建”“价值主导逻辑演变”的“供应链（货）”“场景链（场）”和“价值链（人）”三个维度对新零售商业模式场景化创新进行研究，并将这三个维度的创新归纳为“人货场供需适配性重构”的商业模式场景化创新。再次，在分析“新零售商业模式”和“场景化商业模式”两者关系的基础上，构建“新零售+行业”的商业模式的场景化创新机理，提炼“新零售+行业”的商业模式场景化创新路径。最后，将新零售商业模式场景化创新机理和路径的研究结果落地为场景营销、短视频运营、感官营销和位置兴趣挖掘四类策略。

通过上述研究，得出以下结论：

（1）从“供应链”维度进行商业模式场景化创新。新零售虽然重点研究零售商和消费者两级供应链之间的关系，但是其离不开整条供应链各节点和各环节的参与。从“供应链”维度出发，本研究认为商业模式创新驱动来源于顾客的消费需求、消费习惯和消费偏好及其变化。通过对供应链各节点采用鱼骨图的分析方法，从终端消费者出发对其商业模式进行逆向重构，避免了现有研究仅从供应链末端研究的不足，研究结果更具有系统性、科学性和实践性。从“供应链”维度出发，基于“供应链+行业+场景”的新零售商业模式创新研究，试图实现新零售从高速度增长向高质量发展的转变，以促进“新零售+供应链+场景”经济的繁荣发展。

（2）从“场景链”维度进行商业模式场景化创新。随着场景要素逐渐渗透和嵌入供应链各节点和各环节，新零售商业模式体现在整个供应链各节点形成的场景链。由此，将新零售商业模式创新的研究由“场景节点”向“场景节点集群”再向“场景链”的形式演化。新零售商业模式创新从单个供应链节点的场景延伸至整条供应链的场景链，以“此前场景—此时场景—此后场景”的链条方式实现着新零售商业模式创新。从“场景链”维度出发，基于“新零售+供应链+场景链”的新零售商业模式创新研究，试图实现新零售从高速度增长向高质量发展的转变，以促进“新零售+供应链+场景链”经济的繁荣发展。

（3）从“价值链”维度进行商业模式场景化创新。场景要素的不断丰富使消费者从关注“产品功能价值”向“服务效用价值”转变，再向“场景体验价值”转变，这种转变体现为用户消费期望价值主导逻辑的演变。在此情形下，企业如何选择竞争战略，在价值主导逻辑演变和竞争战略选择两者交互协同演化的同时形成企业动态能力，进而实现商业模式创新。从“价值链”维度出发，基于“新零售+供应链+价值链”的新零售商业模式创新，从单纯的某类价值的单独创造向立体化价值创造转变，试图实现新零售从高速度增长向高质量发展的转变，以促进“新零售+供应链+价值链”经济的繁荣发展。

（4）从“适配链”维度进行商业模式场景化创新。基于场景化情境适配理论，对供应链各节点商业模式要素进行解构，将场景要素与解构后的商业模式要素相融合，依据商业模式画布对供应链各节点新零售的人、货和场进行适配性重构，归纳新零售商业模式场景化重构机理。通过对供应链各节点“消费场景（场）—消费期望（人）—消费情境（货）”适配性的链式重构，实现“适配链”式的商业模式创新。从“适配链”维度出发，基于“新零售+供应链+适配链”的新零售商业模式创新，试图实现新零售从高速度增长向高质量发展的转变，以促进“新零售+供应链+适配链”经济的繁荣发展。

（5）从场景经济、粉丝经济和感官经济进行商业模式创新。以“新零售+场景+感官+粉丝+位置兴趣”融合的方式实现商业模式的场景化创新，这是新零售商业模式“供应链”“场景链”“价值链”三个维度的“适配链”式创新的落地应用，体现为新零售商业模式场景化创新策略。近年来，场景化营销（场景经济）、短视频营销（粉丝经济）、感官化营销（感官经济）和位置兴趣挖掘（场景经济）在商业模式创新中发挥的作用越来越突出。在传统营销策略的基础上构建新零售商业模式场景化创新策略。为此，本研究紧密结合环境变化，基于用户消费需求、消费习惯和消费偏好及其变化的驱动，构建“新零售+场景营销+短视频运营+感官营销+位置兴趣挖掘”的新零售商业模式场景化创新策略，助力新零售从高速度增长向高质量发展转变，推动新零售场景化经济、粉丝经济和感官经济的发展。

基于前述分析，本研究将新零售商业模式场景化创新的方法归结为：对于不同行业的新零售而言，通过“供应链—场景链—价值链”三链融合的视角，依据“适配链”的方式实现商业模式创新。具体而言，通过对供应链各节点和各环节场景化情境的标准化配置满足顾客多元化消费期望，通过场景化情境的个性化配置满足顾客个性化消费期望，通过场景化情境的双路径配置满足顾客体验化消费期望，通过对供应链各节点“商业场景—消费需求—商业情境”“商业场景—消费习惯—商业情境”“商业场景—消费偏好—商业情境”的三维一景的链式适配实现新零售商业模式的场景化创新。适配链创新避免了供应链上各节点的不平衡发展，意图使供应链各节点协同发展和均衡发展，进而带动整个供应链的共同富裕，推动新零售商业模式从高速度增长向高质量发展转变，实现“产品功能—服务效用—场景体验”的立体化价值创造。以上述研究结果为依据，以文献调研方法和专家访谈方法，在“供应链—场景链—价值链”与“感官经济—场景经济—粉丝经济”之间建立关联关系，将其落地应用为场景营销、短视频运营、感官营销和位置兴趣挖掘的场景化商业模式创新策略，助推新零售商业模式场景化经济、粉丝经济和感官经济的繁荣发展。

本专著是作者主持和参与的多项科研项目成果的凝练，也是作者多年来科学研究和学术成果的结晶。本专著选题是作者博士毕业论文在新零售领域的延伸和拓展，其中部分文字来源于作者已发表的论文，这些论文被《南开管理评论》《科学学与科学技术管理》《中国流通经济》《当代经济管理》和《西安交通大学学报（社会科学版）》录用和发表，在此对上述基金项目和期刊深表感谢。

目 录
CONTENTS

第一章 绪 论

1.1 研究背景与意义

2017年被称为“新零售元年”，2018年一股“新零售+”的浪潮席卷零售业以外的行业，成为新的价值创造风口。《中国日报网》的一篇文章透露，在我国20个大类行业中，包括农林牧副渔、交通运输及仓储和邮政、计算机、批发零售、住宿餐饮、金融业、租赁和商务服务、教育、文化体育和娱乐等行业在内，已有15大类行业明确将“新零售+”的理念引入并运用到生产生活中。近些年来，零售行业风起云涌，最大的表现就是线下零售大多过得惨淡，而线上零售不断面临用户增长的成本问题。新零售经历了“实体零售规模扩张”“电子商务爆发”“线上零售红利消退”和“线上线下融合”的不同发展阶段。其中，实体零售规模扩张阶段以门店为依托，先后经历百货商场、超级市场、购物中心等形式的发展。电子商务爆发阶段主要以互联网为基础，加快大型电商平台发展，零售服务呈放射状，并带动物流业发展。线上零售红利消退阶段的人口红利消失，流量成本提高，电商行业陷入价格战，零售转型呼声渐高。线上线下融合阶段消费不断升级，大数据、云计算等新技术应用，促使线上线下融合的新零售模式诞生，并带来了新的破局点。

2016年，国务院办公厅印发《关于推动实体零售创新转型的意见》（国办发〔2016〕78号）针对当前实体零售存在的发展方式粗放、有效供给不足、运行效率不高等突出问题，提出要以体制机制改革构筑发展新环境，以信息技术应用激发转型新动能，推动实体零售实现三个转变，即由销售商品向引导生产和创新生活方式转变，由粗放式发展向注重质量效益转变，由分散独立的竞争主体向融合协同新生态转变。建立适应线上线下融合发展的标准规范、竞争规则，引导实体零售企业逐步提高信息化水平，将线下物流、服务、体验等优势与线上商流、资金流、信息流融合，拓展智能化、网络化的全渠道布局。

当传统零售企业还未觉察到电子商务对整个商业生态圈所可能产生的颠覆性作用之时，以淘宝、京东等为代表的电子商务平台却开始破土而出，电子商务发展到今天，已经占据中国零售市场主导地位。随着新零售商业模式的逐步落地，线上和线下将从原来的相对独立、相互冲突逐渐转化为互为促进、彼此融合，电子商务的表现形式和商业路径发生着根本性的转变。当所有实体零售都具有明显的“电商”基因特征之时，传统意义上的“电商”将不复存在，而人们经常抱怨的电子商务给实体经济带来的严重冲击也将成为历史，电商与线下实体不再是竞争对立的关系，而是融为一体共赢的关系，零售不再是简单地进行销售导流，而是融入了企业文化、品牌价值的消费体验享受，新零售的最终形态是现有电子商务平台逐渐消失，取而代之的是企业拥有自己的“线上物权交易平台+线下个性体验门店+新物流”的生态体系。

2018年，杭州市政府发布《关于推进新零售发展（2018–2022）若干意见（征求意见稿）》指出新零售是以信息技术为驱动，以消费者体验为核心，以大数据技术重构人、货、场关系的一种泛零售商业模式。该征求稿主要围绕新零售“线上线下融合”“消费体验”“智能化”等关键词展开，指出线上线下融合将打破孤立的电商和传统零售，各零售业态独立却不孤立。以消费体验为中心的零售，必定受到消费者追捧，也回归了零售的本质。智能化和智慧化则会通过新技术、新管理、新运营等，提升经营效率、降低管理成本，推进大型实体商贸零售企业升级改造智能化、场景化体验式零售网点，推进建立24小时无人值守货柜、无人便利店。

在这种情势下，新零售模式打破了线上和线下之前的各自封闭状态，线上、线下得以相互融合、取长补短且相互依赖，线上更多履行交易与支付的职能，线下通常作为筛选与体验的平台，高效物流则将线上、线下相连接并与其共同作用形成商业闭环。基于该模式，消费者既能获得传统线下零售的良好购物体验，又能享受传统线上电商的低价和便利，而各种新兴科技对人们购物全过程的不断渗透将使企业提供的商品与服务得以融入更多的智慧因子，进一步产生“价值倍增”的实际效果。新零售模式下，消费者可以任意畅游在智能、高效、快捷、平价、愉悦的购物环境之中，购物体验获得大幅提升，年轻群体对消费升级的强烈意愿也由此得到较好满足。

2019年，国务院办公厅印发《关于加快发展流通促进商业消费的意见》（国办发〔2019〕42号）指出顺应商业变革和消费升级趋势，鼓励运用大数据、云计算、移动互联网等现代信息技术，促进商旅文体等跨界融合，形成更多流通新平台、新业态、新模式。支持线下经营实体加快新理念、新技术、新设计改造提升，向场景化、体验式、互动性、综合型消费场所转型。自媒体火热、新零售流行、直播兴起，这些都成为一个网红最好的生产平台。网红已经成为新零售时代不可取代的经济现象，其激发国内消费潜力、促进商业消费的现象已引起社会各界的重视。近年来，新零售的兴起对社会发展产生了积极的影响，网红借势新零售平台和粉丝效应实现了千万级流量的传播，并不断出现在各类消费领域。网红带来的经济效应对于刺激消费不容忽视，国务院出台的20条新政提振消费，在全时空、多领域挖掘消费需求的背景下，新零售协会有责任利用网红效应引起经济效应，进一步刺激国内消费，使消费保持平稳较快增长。

在国内政策环境、经济环境、商业环境、社会环境、信息环境和技术环境快速变化的今天，消费者的消费需求、消费习惯和消费偏好亦发生着变化。

同时，随着场景要素在新零售商业模式中的渐进嵌入，新零售商业模式要素具有感知消费者消费需求、消费习惯和消费偏好的功能，在这种情形下，研究新零售商业模式场景化创新具有重要的理论意义和现实意义。

（1）实现了新零售理论和场景化情境适配理论的有机融合，为新零售商业模式创新的落地应用提供了理论支撑。

新零售面临着互联网增速放缓，流量红利不再，获客和留存成本愈发昂贵的事实，表现为普遍缺乏盈利模式，自身供血能力不足。随着投资大幅收缩，线上增速减缓，市场向巨头迅速聚合和垄断问题加剧，业务发展和创新受到巨大影响。线上购物缺乏人际交互与温情，无法实现实体店试穿试用的体验，生鲜冷链成本高昂、损耗巨大，各品类渗透率不断放缓。从当前多数实体企业发展现状中能得出，这是由于大多数企业转型发展的核心竞争力运用不当。部分企业在发展中将主要竞争力集中在产品终端垄断层面上，这导致它们必将受到电商冲击，从而失去转型发展的优势。分析其原因是企业并未意识到场景对于新零售商业模式的重要性，只是被动和无意识地接受场景对于新零售的作用，这使得场景对于新零售商业模式的作用较为粗放。随着大数据、移动设备、社交媒体、传感器和定位系统等场景要素在新零售商业模式嵌入的渐进渐深，以乳品业、制造业、餐饮业和物流业为代表的不同行业如何运用场景创新商业模式满足消费者特定时空的消费期望，实现其由传统零售向新零售转变是零售业可持续发展的关键。由此，本研究将新零售和场景两类理论进行关联和融合形成新零售商业模式场景化创新理论，这对于新零售商业模式创新的落地应用提供了强有力的理论支撑。

（2）基于场景化情境配置动态地满足消费者日益多变的消费期望，是新零售场景经济从高速度增长向高质量发展的现实需求。

新零售只是一个相对和动态的概念，不同时期的“新”有着不同的内涵和外延。消费者的消费期望在一定程度上符合马斯洛的需求层次理论，随着消费者的消费能力、消费水平和消费素养的不断提升，其消费期望也是动态变化的，如何基于消费者消费期望的动态变化去配置商业情境是目前业界需要关注的重要话题。新零售的出现就是要动态化地满足消费者日益多变的时空化消费需求、消费习惯和消费偏好。具体而言，就是利用场景解构原有零售商业模式，将场景要素融入解构后的商业模式要素之中形成新零售商业模式，这使得新零售商业模式要素具有感知消费者时空化消费需求、消费习惯和消费偏好的能力。在此基础上，借助"商业场景—消费需求—商业情境""商业场景—消费习惯—商业情境""商业场景—消费偏好—商业情境"的三维一景的适配，在供应链的"供给"和消费者的"期望"之间达到匹配，使消费者具有良好的线上交互和线下体验，并形成"产品功能价值—服务效用价值—场景体验价值"的时空化立体创造，且这三类价值中，场景体验价值的主导程度越来越大。新零售商业模式场景化创新动态地满足着消费者日益多变的消费期望，使新零售经济从高速度增长向高质量发展转变，促进新零售场景化经济的可持续发展。

1.2　国内外文献综述

随着移动互联网、人工智能、区块链、物联网、传感器、定位系统、大数据、社交媒体、5G、AR、VR、MR等的不断发展和其在新零售商业模式中的应用，场景经济、社群经济、粉丝经济、数据经济、网络经济、虚拟经济和共享经济等高速发展，带动了新零售商业模式的场景化创新。场景借助于对消费者消费需求、消费习惯和消费偏好的感知，通过场景化情境配置推动了新零售由高速度增长向高质量发展转变。在不同行业实践中，"新零售"和"场景"的融合效用也逐渐显现，二者间的交互作用引发了学界的热切关注。近年来，呈现了一大批“新零售”和“场景”的相关研究成果，特别值得关注的是“新零售+场景+行业”的相关研究成果逐渐显现，并初见端倪。为此，分别利用Web of Science核心合集以及CNKI期刊全文数据库对“新零售商业模式”“场景化商业模式”以及“新零售商业模式场景化创新”三个方面的相关成果进行检索（检索时间为2022年2月22日），特别是对SCI、CSSCI类型文献进行重点关注和梳理。利用SATI3.2工具进行关键词共现词频统计和构建关键词共现矩阵，然后借助Ucinet6和NetDraw社会网络分析工具绘制关键词共现图。

1.2.1 新零售商业模式研究

以Web of Science核心合集为数据源，以TS=new retail* AND TS= “business model”为检索式，共检索到461条数据。对这461条数据采用关键词共词分析，结果如图1-1所示。

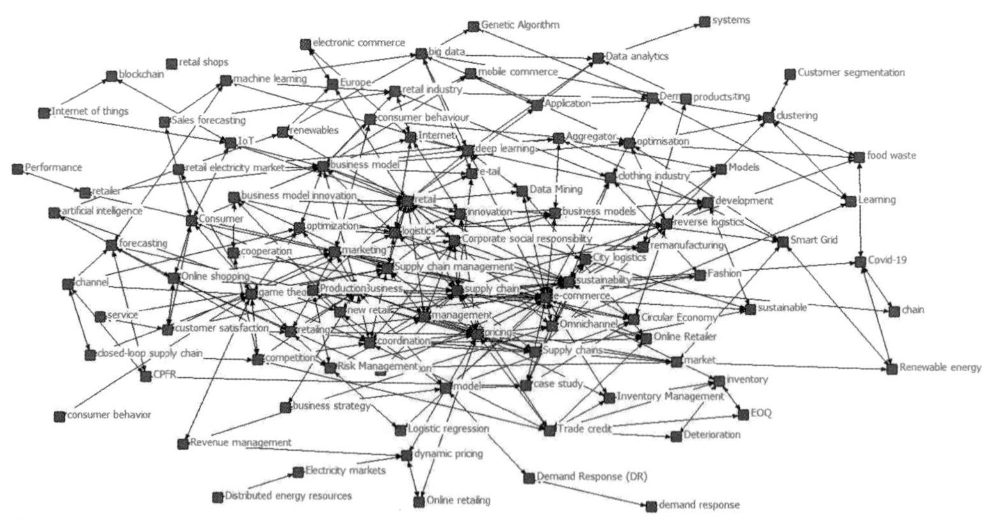

图1-1 新零售商业模式主题外文文献的关键词共现

从该图可以看出，目前新零售商业模式研究主要集中在供应链、物流、电子商务、市场营销、商业模式创新，向外延伸的研究主要涉及大数据、数据分析、顾客细分、机器学习、物联网、人工智能、顾客满意度、服装行业、深度学习、闭环供应链和库存管理等。

为了使研究更具有针对性，以TI=new retail* AND TI=“business model”为检索式，共检索到5条数据。对这5条数据采用关键词共词分析，共现图如图1–2所示。

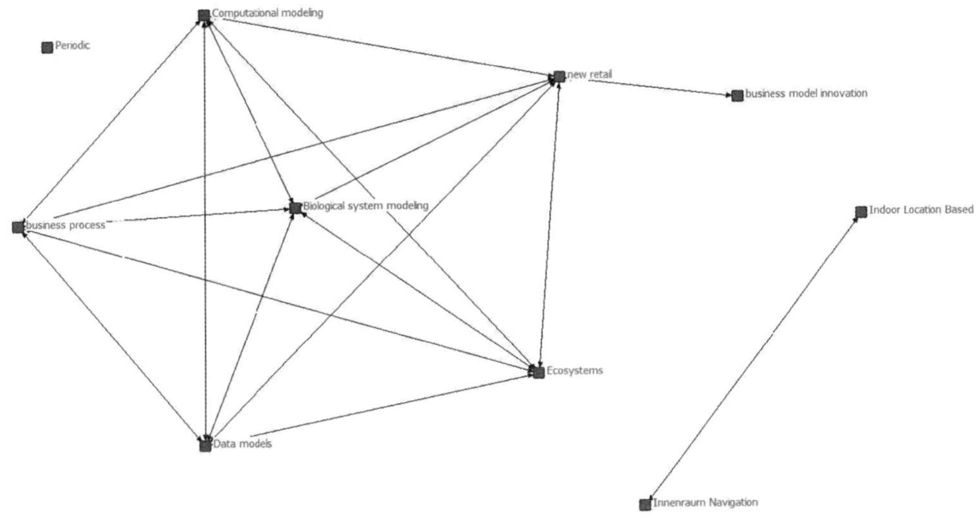

图1–2　新零售商业模式标题外文文献关键词共现

从该图可以看出，采用数据和计算的生物系统模型对新零售商业的生态化进行研究，并开始向商业模式创新展开，但是对于商业模式创新研究较为单一。

以CNKI期刊全文数据库为数据源，以“主题=新零售 AND 主题=商业模式”为检索式，共检索到487条数据。对这487条数据采用关键词共词分析，共现图如图1–3所示。

从该图可以看出，目前新零售商业模式研究主要集中在数字化转型、场景化、生态圈、移动互联网、人工智能、物联网、数字经济、应用场景、区块链、大数据、移动支付、价值动因、使用场景、价值共创、电子商务、产业链、O2O，并逐渐向供应链、营销策略、互联网+、短视频平台、场景化营销、智能家居、社交网络、数据价值、移动互联和知识服务等领域延伸。

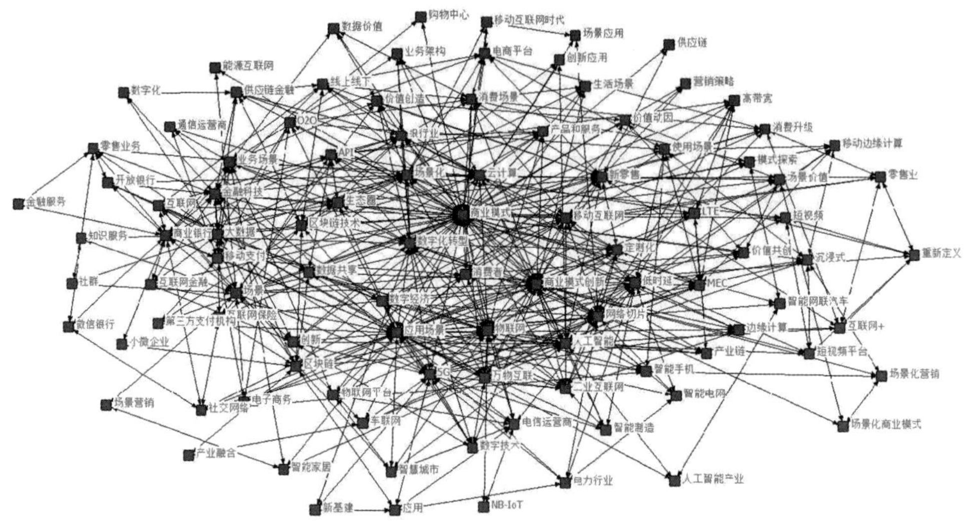

图1–3　新零售商业模式主题中文关键词共现

为了使研究更具有针对性，以CNKI期刊全文数据库为数据源，以“篇名=新零售 AND 篇名=商业模式”为检索式，共检索到119条数据。对这119条数据采用关键词共词分析，共现图如图1–4所示。

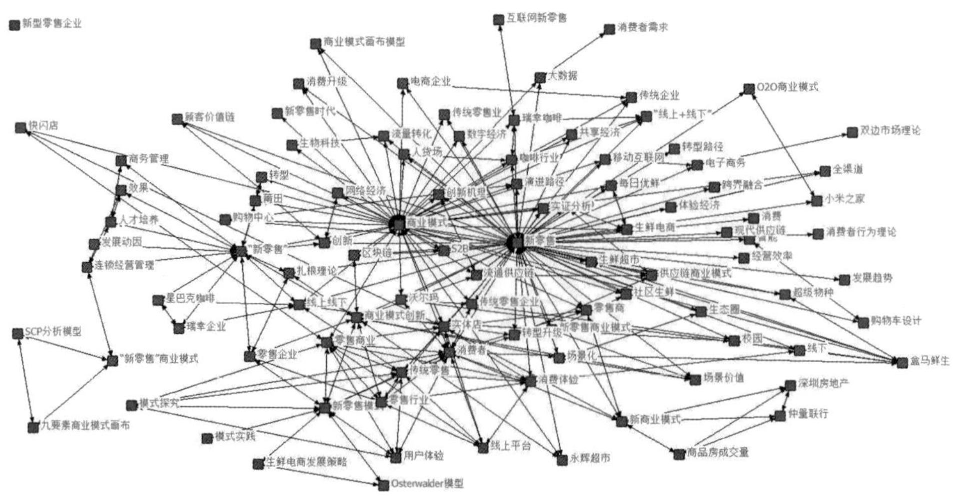

图1–4　新零售商业模式篇名中文文献关键词共现

从该图可以看出，目前新零售商业模式研究主要集中在供应链商业模式、社区生鲜、转型升级、网络经济、创新机理、演进路径、共享经济、人货场、网络经济、流量转化、线上线下、扎根理论、区块链、场景价值，向外延伸的研究有商品房、盒马鲜生、全渠道、O2O商业模式、消费者需求、商业模式画布、顾客价值链、快闪店和超级物种等。

从中外文研究成果的关键词共现图谱可以发现，目前新零售商业模式对大数据、移动设备、社交媒体、区块链、物联网等进行关注，关注的产业主要集中在房地产、社区生鲜、短视频、智能家居、电子商务、数字经济、网络经济和共享经济，主要基于顾客满意度，运用扎根理论方法，从供应链、价值链、产业链的视角研究商业模式及商业模式创新，主要集中在创新机理、演进路径、流量转化、营销策略、顾客细分等方面进行研究。特别是近年来，研究重点关注了人工智能、机器学习、超级物种、场景营销。基于此，在中外文检索的数据集内，进行文献搜索对新零售商业模式研究现状总结如下。

Pawar P（2008）等提出了一种移动虚拟社区的商业模式，其中移动设备扮演着内容生产者和内容消费者角色，其对移动平台的服务需求、体系结构和开源软件具有支撑作用。Wang L（2009）等通过识别商业模式创新的起源和可能性，对开放式情境下的商业模式进行分解，提出了开放式创新背景下商业模式创新的概念框架。Souto J E（2015）采用支持创新的概念和模式提升商业模式创新效果，提出了一种增量式企业创新模式，认为渐进式和激进式创新的关键在于采用新的背景和概念框架，充分利用企业内外部创新资源，形成可持续竞争优势，进而实现商业模式创新。Evans S（2017）等指出商业模式创新在学术研究和商业实践中逐渐显现了激增效应，商业模式变化被认为是实现可持续性创新的基本途径。齐严（2017）指出在零售企业商业模式创新过程中，技术创新是基础，价值主张创新是目标，渠道通路、关键业务、客户关系创新是手段，在技术创新、竞争驱动、需求拉动的共同作用下，零售企业最终实现商业模式的整体创新。Pantano E（2018）指出新零售流通供应链采用以服务为导向的运营模式，为消费者提供了解新零售场景的机会，并基于智能技术清楚地解释了当前零售业是如何智能化地适应当前服务主导的逻辑场景。张建军和赵启兰（2018）围绕流通供应链内涵，结合商业模式理论构建了流通供应链商业模式理论分析框架，提出适应新零售的以消费者个性化需求为导向的数字化、柔性化、扁平化、共享化和生态化的流通供应链平台生态系统商业模式。周蓉蓉（2020）指出国内大型电子商务平台的数字化转型为我国新零售模式发展提供了必要环境与实践条件，进而衍生出了多种零售商业模式。因此，需要以供应链流通模式为基础，以线上线下融合为原则，分别从客户需求、渠道升级以及服务升级等角度提出我国新零售商业模式转型与发展的具体实现路径。田剑和董颖（2020）深入剖析新零售企业商业模式创新演化机制，归纳总结盒马鲜生商业模式创新演化机制的五个层面和相应的核心范畴，即“外部动因—制度环境”“战略层—企业战略”“执行层—企业能力”“服务层—客户价值”“系统层—商业模式生态系统”，进而针对新零售商业模式创新提出了相关对策建议。由上述关键词共现图谱和文献梳理发现有新零售商业模式创新研究主要集中于新零售商业模式的创新目标、创新框架、创新方向、创新逻辑、创新方法，指出未来新零售商业模式创新应该基于政治环境和经济环境分析，借助客户价值和企业战略交互形成企业动态能力，形成新零售商业模式生态系统。

1.2.2 场景化商业模式研究

以Web of Science核心合集为数据源，以（TS=Scene OR TS=Scenario*）AND TS=“business model”为检索式，共检索到492条数据。对这492条数据采用关键词共词分析，共现图如图1–5所示。

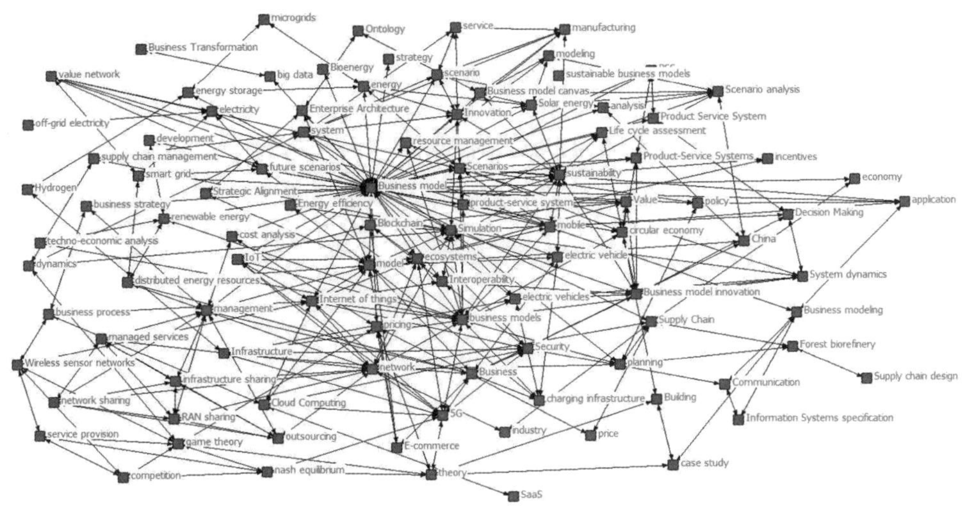

图1-5　场景化商业模式主题外文文献关键词共现

从该图可以看出，目前新零售商业模式研究主要集中在区块链、仿真、产品服务系统、资源管理、未来场景、物联网、5G、循环经济、商业模式创新、供应链、安全、电子商务，并向价值网络、商业战略、无线传感网络、网络分享、服务前景、云计算、供应链管理、场景分析、本体和大数据等延伸。

为了使研究更具有针对性，以（TI=Scene OR TI=Scenario*）AND TI="business model"为检索式，共检索到7条数据。对这7条数据采用关键词共词分析，共现图如图1-6所示。

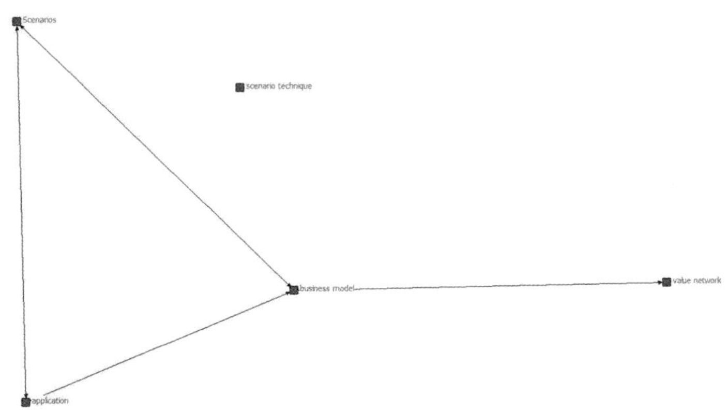

图1-6　场景化商业模式标题外文文献的关键词共现

从该图可以看出，基于价值网络，采用场景技术对商业模式场景化创新，促进场景的深度应用，但是这些研究较少且尚未形成体系，并开始向场景技术展开，对于商业模式创新而言，相关研究初见端倪。

以CNKI期刊全文数据库为数据源，以“主题=场景 AND 主题=商业模式”为检索式，共检索到493条数据。对这493条数据采用关键词共词分析，共现图如图1–7所示。

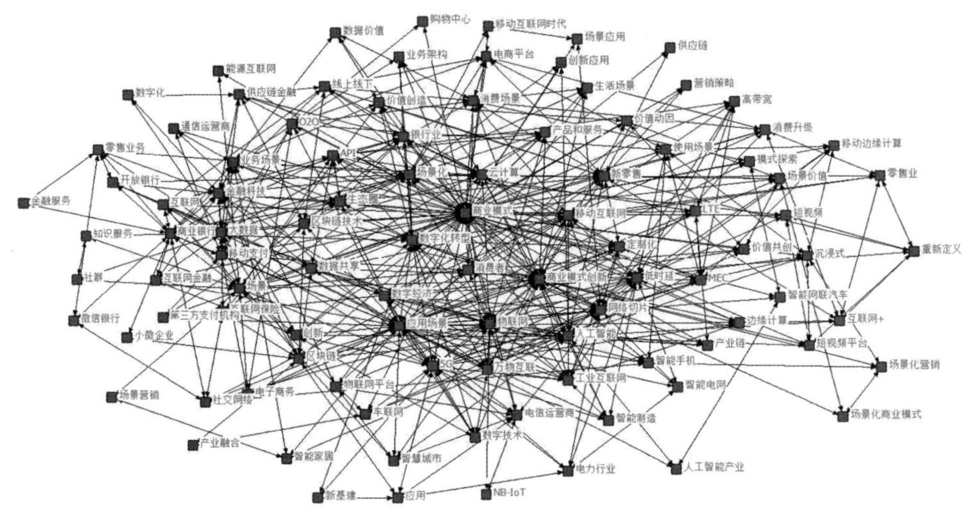

图1–7　场景化商业模式主题中文文献关键词共现

从该图可以看出，目前新零售商业模式研究主要集中在移动互联网、云计算、生态圈、区块链、数据共享、应用场景、物联网、万物互联、5G、消费者、产品和服务、消费场景、价值创造、产业链、智能手机、智能制造、O2O、定制化、使用场景、价值动因、消费场景、人工智能、大数据、业务场景、移动支付，并向数字化、知识服务、社群、场景营销、短视频、场景价值、消费升级、供应链、营销策略、数据价值、场景应用、线上线下、社交网络、智能制造和产业链延伸。

为了使研究更具有针对性，以CNKI期刊全文数据库为数据源，以“篇名=场景 AND 篇名=商业模式”为检索式，共检索到26条数据。对这26条数据采用关键词共词分析，共现图如图1-8所示。

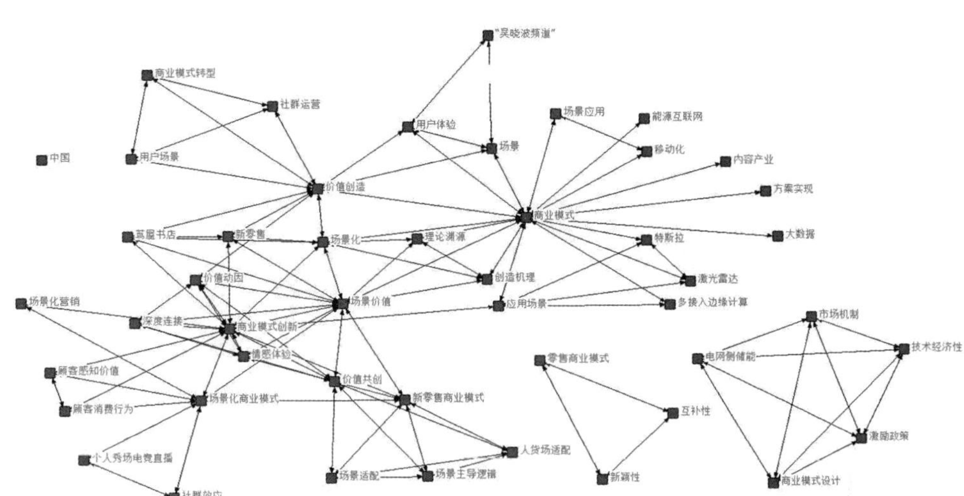

图1-8 场景化商业模式篇名中文文献关键词共现

从该图可以看出，目前场景化商业模式研究主要集中在价值创造、价值共创、场景价值、应用场景、商业模式创新、情感体验，并逐渐向用户场景、社区运营、价值动因、深度链接、场景营销、顾客感知价值、顾客消费行为、社群效应、人货场适配、场景适配、大数据、移动化、场景应用、用户体验和社群运营等延伸。

从中外文研究成果的关键词共现图谱可以发现，目前场景化商业模式主要关心区块链、物联网、云计算、5G、循环经济、供应链、电子商务、使用价值、价值共创、价值创造、场景价值、应用场景、产业链、智能制造、智能手机、人工智能、大数据、移动支付、消费场景、业务场景、用户场景、社群运营，未来主要向供应链场景深度应用、数字化、知识服务、社群、场景营销、短视频、消费升级、供应链、营销策略、数据价值、场景应用、线上线下、社交网络、用户体验和社群运营延伸。基于此，在中外文检索的数据集内，进行文献搜索，对场景化商业模式研究现状总结如下。

Goeke L（2010）指出移动支付提供商需要了解消费者对移动支付接受的

决定因素，基于移动支付的特殊性对技术接受模型（Technology Acceptance Model，TAM）进行扩展，以强化其在不同场景的表现能力和适用性。Komoto H（2013）提出了一种定性情境的场景建模与仿真方法，将各种可用场景中的情境数据整合起来，分析了产品与市场的兼容性，并以电动汽车为例进行了仿真研究。Wang J（2014）指出越来越多的企业希望通过信息系统配置业务流程解决消费者的动态需求。具体而言，就是通过对每个场景中的任务发起人、服务调用及其顺序和业务对象的识别，确定消费者接入的场景，并实现信息系统配置业务流程的优化，进而使现有场景得到最佳利用。Pantano E（2016）指出新技术正在显著地改变消费者的体验，表现为信息搜索、比较、选择和确定产品购买的方式。零售业商业模式创新就是要处理好场景的竞争，包括从电子商店到移动商店，再到云商店的场景转变。场景要素融合创新。江积海和廖芮（2017）立足于商业模式新视角，探究场景构成要素、场景价值创造动因及其作用机理，以价值创造为核心，以情感体验、社群渠道、连接机制为场景的潜变量，论证了场景价值是基于顾客生活方式和生活细节的情感体验，并在特定消费情景中由企业与顾客共同创造、顾客自己独立创造出来的价值。汪涛武（2018）认为大数据是制造业与零售业深度融合的纽带，并指出其未来需要强化融合意识、建立大数据共享平台、推动零售业生产服务化和加速制造业的柔性化，重构以消费为主导的产业链，聚焦于提供更好的产品和服务以满足人民日益增长的美好生活需要。张浩和朱佩枫（2019）分析商业模式创新主要应用场景，即企业层面、产业链层面与全社会层面应用场景，以及相对应的企业创新案例，为探寻区块链时代商业模式创新切入点提供了一个初步分析框架。江积海（2019）从价值创造的视角梳理场景型商业模式，创造场景价值的理论渊源和论证场景价值的创造机理，阐述了商业模式场景化创新及其创造场景价值的过程，提出商业模式场景化的四类典型创新路径。李鸿磊和刘建丽（2020）认为“产品+场景”作为一个能够进行价值创造与传递的整体“分析单元”和

“设计单元”，是企业进行营销组合定价设计、创新设计和竞争差异化设计，实现商业模式创新的重要源泉。由上述文献梳理发现，场景化商业模式创新研究主要集中于消费者消费意愿的决定因素，采用场景化情境数据整合形成场景化创新能力，处理好场景的竞争满足消费者的消费期望，通过情感体验、社群渠道、连接机制的价值共创，实现商业模式创新。制造业和新零售融合实现商业模式场景化创新，从产业链层面进行场景化创新，并指出未来新零售商业模式创新应该基于技术环境分析，通过分析用户消费期望和场景化情境适配，借助两者的融合实现场景化商业模式创新。

1.2.3 新零售商业模式场景化研究

以Web of Science核心合集为数据源，以（TS=Scene OR TS=Scenario*）AND TS=“business model”AND TS=“new retail*”为检索式，共检索到1条数据。这篇文章为Konstantinos P（2018）所撰，标题为“*Sustainability assessment of retail logistics solutions using external costs analysis*: *a case-study for the city of Antwerp*”。该文基于可持续定义的经济、环境和社会“三重底线”对绩效评价指标体系的开发和应用，通过增加“交通”部分的指标对“三重底线”进行丰富，进而可以对相关场景的可持续绩效进行评价。

以CNKI期刊全文数据库为数据源，以“主题=场景 AND 主题=商业模式 AND 主题=新零售”为检索式，共检索到38条数据。对这38条数据采用关键词共词分析，共现图如图1–9所示。

从该图可以看出，目前新零售商业模式场景化研究主要集中在智慧生活、互联网+、供应链整合、后疫情时代、消费场景、零售+共享、零售+社交、消费升级、转型升级、生鲜零售业态、消费体验、供应链、平台型、消费体验、“线上+线下”、智慧生态，并逐渐向智慧零售、价值共创、市场营销、便利店、O2O销售渠道、逆向重构、互联网经济、移动互联网、无界营销、社区生鲜连锁等延伸。

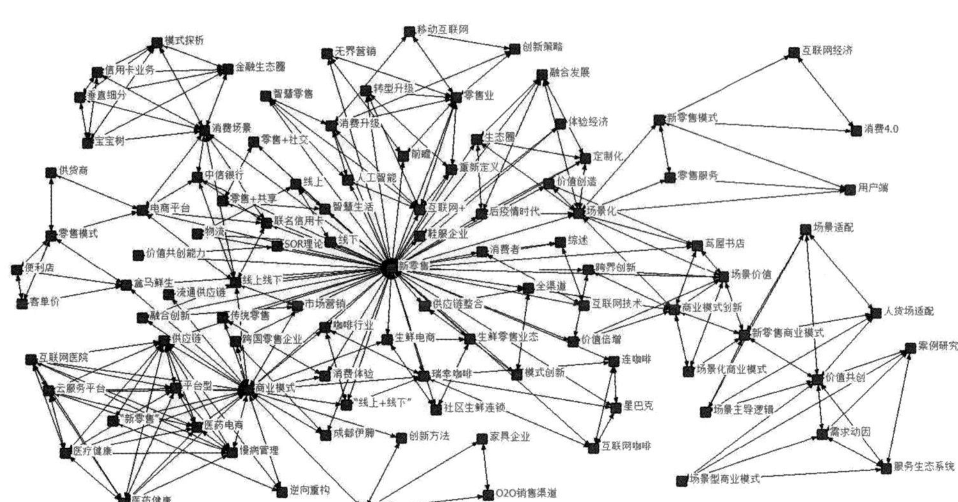

图1–9　新零售商业模式场景化主题中文文献关键词共现

为了使研究更具有针对性，以“篇名=场景 AND 篇名=商业模式 AND 篇名=新零售”为检索式，共检索到3条数据，将其列表如表1–1所示。

表1–1　新零售商业模式场景化中文文献列表

序号	文献信息	级别
1	江积海，阮文强.新零售企业商业模式场景化创新能创造价值倍增吗?［J］.科学学研究，2020，38（2）：346–356.	CSSCI+中文核心
2	王福，庞蕊，高化，等.场景如何重构新零售商业模式适配性——伊利集团案例研究［J］.南开管理评论，2021，24（4）：39–52.	CSSCI+中文核心
3	王福，长青，刘俊华，等.新零售商业模式场景化创新的理论框架与实现路径研究［J］.技术经济，2021，40（4）：39–48.	CSSCI扩展版+中文核心

认真研读表1–1的3篇文献可以发现，未来新零售商业模式场景化创新主要集中在商业模式的“场景链（场）—价值链（人）—供应链（货）”的人货

场适配实现，这是新零售商业模式场景化创新的底层逻辑。基于此，在中外文检索的数据集内进行文献搜索，对新零售商业模式场景化创新研究现状总结如下。

新零售场景被认为是产品情境、环境情境、文化情境、社交情境、移动情境、服务情境等情境配置关系的总和。Tian X和Ding Y（2011）受美意佳案例的启发提出了一种创新的零售商业模式，即虚拟零售企业（VRE），指出中国零售企业可以通过商业模式转型机制创新，提升竞争力，快速发展。Cao L（2018）等确定不同的商业创新模式，使国际零售商能够在新的东道国重建其核心业务逻辑，通过观察企业在东道国环境下重建其核心逻辑的能力，揭示了零售商业模式创新的六条路径。王福和王科唯（2019）为了使零售业能符合当前环境，提高消费者体验的愉悦度，以零售商主导的供应链逆向整合为创新点，通过综合运用场景化要素的融合功效，形成消费者、零售企业和供应商为核心要素的供应链创新机理。王福（2019）以消费者体验为触点，以流通供应链为载体，以流通价值链为导向，将场景要素纳入研究范畴，在及时捕捉环境变化的基础上构建了新零售流通供应链商业模式创新机理、创新模型、创新方法和创新路径的创新体系。江积海和阮文强（2020）从商业模式场景化创新的新视角出发，基于服务主导逻辑、价值要素方法、价值共创等新理论，对茑屋书店采取案例研究和扎根理论相结合的方法，探索商业模式场景化创新过程及规律，归纳新零售企业场景型商业模式价值创造路径及演进机理。王淑翠（2020）等指出随着消费者体验需求的上升，服务体验和体验经济得到重视和发展，借助于互联网技术的普及应用，传统零售业的发展陷入瓶颈。为此，立足于中国新零售实践，总结提出新零售商业模式创新主要体现在消费关系、供应链系统和消费场景的重构上。江积海和王若瑾（2020）指出，新零售商业模式通过数据驱动重构人货场关系，进而创造价值的倍增效应，并探索新零售业态的商业模式实现价值倍增的动因及其作用机理。王福（2021）基于场景化情境适配理论，对现有商业模式要素进行解构，将场景要素与解构后的商业模式要素相融合，依据商业模式画布对新零售的人、货和场进行适配性重构，并通过伊利集团案例研究，归纳新零售商业模式场景化重构机理。王福（2021）从商业模式的场景化视角出发，首先对现有新零售商业模式进行解构，其次将场景化要素融入解构的商业模式要素之中，使商业模式要素具有场景化功能，进而形成新零售商业模式创新的理论框架，再次以新零售商业模式的场景化价值重构为触点，以新零售商业模式的场景化创新为痛点，设计了新零售商业模式场景化创新的实现路径。由上述文献梳理发现，新零售商业模式场景化创新研究成果主要集中在中文文献，主要是通过价值共创、创景化情境配置、商业模式要素重构等方式实现商业模式创新，并指出未来新零售商业模式场景化创新应从“供应链”“场景链”“价值链”三个维度出发，通过“供给”与“期望”的“适配链”形成，实现新零售商业模式的场景化创新。

1.3　研究内容与方法

本成果主要包含五个部分，首先对新零售的产生发展和场景理论的应用进行介绍，接着从“新零售商业模式”和“场景化商业模式”的关联耦合，以及供应链、场景链、价值链和适配链四个方面深入进行研究，依据供应链、场景链、价值链和适配链的视角揭示新零售商业模式场景化创新机理、路径和策略。

（1）绪论部分。

主要对研究背景和研究意义进行介绍，通过对现有理论研究和实践应用突出本研究主题的重要性和紧迫性。在此基础上，进一步对文献进行梳理，基于关键词共现和文献调研相结合的方法，进一步明确选题的研究方向，确定研究所采用的方法和技术路线，使本研究的研究思路更加清晰和明了，令读者更易于理解和接受。

（2）基础理论部分。

该部分主要对新零售商业模式理论、场景理论、新零售商业模式场景化理论、新零售场景化消费理论、新零售商业模式用户画像理论、战略管理理论和动态能力理论进行介绍，并论述这些理论之间的关系，明确这些理论对于本研究主题的支撑作用，进一步明确本主题的研究框架。

（3）关系构建部分。

基于相关理论的梳理，结合宏观环境分析和消费者消费期望变化的分析，在“新零售商业模式”和“场景化商业模式”之间建立关联耦合关系，形成新零售商业模式场景化创新的触点和抓手。通过文献调研和现场调研相结合的研究方法，对新零售商业模式场景化进行概述，对“场景化新零售商业模式”和“新零售场景化商业模式”进行剖析，以明确新零售商业模式场景化创新的内涵，为后续的深入研究奠定基础。

（4）案例和实证部分。

借助案例研究方法，分别从“供应链”“场景链”和“价值链”三个维度出发，对新零售商业模式场景化创新进行深入研究，试图从这三个维度获得新零售商业模式场景化的“适配链”式创新理论，避免了单一维度研究的不足。从三个维度构建新零售商业模式场景化创新机理，提炼新零售商业模式场景化创新路径，并将这三个维度的创新机理和创新路径进行整合，形成“新零售商业模式场景化创新”机理和路径。

（5）创新策略部分。

结合前面的研究，在“供应链—场景链—价值链”与“感官营销—场景营销—短视频运营”之间建立关联映射关系，提出了“感官营销+场景营销+短视频运营+位置兴趣挖掘”的综合解决策略，适时将场景营销、短视频运营、感官营销、位置兴趣挖掘的研究纳入新零售商业模式创新研究之中，发掘新零售商业模式场景化创新策略。

1.4 研究技术路线

基于前面的研究内容和研究思路，遵循发现问题、分析问题、解决问题和升华问题的思路，形成了本研究的技术路线，如图1-10所示。

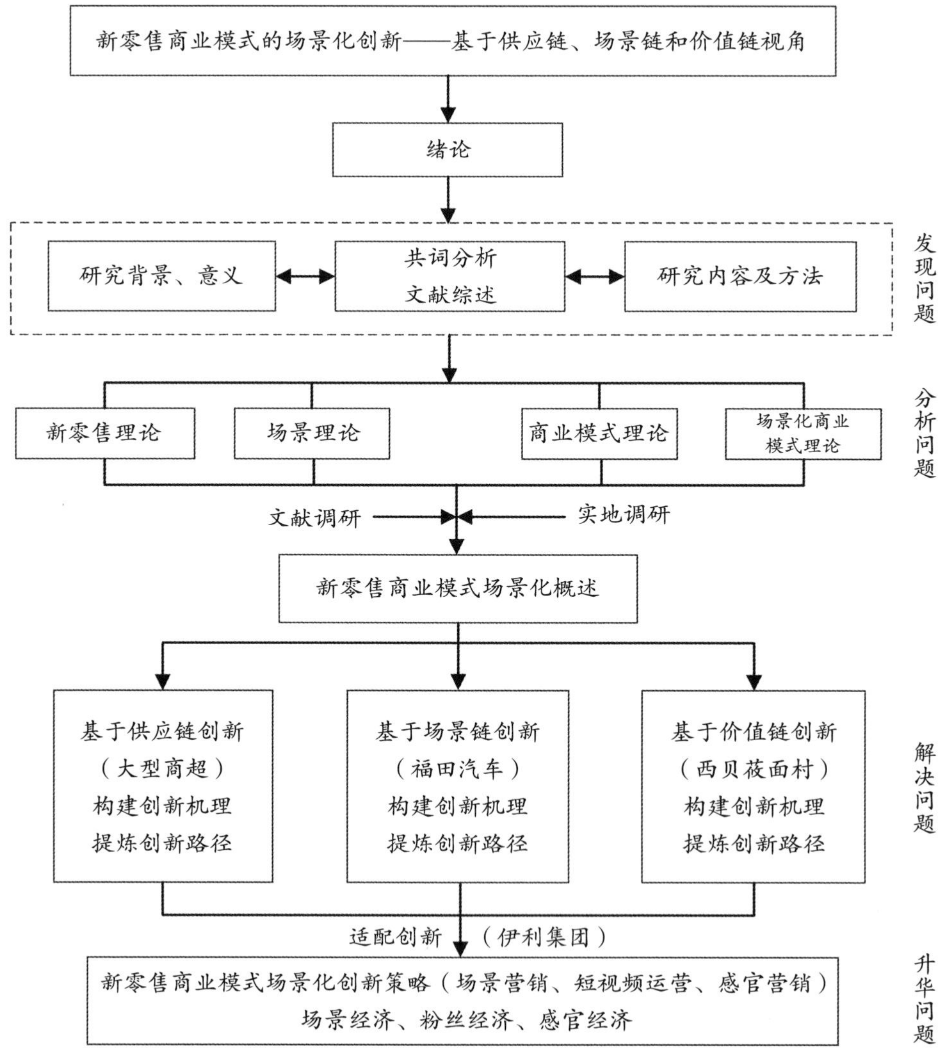

图1-10 技术路线图

第二章 相关理论综述

2.1 新零售及其商业模式

2.1.1 新零售概念的界定

2016年，马云首次提出“新零售”概念，并认为新零售是以消费者体验为目标，基于数据驱动的泛零售形态。此后，新零售受到学界和业界的广泛关注，众多学者从不同视角对新零售进行了解读。近年来，零售业的信息环境、技术环境和商业环境均发生深刻的变革，表现为大数据、云计算、物联网、人工智能和社交媒体等的兴起及其在零售业中的嵌入。加之5G技术的不断成熟以及区块链技术在零售业中的应用，零售业具有了数据化、适配化、扁平化、分享化和生态化的特点。具体体现为零售业的数据挖掘、供应链结构变化及重组、消费者的时空化的消费需求以及智慧化的可持续运作模式，这些均在一定程度上缓解了传统零售业流通环节繁杂、流通时间较长、流通成本较高的不足，新零售商业模式创新的实质就是通过对价值链的改造、对供应链的重构，提升其流通效率。中国的零售行业大致经历了“集贸式零售—连锁店式零售—电子商务式零售—新零售”四个发展阶段。历经工业革命、城市化进程、全球化趋势、互联网崛起等时代背景，零售行业先后出现了百货、邮购、连锁、自选超市、大卖场、折扣店、购物中心及电商等多种业态。中国零售行业四个发展阶段如表2-1所示。

表2-1 中国零售行业四个发展阶段信息

信息	集贸式零售（1990年以前）	连锁店式零售（1990~2002年）	电子商务式零售（2003~2015年）	新零售（2016年以后）
业态	集市、商铺、百货商店、自选商场	连锁超市、便利店、折扣店、大卖场、购物中心	C2C、B2C、B2B	门前到家、前置仓、社区团购
代表企业	上海第一百货商店、北京王府井百货	北京燕莎和塞特购物中心、家乐福、沃尔玛	淘宝网、京东商城、唯品会	每日优鲜、盒马生鲜、京东小时购
人的变化	消费意愿、消费水平较低，以解决温饱为主	从必需消费转向非必需消费；以求大求多为主要心理，追求同质化消费	休闲娱乐消费占比增加；追求品质化、品牌化、个性化消费	悦己消费取代均质消费，追求精神享受，社交需求
货的变化	物资匮乏，国家统购统销	商品供应增多，生产同质化产品；耐用消费品崛起	生产成本降低，性价比凸显；奢侈品消费崛起	潮流元素凸显；传统消费品体验升级；高级消费品走向大众化；小众消费品崛起
场的变化	单一分散的柜台售卖式场景	线下渠道扩张，消费场景多元化	线上渠道取代线下渠道，消费场景虚拟化	线上线下场景加速融合，消费场景生活化、便捷化

资料来源：国元证券研究所。

中国零售行业历次变革的本质是对“人货场”三要素的重构与优化。人从同质化消费向差异化、个性化消费转变；货从简单的商品概念向品牌价值、全方位体验转变；场从线上、线下零售终端向泛零售、多元化场景转变。在当下，“人货场”三因素均展现新特性，Z世代成为消费主力军，“悦己”和“社交”成为核心消费诉求。技术引领商品创新，产品更重性价比与设计体验感。线上线下消费场景融合趋势加强，海外市场为新增长力。在此背景下，新零售成为大势所趋，而对于“人货场”三要素的深耕以及关系重构，也将诞生不同商业模式与投资机会。

纵观零售业的发展和创新历程，一般均是以供应链为突破口，本研究以此为基础，将价值链纳入零售业供应链的重构过程之中，以实现新零售商业模式创新。移动互联时代，新零售业在一定程度上具有了传统实体零售业的属性、特征和功能，随着场景化要素在新零售业中嵌入程度的渐进渐深，线上售卖成本减少，线下实体零售业的边际成本也减少，特别是线上交互和线下体验的不可替代性使新零售业的优势得以体现，地位进一步巩固。新零售业的线上与线下无缝连接充分体现了场景化要素效用在零售业的应用，具体体现为新零售业的时空要素以及时空内情境要素效用的发挥。场景化价值成为新零售价值创造和发挥的新方向。场景要素主要包括大数据、传感器、定位系统、社交媒体和移动设备，而且场景要素随着时代的变革不断演化，这使零售供应链具有智慧性、可持续性、绿色性和生态性的特点。

王坤和相峰（2018）两位学者对新零售理论进行了研究，指出新零售以消费者体验为中心，以大数据和创新技术为依托，以数字化为核心驱动力，实现“线上+线下+物流”的深度融合，驱动零售业态与供应链重构。其核心要义在于推动线上线下一体化，从而满足消费者对多渠道、多场景、多时段的个性化体验性需求。自场景要素在新零售商业模式嵌入得渐进渐深，新零售可以表示为基于消费者消费期望的“特定时空+商业情境+线上交互+线下体验+智慧物流”融合，是通过云计算和大数据等技术实现流通供应链的重构，表现为零售业场景、零售业情境和消费者期望三者之间的关联耦合和有效配置，并实现其与现代物流的深度融合，这是以场景化形态更好地满足消费者购物、社交、娱乐等多维一体的综合零售业态。新零售是当下零售业的变革趋向，回归了以消费者体验为中心的服务本质，依托数据和技术等情境提升零售业运行效率，驱动零售业流通供应链变革，形成零售业创新发展的动能已成为共识。

新零售只是一个相对和动态的概念，不同时期的“新”有着不同的内涵和外延。新零售是整条供应链以互联网或移动互联网为载体，借助大数据、社交媒体、定位系统、移动终端、传感器、5G、人工智能、物联网、区块链等场景化要素，对商品的生产、流通与销售环节进行变革，通过线上交互、线下体验以及智慧物流三者之间的深度融合而形成的零售模式。其中，线上交互是指用户借助于平台与供应链各节点进行的交互，包括购买、售后服务、个性定制等，而线下体验则是用户在销售门店所获得的体验。对于新零售而言，线上交互、线下体验和智慧物流三者缺一不可。其中，智慧物流借助智能标签、无线射频识别技术、电子数据交换技术、全球定位技术、地理信息系统、智能交通系统等，不仅使整条供应链运营效率更高，也使得用户拥有良好的体验。

新零售的核心要义在于推动线上与线下的一体化进程，其关键在于使线上的互联网力量和线下的实体店终端形成真正意义上的合力，从而完成电商平台和实体零售店面在商业维度的优化升级。同时，促成价格消费时代向价值消费时代的全面转型。此外，也有学者提出新零售就是“将零售数据化”。线上用户信息能以数据化呈现，而传统线下用户数据数字化难度较大。在人工智能深度学习的帮助下，视频用户行为分析技术能在线下门店进行用户进店路径抓取、货架前交互行为分析等数字化转化，形成用户标签，并结合线上数据优化用户画像，同时可进行异常行为预警等辅助管理。新零售可总结为“线上交互+线下体验+智慧物流”，其核心是以消费者为中心的会员、支付、库存、服务等方面数据的全面打通。

新零售的“新”主要在四个方面，即“多”“快”“好”“省”。①“多”指的是品类更多。相较于传统零售，新零售的消费期望体现为多元化，这就要求新零售以一个app连接附近三公里的店铺，如卖鱼的、卖水果的、卖日用品的、卖蔬菜的和卖休闲食品的。用户只要打开app就可以一键下单，且在约20分钟内就有快递小哥送货到家。多元化的消费方便了很多用户，强化了用户体验，这对于快节奏时代的消费者非常方便，特别是对于生病的用户和在家带孩子的宝妈。②“快”指的是速度更快。传统线下购物将大量时间浪费在来回行程上，网购的话最快也是上午购买下午送达，而如果是新零售的话，用户下单后，商家可以安排快递员在短时间内送货上门，如闪送、UU跑腿、一喂直达和人人快递等。③“好”是指产品更好。新零售的好是指用户消费认知水平和消费认知能力的不断提升，用户需求的不仅是产品功能，甚至还有服务效用和场景体验，所以商家的产品自然也是更好的，用户现在买到的商品也会比以前更好。④“省”是指价格便宜。价格便宜并不意味着减少产品功能或降低服务水平，而是在同样的产品功能和服务质量基础上的更低价格。如果企业能够大幅降低产品和服务成本，就可以以更实惠的价格让利消费者，消费者能够以更便宜的价格买到同等优质的商品，这就是更省的新零售，比如拼多多就是走的这条路。

2.1.2 新零售商业模式

“悦己消费”逐步成为当今消费主流趋势，无论是在美国还是中国，以自我奖励为主的“悦己消费”方式已逐步成为主流，同时消费频率也将随之提升。新零售商品品类从商超向全品类扩展，迎合消费者“单平台、全品类、即时送”的需求。目前，即时零售业务多与线下连锁商超合作，品类局限于生鲜食品、家用日化等，而艾瑞咨询的调研数据显示，医药保健、蛋糕甜品、鲜花礼品是消费者最期待在即时零售电商平台上购买的前三类商品，目前即时零售电商平台对此布局较少。未来，进一步拓展品类、与更多线下零售商建立合作，一站式即时生活购物平台将加速发展。

随着传感器、移动设备、社交媒体、定位系统和大数据等场景化要素在新零售商业模式嵌入程度的渐进渐深，消费者的产品或服务购买欲望逐渐与时间、空间和体验高度耦合，也就是说产品或服务不仅具有交换价值、使用价值，同时也具有了场景价值，无场景不消费以及无体验不购买逐渐成为新零售商业模式的特点。新零售商业模式是以互联网为依托的零售新模式，即以互联网为依托，通过运用人工智能、大数据等技术手段，对商品的生产、流通与销售过程进行升级改造，重塑业态结构与生态圈，对线上交互、线下体验以及智慧物流进行深度融合的一种商业模式。新零售商业模式是将新零售理念与商业模式理论结合的产物，通过对“人货场”的重构达到从价格商业到价值商业的转变。新零售商业模式具有以下特征。

（1）生态性。

新零售商业生态构建涵盖线上店面、实体店面、支付终端、数据体系、物流平台和营销路径等诸多方面，并在整个系统中嵌入购物、娱乐、阅读、学习等多元化功能，进而推动企业线上服务、线下体验、金融支持、物流支撑四大能力的全面提升，使消费者对购物过程便利性与舒适性的要求能够得到更好的满足，并由此增加用户黏性。新零售商业模式必然是由供应链核心企业与共生企业群以及消费者所共同组成的，且表现为一种联系紧密、动态平衡和互为依赖的生态。

（2）无界化。

新零售通过对线上与线下平台、有形与无形资源进行高效整合，以“全渠道”方式清除各零售渠道间的种种壁垒，模糊经营过程中各个主体的既有界限，打破过去传统零售模式下所存在的时空边界、产品边界等现实阻隔，促成人员、资金、信息、技术、商品等的合理顺畅流动，进而实现整个商业生态链的互联与共享。依托企业的“无界化”零售体系，消费者的购物入口将变得非常分散、灵活、可变与多元，人们可以在任意时间、任意地点以任意的可能方式，随心尽兴地通过实体店铺、网上商城、短视频店铺、自媒体平台甚至智能家居等一系列丰富多样的渠道，与企业或者其他消费者进行全方位的咨询互动、交流讨论、产品体验和情境模拟，以促进用户的持续消费意愿。

（3）链条化。

所谓链条化是指新零售以“供应链”“场景链”“价值链”视角，运用“适配链”的方式，借助于大数据、移动设备、社交媒体、定位系统、传感器等场景要素，将供应商、制造商、分销商和零售商及其场景进行关联和耦合，满足用户对供应链各节点和各环节关于产品功能、服务效用和场景体验的消费需求、消费习惯和消费偏好，为用户创造产品功能价值、服务效用价值和场景体验价值的立体化价值，以最大程度地满足消费者的消费期望，强化消费者的消费体验，提升消费者的持续消费意愿。

（4）智慧型。

新零售商业模式得以存在和发展的重要基础，正是源于人们对购物过程中的个性化、即时化、便利化、互动化、精准化、碎片化等要求的逐渐提高，而满足上述需求则在一定程度上需要依赖于“智慧型”的购物方式。可以肯定，在产品升级、渠道融合、客户至上的“新零售”时代，人们经历的购物过程以及所处的购物场景必定会具有典型的智慧型特征。未来，智能试装、隔空感应、拍照搜索、语音购物、VR逛店、无人物流、自助结算、虚拟助理等图景都将真实地出现在消费者眼前，甚至获得大范围的应用与普及。

（5）体验式。

随着我国城镇居民人均可支配收入的不断增长和物质产品的极大丰富，消费者主权得以充分彰显，人们的消费观念将逐渐从价格消费向价值消费过渡和转变，购物体验的好坏将愈发成为决定消费者是否进行买单的关键性因素。现实生活中，人们对某个品牌的认知和理解往往会更多地来源于线下的实地体验或感受，而“体验式”“ 沉浸式”“心流式”“悦已式”的经营方式就是通过线下实体店面，将产品嵌入所创设的各种真实生活场景之中，赋予消费者全面深入了解商品和服务的直接机会，从而触发消费者视觉、听觉、味觉等方面的综合反馈，在增进人们参与感与获得感的同时，也使线下平台的价值得以进一步被发现。

2.1.3 新零售商业模式创新

在新一代消费者崛起，产品品质技术升级，线上线下、国内国外消费场景融合等背景下，新零售商业模式创新成为大势所趋，而对于“人货场”三要素的深耕以及关系重构也成为研究重点。新零售商业模式创新方法可以从构成新零售供应链的各节点着手进行，包括了品牌商、经销商、零售商、消费者、供应商和服务商等主导的新零售商业模式创新方法。新零售商业模式创新是基于场景化商业情境配置，经由线上和线下无缝连接，借助于信息供应商和物流服务商的辅助，而实现其商业模式创新。供应链商业模式创新是基于大数据、云计算、移动互联网、智慧物流等新技术在其中嵌入效用融合实现的，满足了消费者交互式体验需求，加速新零售迭代的步伐。新零售驱动下流通供应链的核心竞争优势发生了变化，从以企业为中心的资源整合转变为以消费者需求为中心的全要素、多维度的资源整合与技术创新。核心竞争优势须围绕消费者价值主张和为消费者创造超预期价值的战略目标，通过整合各方面软硬件资源，实现技术和管理创新等来构建。本研究从价值主张、价值创造主体和价值创造过程寻求新零售商业模式创新的有效方法。新零售商业模式创新方法如图2–1所示。

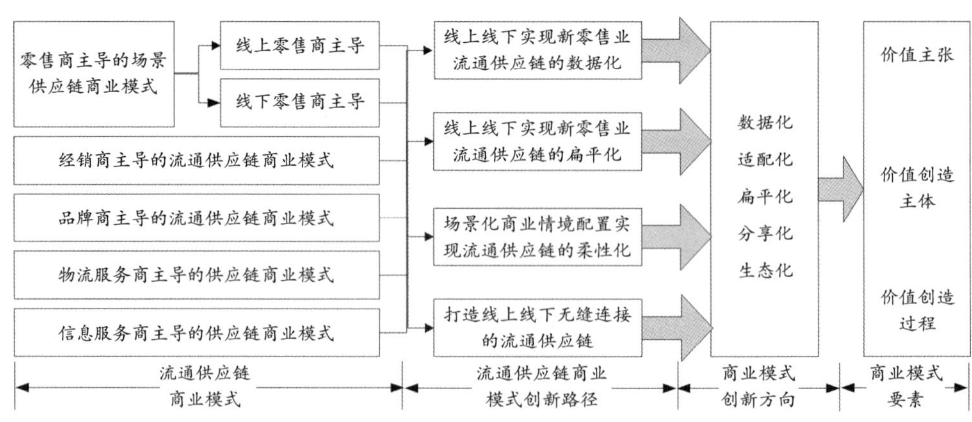

图2–1 新零售商业模式创新方法

如图2-1所示，新零售商业模式创新方法表现在以下五个方面。①零售商主导创新。在新零售流通供应链中，零售商要抓住消费者的消费需求、消费习惯和消费偏好，围绕产品流、物流、信息流、货币流和场景流等维度，全方位整合数据资源，主导整个流通供应链的运营和管理，形成线上主导和线下主导的两种创新方向。②经销商主导创新。在新零售流通供应链中，经销商可以与上游的品牌商以及下游的零售商之间建立良好的协作关系，整合供应链各环节的优势资源，促进整个零售流通供应链的发展。③品牌商主导创新。品牌商通过产品研发及培育，将产品通过分销渠道进行场景化销售。由于品牌商具有较强的场景化品牌资源整合能力，可以构建强大的销售网络，从而可以优化和管理整个流通供应链。④物流服务商主导创新。物流服务商贯穿于供应链的上下游，且其与供应链的上下游之间具有频繁的业务往来和密切的合作关系，可以通过第三方物流实现用户对于商品和服务的良好体验，进而实现商业模式创新。⑤信息服务商主导创新。通过平台的信息系统以及平台的社交系统，以信息为依托，基于对末端用户社交数据、支付数据、出行数据等的分析，驱动上游品牌商与经销商的生产与分销计划，从而有效满足消费者的需求，进而实现其商业模式的创新。由这五种方法形成了线上和线下实现新零售流通供应链的数据化、线上线下实现新零售流通供应链的扁平化、场景化商业情境配置打造线上线下无缝连接的流通供应链，进而实现商业模式的数据化、适配化、扁平化、分享化和生态化的创新方向，通过对价值主张、价值创造主体以及价值创造过程的内涵和外延的丰富，实现新零售流通供应链的商业模式创新。

新零售面对其所处环境的变化，如何进行商业模式创新是学界和业界所关注的话题，创新离不开商业模式创新要素。本研究将新零售业商业模式创新分为两类，一类是常见的九类商业模式要素，分别为价值主张、目标客户、分销渠道、客户关系、盈利模式、资源配置、核心能力、合作伙伴及成本结构，另一类是场景化情境以及场景化情境配置，被标签为关键资源和核心能力。由此，新零售商业模式创新要素可以归结为如表2–2所示的五个大类。

表2–2　新零售商业模式创新要素归并结果表

一级要素及定义	二级要素及定义
价值主张：焦点企业及合作伙伴向哪些消费者提供哪些产品或服务	目标客户：焦点企业选择要经营的具有一定特点的目标顾客
	核心能力：焦点企业及其合作伙伴实现价值主张的能力和资格
	价值主张：对客户来说什么是有意义的，即对客户真实需求的深入描述
价值创造主体：为顾客提供什么产品或服务的主体	合作伙伴：商业模式有效运作所需合作伙伴的网络
	客户关系：即焦点企业同其消费者群体之间所建立的联系
价值创造过程：焦点企业及其合作伙实现价值主张而采取的一系列活动及辅助系统的集合	资源配置：即资源和活动的配置
	分销渠道：即焦点企业用来接触消费者的各种途径
	成本结构：即所使用的工具和方法的货币描述
	盈利模式：即公司通过各种收入流创造财富的途径
关键资源：商业情境，包括了基本情境和服务情境	主要包括产品情境、技术情境、服务情境、移动情境、社交情境和终端情境。基本情境包括产品情境、技术情境和服务情境，辅助情境包括移动情境、社交情境和终端情境
核心能力：场景化情境的三维一景配置能力	“商业场景—消费需求—商业情境”“商业场景—消费习惯—商业情境”“商业场景—消费偏好—商业情境”的三维一景适配

由表2–2所示，对商业模式画布九要素归并的实质是从价值主张、价值创造主体和价值创造过程三个要素对新零售商业模式创新的内涵解释如下。①价值主张创新。新零售的消费者追求特定时间和特定空间的情感体验，所以体验价值成为继产品交换价值和使用价值之后的新的价值取向。也就是说，新零售价值主张由产品的交换价值转为产品的使用价值，再由使用价值向特定时空的

价值转变，体现了价值创造的场景化主张，更加关注消费者生活细节和生活情感的场景体验价值。②价值创造主体创新。新零售改变了消费并不创造价值的观念，克服了企业是价值创造的唯一主体，提出了消费者是价值创造的又一主体的理念，零售企业竞争优势不再仅依靠产品或服务，而是体现为以体验为导向的商业情境聚合所形成的企业与消费者的价值共创能力。所以，新零售价值创造主体为企业、消费者，以及企业与消费者。③价值创造过程创新。新零售使零售企业与消费者的交互连接成为价值创造的新方式，借助于媒体融合平台了解消费者消费期望，影响消费者的消费实践和消费体验，同时消费者利用零售商业情境的配置效用满足自身所需并形成消费体验，从而促进企业发展，也成为零售商业模式中场景价值的创造过程。

2.2　场景理论

2.2.1　场景要素

场景是人类生产生活的多种情境，在这些情境中，商业模式有参与进来的机会，并通过多种操作方式，最终具备情境商业化的可能；另外也指通过选取人类行为的片段且通过多因素的增减组合方式，进而构筑或创造可以接入商业模式的情境。在某种程度上，场景就是人类行为的反映，是人类行为的一种表现方式。所以场景也可以这样定义：场景就是一定的时间、背景和地点有什么人在跟谁进行什么样的活动。通过这样的方式，达到移除不快乐、不舒适的行为的目的。从这个层面进行延伸，场景的意义还可以指人类根据时代的发展，通过不断修正自身行为，让自己的行动更加符合特定时代要求，更好地符合时代的阶段性发展趋势。中国人民大学彭兰教授指出，场景包括大数据、移动设备、社交媒体、传感器和定位系统五个要素，并将其提炼为场景五力。商业场景则是消费者所处时空以及时空内商业情境及其配置关系的总和。所谓商业情境则是指消费者个体对商业环境的认知、体验、期待和倾向，消费者个体商业行为取决于其对特定环境认知的构建，消费者个体心理活动与物理环境或社会环境的互动是不可分割的，商业情境可被定义为时空框架内一系列相互关联的实体及其特征信息，其实体是消费者、产品和服务。新零售商业情境的实质是为用户消费期望支撑的各类要素总和，目前可以将其细分为产品情境、技术情境、服务情境、移动情境、社交情境和终端情境六个维度，其中产品情境、技术情境和服务情境是基本情境，而移动情境、社交情境和终端情境则是辅助情境。商业场景分为线下场景和线上场景，线下场景主要是由基本情境聚合而成，而线上场景则主要是由辅助情境聚合而成，聚合后的两类情境融合后形成了场景化商业情境配置的综合效用。

为此，将场景纳入新零售的学术研究和应用实践的视野，其研究和实践的触点表现为通过大数据对新零售不同消费者在不同时空的消费需求、消费习惯和消费偏好进行挖掘，以识别不同消费者在不同场景的消费期望，并对不同消费者的消费期望进行建模，将用户消费期望模型存储在新零售平台之中。

移动互联时代，场景是一种基于体验性质的情境再现。客户被分成了无数小群体，每一个小群体的客户对于场景的需求是不同的，然后在无数的小群体中寻找商机。我们可以将通过场景进行商机寻找的过程称为场景需求。每一个场景都会针对特定的人群，它不具有普适性。不同行业的互联网场景需求属于最高层次的互联网场景。单一行业的互联网场景需求属于较高层次的互联网场景。“互联网+产业链条”形成的场景需求属于一般层次的场景需求。按照马斯洛的需求层次理论，相对应的场景应用可以表示为如下几个层次：①生理的需求。生理的需求主要包括呼吸、饮食、衣着、居住、休息、医疗，对应的场景应用有百度糯米、淘宝、58同城、丁香园和陌陌交友。②安全的需要。安全的需求主要包括保证、稳定、依赖、保护、秩序、法律等安全感。对应的应用主要有360安全卫士和政务系统。③社交的需求。社交需求主要包括团体、交往、友谊等归属的需求，以及爱情、关怀和被接受的需求，对应的场景应用主要有微信、微博、QQ和贴吧等。④尊重的需求。尊重的需求主要包括自尊心、自豪感、自主性的自尊需求，以及权力、威望、荣誉、地位等的他尊需求，对应的场景应用主要有社交互动和游戏等。⑤求知的需求。求知的需求包括好奇心、了解、探索，对应的场景应用主要有百度和知乎。⑥求美的需求。求美需求主要包括匀称、整齐、美丽，对应的场景应用主要有西瓜小视频、火山小视频和抖音短视频等。⑦自我实现的需求。自我实现的需求主要包括追求自我成就实现的潜力，对应的场景应用主要有知乎被赞美、游戏通关的体验等。

在新信息环境、技术环境和商业环境下，新零售业是以消费者的场景化体验为目标，以场景化要素功能为依托，以场景化数据为驱动力，实现“场景（线上交互和线下物流）+智慧物流”的深度融合，刺激和激发着零售业供应链的重构，变革零售业价值创造模式，以期满足消费者的多渠道、多场景、多时段的个性化体验需求。虽然现有场景化要素在零售业中不断地嵌入，但是由于其嵌入的深度和广度不足，不利于零售业创新。新零售业通过移动终端进行线上支付、线下体验的虚拟现实交互等方式拓宽了线下消费场景，形成了线上和线下优势互补的商业模式，通过线上销售，增强线下实体的体验功能，通过线下实体的支撑，使线上销售功能更为丰富，实现线上与线下相结合新零售商业模式创新。随着场景要素的不断丰富和其功能的不断强大，未来必然会有更多的场景要素出现，其功将更为强大，更能支撑用户细分化的消费期望。

2.2.2　场景化情境适配

随着场景化要素的不断丰富，其对零售供应链必将产生深远的影响。新零售商业模式在数据化、适配化、扁平化、共享化和生态化方向发展，使得新零售商业模式中充满了信息流、资金流、物流和服务流。进而实现“消费场景—消费需求—商业情境”“消费场景—消费习惯—商业情境”“消费场景—消费偏好—商业情境”的三维一景适配。新零售流通供应链商业模式创新契合了以人为本、数据驱动、全渠道融合，重构消费场景、消费期望和商业情境，可实现新零售流通供应链的数字化、适配化、柔性化、分享化和生态化，满足消费者对极致客户体验的需求。

根据场景化适配理论、商业模式画布理论以及熊彼特创新理论，本研究将其总结为商业模式的场景化适配创新理论，其公式可以表述为BMSI=f（S，C，E）。其中，BMSI（Business Model Scenario Innovation）代表商业模式场景化创新能力，f是函数关系，表示S和C基于E交互形成的效用。其中，E代表用户消费期望（Expectation），S代表用户所处场景（Scene），C代表情境（Context）函数。场景要素基于供应链实现新零售商业模式的解构和重构，新零售商业模式价值共创就是基于供应链通过场景链对各节点新零售商业模式进行解构，将场景要素融入解构后的商业模式要素之中，基于供应链各节点用户消费期望的演变，通过“商业场景—消费期望—商业情境”的三维一景适配重构商业模式，实现价值共创。

新零售未能充分利用媒体融合效用，使得以新零售核心企业为中心的商业模式的弊端逐渐显现，新零售要想获得更持久和更强大的竞争力就需要考虑消费者的利益诉求。价值共创理念中，对消费者价值的强调可以更好地帮助零售业在商业模式创新中兼顾企业和消费者的双赢，现实生活中新零售业的价值共创是需通过“消费场景—消费期望—商业情境”三者之间进行个性化和多元化适配展开。当零售企业借助于其商务平台在感知到消费者接入某个特定场景时，从广度和深度两个视角适配消费者的消费期望（消费需求、消费习惯和消费偏好），具体的适配方式是通过以下三个方面实现的：①“消费场景—消费需求—商业情境”适配。从消费者对零售企业产品或服务的消费需求出发，在特定的时间和特定的空间为消费者配置相应的商业情境，以满足消费者在特定场景下对产品或服务消费的愉悦体验，消费需求按照马斯洛需求层次理论渐进、动态地变化。②“消费场景—消费习惯—商业情境”适配。零售企业利用大数据挖掘消费者的出行方式、生活习惯和消费行为，通过在特定的时空为消费者配置相应的新零售商业情境，以适配消费者对于新零售的消费行为和消费风格。期望通过商业情境配置的优化，不断调适消费者的新零售消费习惯，促进新零售商业模式创新。③“消费场景—消费偏好—商业情境”适配。从消费者的消费偏好出发，在特定时空为消费者配置相应的情境，以迎合消费者的场景化消费偏好，具体包括消费者在特定时空的信息获取偏好、网络沟通偏好、休闲娱乐偏好和网络购物偏好。由此，形成了新零售商业模式创新机理模型如图2-2所示。

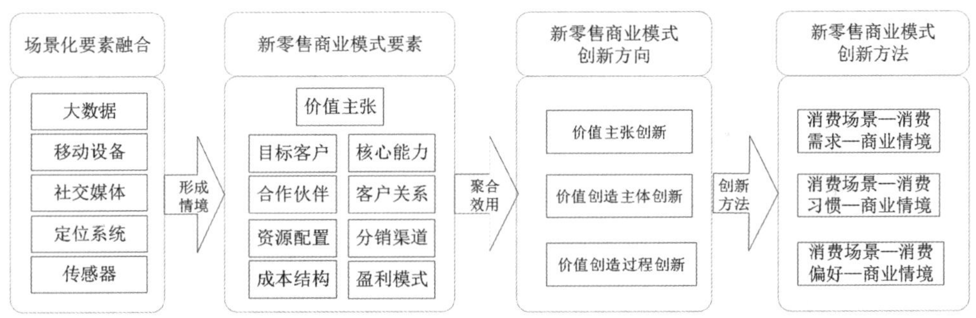

图2-2 新零售商业模式创新机理模型

如图2-2所示，可以从消费者在特定时空的消费期望出发，充分发挥新零售商业情境的场景化融合适配创新的效应，以满足新零售消费者的场景化情感体验，创造情感体验价值。在新零售场景化商业情境的实际配置中，需要根据消费者对产品或服务的时空体验期望对新零售商业情境细分化后成就新零售的场景化适配，解决消费者的消费痛点。从新零售的价值主张创新、价值创造主体创新和价值创造过程创新三个方面打造新零售的场景化消费体验。这种消费体验是追求消费需求、消费习惯和消费偏好满足的极致体验，新零售商业模式的价值从产品交换价值、使用价值向体验价值和情感价值演变。

2.2.3 场景化商业模式

场景化商业模式要解决两个方面的问题。其一是减少消费者在特定场景的消费痛苦，比如解决消费者消费的痛点，为消费者的消费制造痒点；其二是创造特定场景消费的相关收益，即发现消费甜点和打造消费爽点。这两个目标的实现需要对消费者在不同场景的消费期望进行画像，通过用户画像，借助对场景要素的不断丰富、对情境功能的不断强化，通过场景化情境适配实现价值创造。新零售的基础来源于不同的产业形态，期望通过线上和线下的无缝连接形成不同产业的生态，进而构建消费者的消费场景，基于消费者所处场景，为消费者适配其特定消费期望的商业情境。新零售商业模式创新的实质是按照生活方式构建物与物的关系，用价值观构建品牌间的关系，按照人与物的交互关系组合业态，按照人与人之间的关系构建场景。新零售利用零售平台的大量资源，通过共享信息最大化地利用平台资源，重构“场—人—货”的关系，依赖社交网络主动制造口碑传播、粉丝经济。新零售商业模式创新就是要实现以线上线下营销渠道的整合为基础，将各项服务贯穿于线上店与实体店，智慧地满足消费者的消费期望，确保消费者在所处时空的消费中获得极致的体验。场景化商业模式以消费者体验为目标、以社群关系为媒介、以场景化服务为基础、以场景适配关系为手段、以多场景融合为渠道、以消费者需求为驱动，通过消费场景、消费期望和商业情境三者之间的适配重构场景化关系，形成以“产品+服务”为核心的竞争力、客户服务模式、运营管理模式、盈利模式和利益分配模式，进而形成数据化、适配化、扁平化、分享化和生态化的场景化商业模式，并按照如图2–3所示的方式对场景化商业模式进行构建。

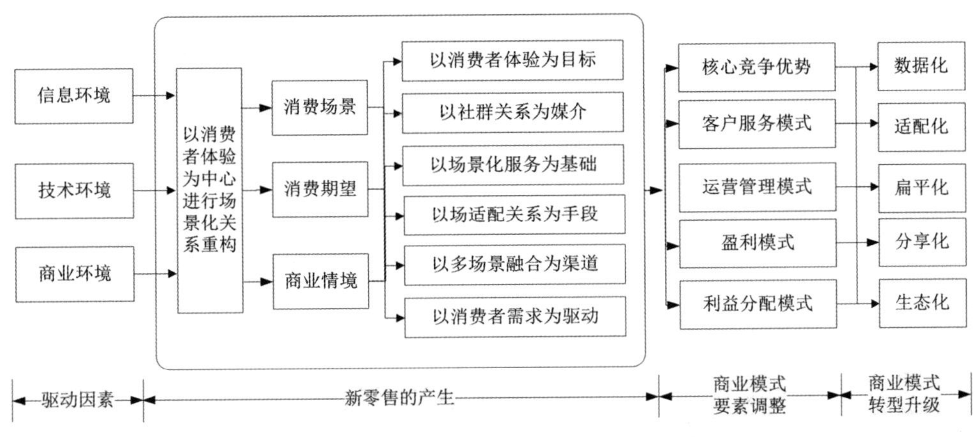

图2-3　场景化商业模式

在消费升级、技术升级及产业升级的三重驱动下，以消费者体验为中心的场景化商业模式应运而生。该模型通过重塑消费场景、消费期望和商业情境的关系，完成对流通供应链商业模式要素的调整，进而实现场景化商业模式的构建。场景化商业模式彻底颠覆了传统零售存在的与消费者关系弱化、缺乏对消费者需求的感知、服务能力低下、产出内容和销售路径单一、服务同质化现象严重等的不足。场景时代，消费者不仅关注产品价值，更关注服务效用价值和场景体验价值。场景化商业模式应基于大数据、云计算、移动互联网、智慧物流等新技术，在商业模式嵌入效用的融合实现，满足消费者交互式的体验需求。

2.3　新零售商业模式场景化

2.3.1　新零售商业模式场景化内涵

新信息环境下，消费群体呈现人群结构年轻化、消费需求多元化、消费方向品质化、消费行为个性化和消费时间碎片化等趋势。这些都对新零售商业模式创新提供了新的机遇、带来新的挑战，新零售需要进行多场景、全渠道和强连接的转型和升级。具体而言，就是将场景化创新理念作为消费的新入口，通过为消费者营造不同消费场景，并以不同场景的渠道、服务、体验等因素与消费者建立强连接关系。未来新零售模糊了线上和线下的区别，强调的是连接和消费者的互动，其流通供应链商业模式将实现跨界混搭，将电竞、影院、网咖等形态纳入零售业的场景范畴。新零售就是要强化消费者的场景化体验，吸引强大的线上和线下流量，为新零售带来新的价值创造逻辑。因此，以消费者为中心进行新零售流通供应链商业模式的洞察，基于消费者的消费场景、消费期望和商业情境，以及这三者之间关系的重构，将打破传统的构建，开创系统性场景，以消费者的需求期望解决为目标，提供丰富多元的场景体验。越来越多的企业正在通过提供卓越的客户体验，不断为消费者创造价值。新零售场景革命逐渐以“娱乐、互动、体验”为主诉求，将商业环境极大地融入娱乐主题、艺术主题、人文主题等，为零售业嫁接更多跨界的元素，给予消费者人性化的关怀，丰富消费者的多元化体验，形成新的销售空间和氛围。具体而言，新零售体现为开放的消费空间、跨界的混搭以及消费期望的洞察和场景化情境的适配。新零售商业模式场景化内涵如图2-4所示。

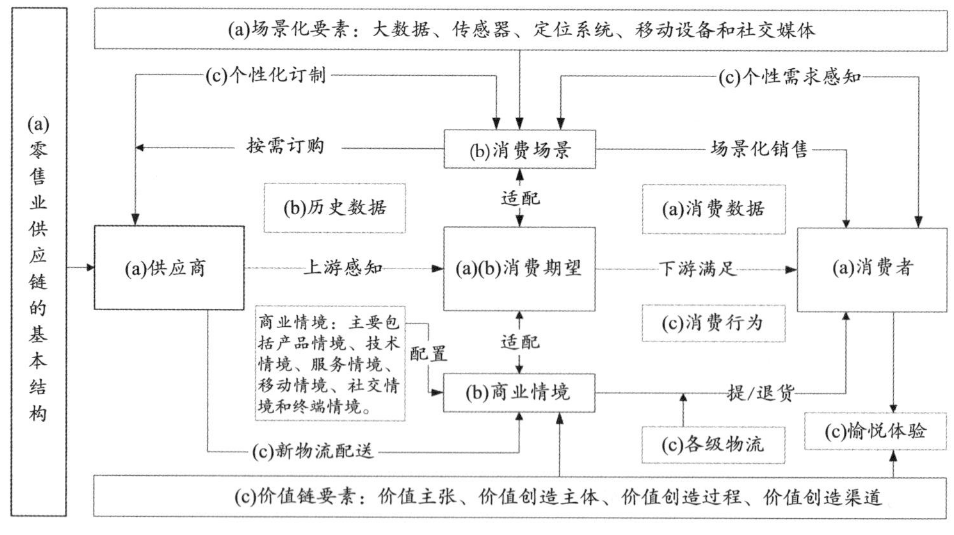

图2-4　新零售商业模式场景化内涵

如图2-4所示，新零售商业模式场景化内涵表现为以下三个方面，分别是：①供应链创新。供应链创新包括了如图2-4所示标有（a）的所有要素。新零售供应链为供应商和消费者之间基于消费者消费期望的链状、网状关系的构建。新零售供应链以此基本结构为基础，并与其他要素进行关联和耦合，形成新的供应链结构。②场景链创新。场景链创新如图2-4所示的标有（b）的所有要素，包括了消费者所处的场景、场景内的消费期望和商业情境及其关系的配置。通过商业情境配置，满足消费者在特定时空的消费需求、消费习惯和消费偏好，以最小的成本实现场景化情境配置，提升新零售业的运行效率。③价值链创新。价值链创新包括了如图2-4所示的标有（c）的要素，主要体现为新零售业的价值主张、价值创造主体、价值创造过程和价值创造渠道。其中价值主张为场景化价值的创造方式，价值创造主体为供应商、零售商以及消费者，价值创造过程是通过场景化情境适配实现供应链重构，价值创造的渠道是通过场景化消费情境的有效配置实现的。

2.3.2　新零售商业模式场景化过程

在新一代消费者崛起，产品品质技术升级，线上线下、国内国外消费场景融合等背景下，新零售成为大势所趋，而对于“人货场”三要素的深耕以及关系重构，通过高颜值的产品和场景设计，打造沉浸式消费体验，满足Z世代全场景的社交娱乐需求，提升到店客流。新零售商业模式场景化过程如图2-5所示。

新零售供应链采取的是以上游为保障支持下游的运行方式。新零售基于云计算、场景要素、移动终端和物联网、人工智能、移动支付和区块链等技术构建其商务平台的底层信息基础设施，从而高效连接流通供应链中的品牌商、经销商、零售商和消费者，形成了信息流、商流、资金流、物流以及服务流等

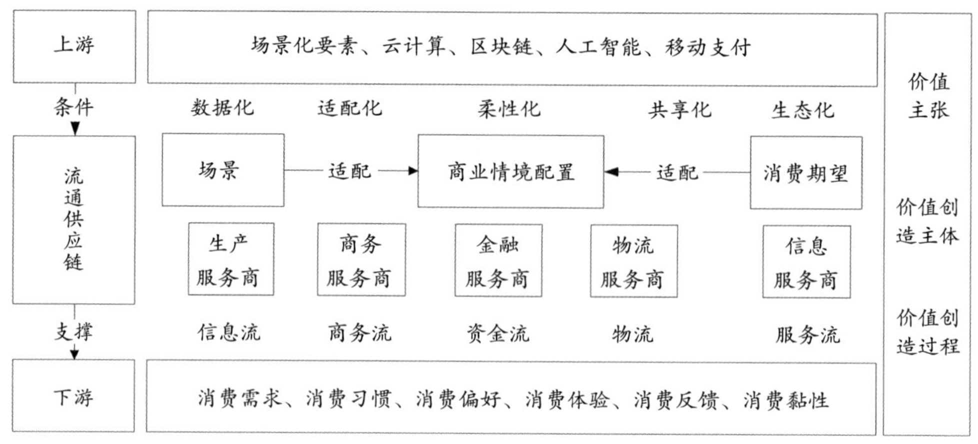

图2-5　新零售商业模式场景化过程

的深入融合，实现整个流通供应链的数字化、柔性化、扁平化、分享化和生态化，进而对供应链上游进行创新，打造高效、繁荣的零售业生态，完成新零售背景下的以消费者为中心的消费场景、消费期望和商业情境及这三者之间关系的重构，提高新零售流通供应链的整体效率，通过价值创造的革新满足消费者个性化、多元化的体验需求，实现新零售流通供应链的体验升级，形成专属于消费者特定时空的消费体验。①数据化。基于场景化要素之一的大数据技术，对消费者历史场景的消费需求、消费习惯和消费偏好进行有效的挖掘，形成消费者特征或消费者行为的数据化、营销数据化、产品与服务的数据化、渠道数据化以及消费环境的数据化、物流数据变化以及线上线下零售终端数据化体系，完成新零售流通供应链平台生态系统数据的全面打造，逐步构造立体、完整、精准、高效、动态和安全的大数据系统。在此基础上实现消费者消费期望的立体画像以及消费者个性化的体验。②适配化。适配化是基于消费者特定时空消费期望的场景化配置程度，所谓适配是指情境配置的方式既不会浪费情境，也不会造成情境的不足，使得场景化商业情境配置成本最小。③柔性化。新零售基于消费者在特定时空消费期望的动态变化，实现以需定产和柔性制造，打造基于消费者消费期望的柔性供应链系统，以提升对消费者消费期望快速变化的积极响应。④共享化。新零售基于其平台的社交功能，使得各参与主体间资源可以共享，包括全渠道零售终端的库存信息、物流信息、个性化营销信息、客户信息以及全渠道供应链一体化运营信息的实时共享。信息共享可产生新的、有价值的信息，是平台生态系统竞争优势的重要体现。⑤生态化。新零售流通供应链需要整合专业化的商业情境，不断延伸服务内容，拓展服务领域，提供诸如供应链金融、产品营销、品牌培育、个性化定制等系列增值服务。通过整合生产服务商、商务服务商、金融服务商、物流服务商、信息技术服务商等不同类型的服务主体，为生态系统植入“供应链+移动互联网+场景+物流+金融+体验”的生态化解决方案，形成一个新零售围绕流通供应链提供一体化服务、线上线下相结合、良性运作的生态系统，从而更好地满足消费者多元化的体验需求。新零售流通供应链商业模式创新主要体现为价值主张、价值创造主体以及价值创造过程，形成新的价值创造逻辑。

2.3.3　新零售商业模式场景化方法

潮流零售商可在传统的实体零售场景中融合多种社交场景，一方面以社交娱乐活动吸引新消费者到店，另一方面拓展收入，提高单店坪效。新零售流通供应链的起点为品牌商，终点为消费者，即以品牌商的产品生产为起点，通过经销商、零售商等分销渠道将产品送达终端消费者从而满足消费期望。物流服务商与信息技术服务商通过提供信息技术和物流服务等，与供应链相关节点企业形成稳定的合作伙伴关系。在新零售下，通过零售终端与消费者的高效连接与互动，对消费者的需求特征、消费者行为数据进行收集和分析，并实时共享于供应链各节点，供应链各节点可透过数据掌握消费者的真实需求，实现基于消费者需求的个性化服务提供。新零售流通供应链是指将品牌商、经销商、零售商、终端消费者以及物流服务商、信息技术服务商等连成的一个集物流、信息流、资金流为一体的功能网链结构，以供应链为载体，以商业模式要素融合为手段，通过场景化商业情境的适配，实现新零售业的线上交互、线下体验，形成线上故事和线下温度。新零售商业模式场景化方法如图2-6所示。

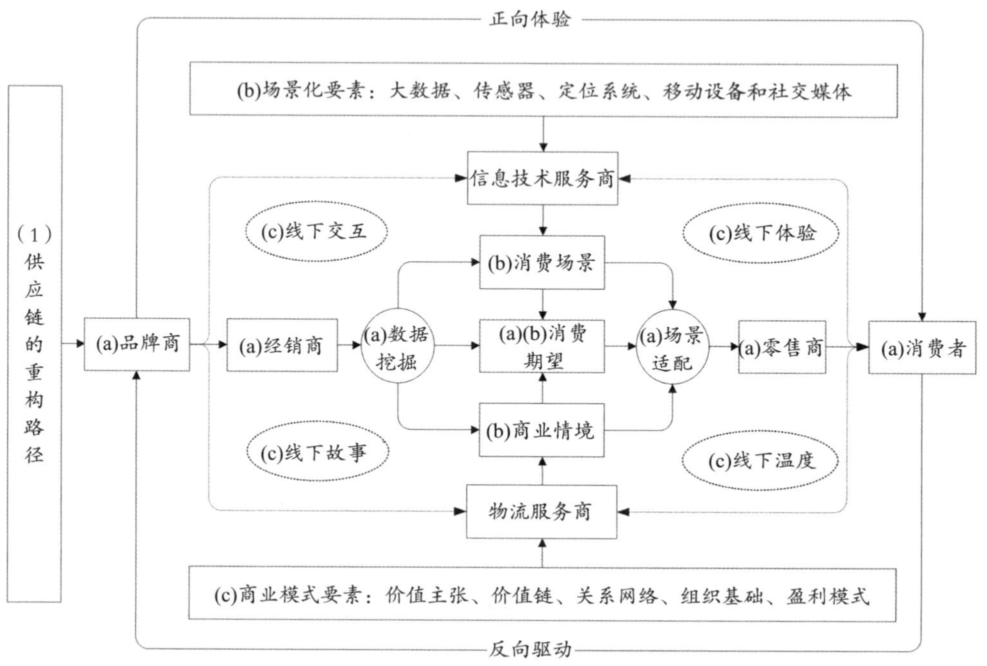

图2-6　新零售商业模式场景化方法

如图2-6所示，新零售基于供应链结构、商业模式要素以及场景化要素之间的关系，对新零售流通商业模式的创新机理进行如下构建：①供应链创新。零售业的流通供应链包括了品牌商、经销商、零售商和消费者。其中经销商需要通过数据挖掘，经由零售商为消费者提供场景化的情境适配，以增强用户的消费体验。新零售业在原有供应链基础之上又增加了物流服务商和信息服务商。②场景化创新。场景化创新就是将消费的消费纳入场景之中，基于消费者的消费期望实现场景化商业情境的有效配置。其中大数据挖掘消费者的历史场景期望，传感器感知用户历史场景消费时的身体状态，定位系统感知用户接入的频繁场景，社交媒体集目标商品和服务的消费群体于一体，实现消费体验的分享。③商业要素创新。利用大数据针对不同消费者设置专属标签，重视打造全渠道的消费场景，形成价值主张。在价值链方面，重塑企业供应链，保证各个节点间做到高度协同。在关系网络方面，零售企业必须重视品牌价值和企业形象的维护，赢得市场和用户的信任。在组织基础方面，零售企业需要建立起一种扁平化、简单化、柔性化、多元化、信息化的企业组织架构。在盈利模式方面，通过电子化采购信息系统与电子化实时支付系统降低企业的成本和风险，广告收入、设计收入、内容收入、品牌收入、服务收入、增值收入等能为企业收获新的盈利项目，同时不断增加零售门店的客流量和回购率。

2.3.4　新零售商业模式场景化创新取向

新零售商业模式场景化创新是满足消费者在特定时空消费期望的有效方式，而消费者的消费期望通过用户画像获得的。新零售商业模式下消费者的消费期望是通过适当的“货”来满足的，即通过在消费者的消费期望与特定的货物之间建立时空关系，进而实现“场—货—人”三者之间的匹配。新零售消费者场景化是从时空考察消费者的消费期望，通过对其画像并从“消费需求、消费习惯和消费偏好”三个维度进行标签，为其构建合适的场景。新零售商业模式场景化是指在消费者消费需求个性化的驱动下，企业运用场景元素实现价值创造。商业模式场景化是指将场景要素嵌入新零售商业模式，实现场景价值创造的过程，即企业将场景元素与商业模式要素相融合，以期在特定的时间和特定的空间为消费者创造特定的情感价值。新零售商业模式场景化创新取向如图2–7所示。

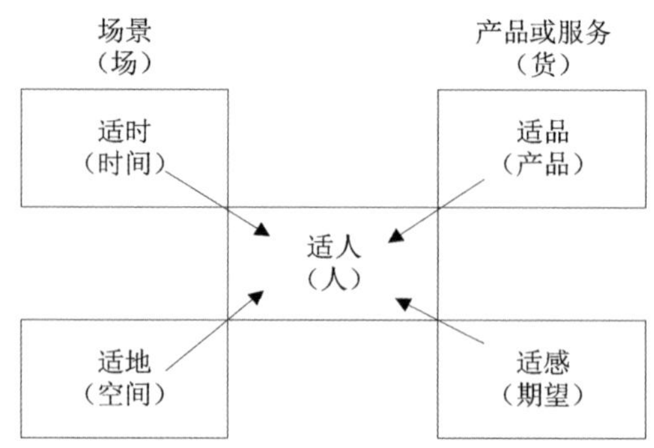

图2-7　新零售商业模式场景化创新取向

（1）适时。

对于新零售而言，消费者在不同时间段的消费期望是不同的，所以某个时间段对于不同消费者具有其独特的效用，如何满足消费者特定时间的消费期望是新零售商业模式场景化的重要环节。这一方面使新零售能够把握消费者最大流量接入时间段，优化其与消费者的关系，另一方面能够为新零售提供足够的情境支撑，使消费者在特定的场景具有特定的消费体验。对于新零售而言，消费者会有某个时间段的特定消费期望，在这个时间段具有满足消费者消费期望的不利因素和困扰，这个场景称为消费者的痛点场景。在另一时间段，正好又是另一个消费者实现其消费期望的有利时间段，这个时间段对应的场景就是甜点场景。除此之外，新零售针对消费者的消费期望还有痒点场景和爽点场景等。总而言之，适时是时间场景化，是将时间与消费者期望关联，使新零售能更加动态和精准地洞察消费者不同时间的消费期望，进而影响消费者的消费需求、消费习惯和消费偏好。

（2）适地。

对于新零售而言，消费者在不同空间的消费期望是不同的，消费者的消费期望只有在特定的地点才具备被激发的可能。由此，新零售需要针对不同空间洞察消费者的消费期望，并将合适的消费者引导到合适的空间激发，并通过场景化情境配置对其予以满足。为此，新零售应根据线上虚拟空间和线下物理空间，对不同场景进行细分以满足消费者日渐细化的消费期望。在对消费者消费期望进行细分方面，需要将空间要素融入其中，使消费者的消费期望能在特定的空间很好地得到满足。由此，通过对消费者消费期望与特定空间的耦合，空间与消费期望更为匹配，从而满足消费者细腻化的消费期望。适地是新零售消费者消费期望的空间场景化，是从空间维度理解和把握消费者消费期望最有可能发生的空间，以及新零售消费者的消费期望在特定空间的聚集程度，进而通过场景化情境配置满足其在特定空间的消费需求、消费习惯和消费偏好。

（3）适品。

对于新零售而言，消费者对于不同的产品或服务在不同时空具有不同的期望。适品是针对不同消费者在不同场景的消费期望而言的，其最终目标是通过新零售为消费者提供适合的产品和针对性的服务，使用户消费期望与特定场景的产品和服务相适配。新零售通过场景化的情境配置以满足消费者在特定时空未被满足的消费期望，体现特定场景的价值主张。适品是指新零售嵌入消费者日常生活的场景，场景之间可以无缝切换，新零售借助于不同的场景及其切换满足消费者的消费期望。因而，新零售借助场景，通过情境对用户的碎片化场景进行追踪，精准计算和把握消费者的消费痛点、痒点、甜点和爽点，实现即时性的场景连接，从而为用户推送适宜的产品或服务，满足消费者场景化价值诉求。适品是新零售对于消费者消费期望的场景化，通过适当的产品或服务满足消费者的消费期望，新零售产品场景化的价值主张是为消费者提供适合的产品和相应的品质服务。

（4）适感。

对于新零售而言，其更愿意为消费者提供对的产品，让消费者在休闲中消费，在消费中休闲。适感是指新零售针对消费者在特定时间、特定空间的特定消费期望为其提供适量、适价和适质的产品或服务。适感在新零售中的测度包括了数量、品质和价格等方面，这些方面的综合效果是要让消费者形成愉悦的体验。适感是新零售通过对产品在上述三个方面的组合，即通过“产品+功能”“服务+效用”和“场景+体验”的形态满足不同场景下消费者消费期望的适度性需求。适感是新零售赋予产品不同的价值，将产品与消费者的生活场景进行连接与混搭，重新提炼产品或服务新的意义和价值，满足消费者个性化的消费期望，以不同场景的价值主张为导向。新零售通过对企业、消费者与产品或服务的连接，实现着不同类型的价值创造，满足着消费者在不同场景的消费需求、消费习惯和消费偏好。

上述从“四适”出发，对新零售场景化商业模式创新方向进行了分析。总体而言，新零售商业模式场景化创新是从以下三个方面展开的。①价值主张。价值主张对应的是适品和适度两个方面，其是商业模式场景化创新的目标及演变。②价值创造主体。价值创造主体包括了企业和消费者，表现为二者共同创造价值，也可以是消费者单独创造价值。③价值创造过程。通过场景化情境配置实现新零售价值创造，包括了功能价值、体验价值和情感价值。

2.4 新零售场景化消费理论

2.4.1 新零售场景化消费及其属性

（1）新零售场景化消费本质内涵。

新零售场景化消费是一个动态而有序的过程，是指用户经由场景感知，以消费需求、消费习惯和消费偏好为导向，通过用户体验和感知，在头脑中认同、内化的现象和行为。新零售场景化消费是用户与商业情境相互作用的复杂过程，具体包括两个层面。①宏观层面。用户根据自己所处的场景，基于用户消费需求检索、筛选、获取、评价和利用信息，并实现其消费价值的过程，这是新零售场景化消费的表层。用户宏观层面的消费效果表现为其消费需求领域的经济效益和社会效益，体现了场景化消费的生态演进。②微观层面。消费的微观过程是指用户消费期望的目标信息作用于消费者的现有知识系统，激发其知识结构发生变革、发生响应，并将发现的新信息汇入其知识体系的整个过程。微观层面的新零售场景化消费大致可分为八个阶段，即价值导引、信息需要、产生动机、准备和注意、观察和识别、理解和内化、记忆和表达、信息生产。随着移动情境、社交情境、终端情境以及时空情境在新零售中应用的逐渐深入，场景和情境驱动着新零售消费创新的发生、发展和演进。新零售场景化消费情境的不断丰富以及大数据、移动设备、社交媒体、传感器和定位系统等场景要素融合效用的不断显现，使新零售正经历着情境从产生到组织及配置模式的巨大变革。成熟的社交媒体和高度的个性化网络在新零售嵌入得渐进渐深，这使其可以根据用户的位置以及用户的消费行为预测其消费需求、消费习惯和消费偏好，新零售已进入了场景化消费的时代。新零售消费通过场景感知，关联场景要素，提升用户的交互体验和分享，以用户消费期望的场景为流量入口，实现新零售场景化消费的生态化演进，已成为新零售未来发展的趋势，也是新零售融合场景服务的关键。

（2）新零售场景化消费属性特征。

移动社交时代，场景化能够触发用户消费感知和体验的多维情境，场景化消费情境也越来越呈现出基于用户消费需求、消费习惯和消费偏好关联耦合的新特点，表现为新的消费连接方式和精细化体验。对于新零售消费而言，场景是一种新的思维方式，也是消费社交化的流量入口。新零售场景化消费是基于场景属性特征出发的，具体体现在以下几个方面：①多维连接。场景是新零售消费的多维连接。场景是状态更新、内容分享以及流量消耗的入口，场景是新零售消费的新方式。用户在不同场景中切换，此前场景与此时场景以及此时场景与此后场景的消费情境具有动态的关联关系。同时，此前场景的消费期望和此时场景的消费期望以及此时场景与此后场景的消费期望也具有一定的关联关系。②跨界融合。场景是新零售消费的跨界融合。移动化场景时代，创设情境成为消费的关键要素，场景化消费已成为新零售商业模式创新的核心诉求。③渠道入口。场景是新零售消费的渠道入口。当新零售场景从静态桌面走向移动社交，用户消费的内容本身和用户体验成为消费的核心要素，触发着用户的交互体验，驱动着用户场景交互，创造着消费的全新价值。

2.4.2 新零售场景化消费理论模型

（1）新零售场景化消费用户认知理论。

社会认知理论（Social Cognitive Theory，SCT）认为，行为、人和环境三者间存在三元交互的影响作用。在新零售场景化消费过程中，情境、用户和场景之间也存在着三元交互的影响作用。本研究正是基于二者的相似性，探讨新零售场景的内在因素和外在环境因素对用户消费的影响。社会认知理论主要强调自我效能感和结果期望这两个人类自身认知因素对消费行为的影响。社会认知是一个广泛被接受，用来验证用户消费的理论，是社会心理学研究的重要领域，而新零售场景化消费离不开用户心理要素的参与和作用。社会认知运用到本研究中，是指对信息加工处理、信息借助于消费情境在场景中被用户所接受、感知和体验的过程。用户的新零售消费认知理论如图2-8所示。

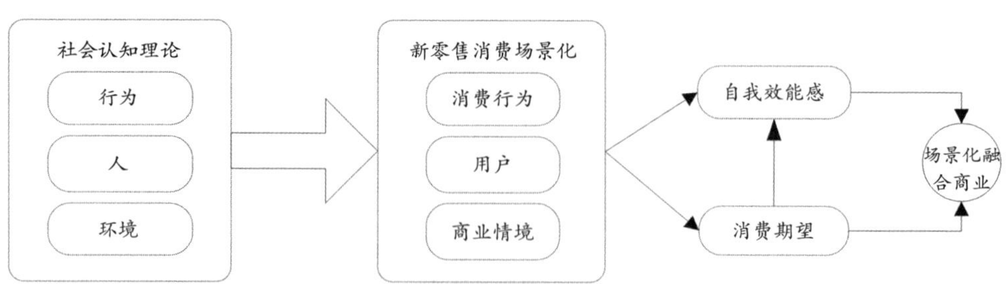

图2-8　基于社会认知的新零售消费场景化

如图2-8所示，社会认知理论是新零售场景化消费的基础理论，社会认知理论可以影响到新零售的场景化消费。用户是指处于不同场景且具有不同消费期望的新零售用户，而环境则是指商业情境融合的场景。新零售通过场景化消费期望产生自我效能感，再由自我效能感和消费结果期望共同决定着用户消费的场景化融合效能。新零售场景化消费的社会认知包括消费的印象、态度、自我认知偏差及消费的偏见和归因等。自我效能则是新零售场景化消费社会认知的重要内容，体现为用户在特定场景接受特定信息的预期结果能力，是指用户对自我消费接受能力的感觉。

（2）新零售场景化消费满意度理论。

新零售场景化消费满意度理论描述了用户对新零售性能的期望、实际感知和二者综合作用的结果，可表达为S=f（E，P）的函数关系，其中S为用户满意度，E为消费期望，P为消费现实。在新零售场景化消费中，不同用户对同一类场景的消费期望与感知是各不相同的。除用户消费存在差异外，用户间也存在个性心理，这直接影响着用户的行为与感知。新零售场景化消费和心理学密切相关，主要解决两个问题，一是用户场景化消费感知度在个体之间的比较，二是用户场景化消费满意度在不同服务间的比较。新零售场景化消费的个体差异和服务差异通过消费期望与性能感知比较的结果间接影响满意度的评判，如图2-9所示。

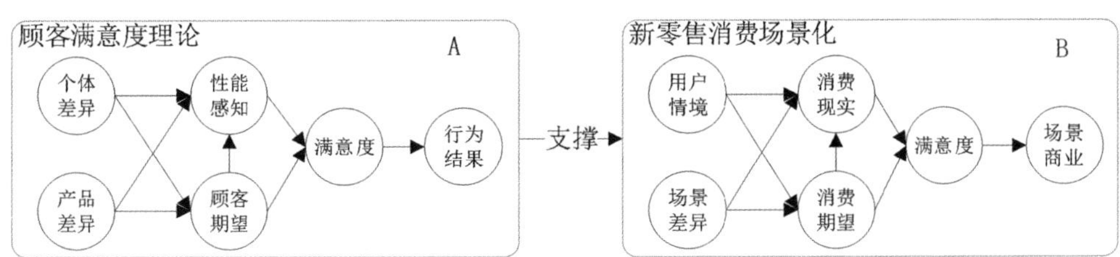

图2-9　用户满意度的新零售消费的场景化融合

图2-9所示，图A是顾客满意度理论架构，由此理论对新零售场景化消费进行支撑，形成图B新零售场景化消费持续意愿体系。图A中顾客满意度理论

与图B中的新零售场景化消费的用户情境相对应，产品差异与场景差异相对应，性能感知与消费现实相对应，顾客期望与消费期望相对应，行为结果与场景化相对应。

（3）新零售场景化消费自我调节理论。

自我调节是指用户给自己定制行为准则来加强、维护或改变自己行为的过程，同时也是自我调节、自我强化的过程，即当用户达到自己预期标准时自己能够激励自己，而当用户没有达到自己预期的标准时则能够认识到，并且通过多种途径自我强化。新零售场景化消费的自我调节具有螺旋循环性，消费主要借助先前的反馈进行调控。新零售场景化消费中用户的自我调节是必要的，因为用户、消费和场景等因素在用户消费和操作过程中不断发生变化。新零售场景化消费的自我调节指自我观察和运用相关策略调控操作的过程，用户在场景中自我调节是观察和调控的条件或结果。用户场景化消费自我控制的准确性和一致性会直接影响他们的策略调控的效果。新零售自我调节的场景化消费融合理论如图2-10所示。

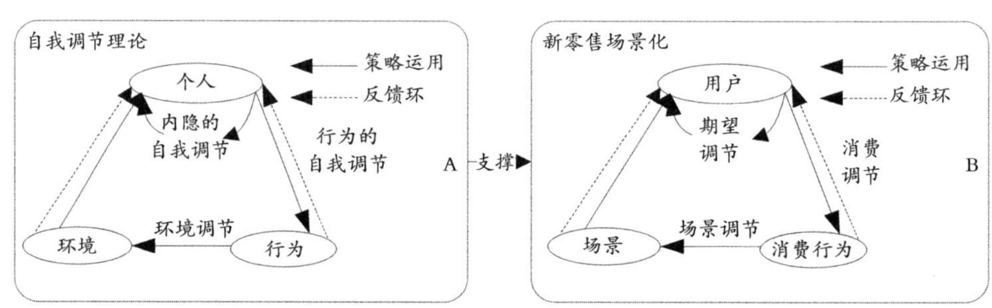

图2-10　自我调节理论的新零售消费的场景化

由图2-10可知，新零售场景化消费是基于自我调节理论实现的。其中图A中的个人与图B中新零售的用户相对应，环境与场景相对应，行为对应的是消费。用户通过消费期望与消费的现实之间进行感知和调节，从而实现消费的调节和场景要素的调节，以最大化程度满足用户消费期望，从而强化消费的持续意愿。

（4）新零售场景化消费期望确认理论。

期望确认理论（Expectation Confirmation Theory，ECT）认为用户重复购买产品或服务的意愿主要是由其先前使用的满意度来决定的，而满意度是由期望和确认程度共同决定的。在新零售场景化消费期望和确认的过程中，用户消费期望是指用户对消费预期描绘的一种认知蓝图，如果用户消费达到了其期望值，则会产生消费的持续意愿。根据期望确认理论的观点，新零售在真正进行场景化消费前会有一定的期望，等到真正使用后则会产生一定的认知，这种认知与先前的期望进行对比就产生了确认行为。用户新零售场景化消费后可能会产生不同的结果，即：①正面的不确认。消费的正面不确认是消费结果超出了用户消费期望；②负面的不确认。负面的消费不确认是指用户消费结果没有达到用户消费的期望；③确认。消费的确认则是前两者的中间状态，即消费结果与消费现实与期望的平衡或适配。期望确认理论的新零售场景化如图2-11所示。

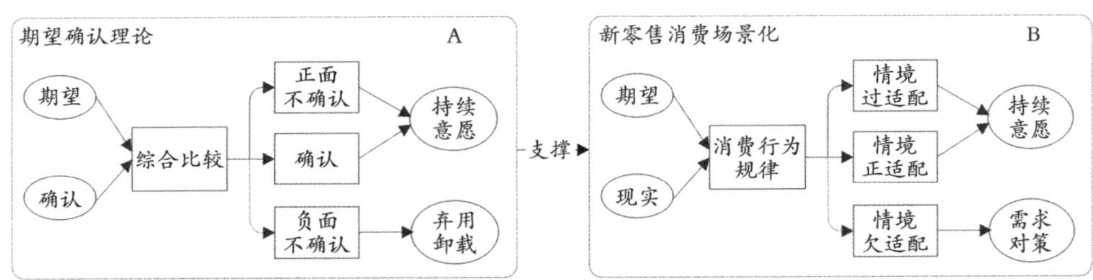

图2-11　期望确认理论的新零售场景化

如图2-11所示，新零售场景化消费是基于期望确认理论所支持而延伸拓展的，图A是期望确认理论的阐释，图B是新零售场景化消费持续意愿的归总。图A的期望与图B的期望相对应，同理，确认与现实相对应，综合比较与消费行为规律相对应。期望确认理论的三种结果与新零售场景化消费的三种情境配置方式相对应，三类不同的结果分别激发用户产生持续消费的意愿或者迫使用户提出需求对策，激发商业情境与场景要素基于用户消费期望改变，以寻求消费情境与场景化要素的适配，提升用户体验和感知的愉悦度。

2.4.3 新零售场景化消费的心流融合

（1）新零售场景化消费的心流理论。

Massimini和Carli（1998）提出了八区间心流体验模型，将任务挑战和用户技巧水平分成了三种程度，互相组合后形成了八个区间。八区间模型在原有的冷漠、焦虑、无聊和心流体验基础上，加入了激励、松懈、操控和担忧四个区间。基于心流理论的新零售场景化消费如图2-12所示。其中，纵轴表示场景化消费难度，而横轴表示用户的消费技巧。

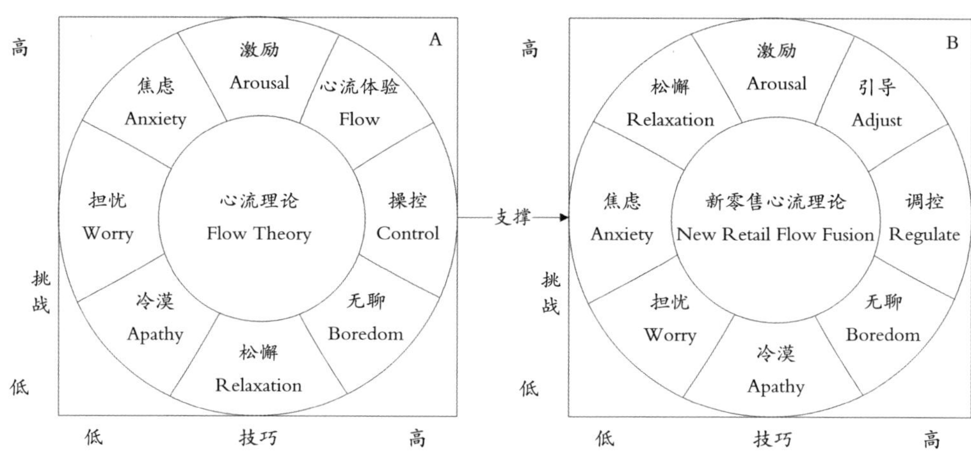

图2-12　心流理论的新零售场景化消费融合

由图2-12A所示，场理论主要是指用户在应用系统时会有无聊、松懈、冷漠、担忧、焦虑的体验。这些体验是基于用户消费需求与用户实际消费素养相比较而言的，当用户的实际消费素养，即对产品信息、服务信息和场景信息的知源、知取和知用能力超过用户消费需求时，会出现此类体验。反之，用户的感知和体验较为愉悦，系统会适时地给予用户激励，通过用户实际感知和体验后的消费需求进行调整和引导，使用户在一定的消费期望阈值内形成心流的体验。如图2-12B所示，新零售场景化消费的消费情境与用户消费期望存在差距时，“商业场景—消费期望—商业情境”的不适配使用户具有无聊、冷漠、担忧或焦虑的体验。这也是基于新零售场景化消费根据用户消费期望与其自身的消费素养相比较而言的。当用户消费期望与其消费素养在某个场景中是适配的，则其体验和感知是松懈和愉悦的。新零售通过对某个场景的消费情境与用户消费需求的引导和调控，在适当的时候给予用户激励，形成了新零售场景化消费的心流体验。

（2）新零售场景化消费的心流体验。

如何以场景为核心有效关联新零售消费要素，实现消费的心流体验是业界所关注的。新零售场景化消费心流体验分为以下八个方面：①消费反馈。用户在新零售场景化消费中必须具有清晰的消费期望和实时的感知反馈。用户应清楚自身消费期望，并且在每个环节都会给系统实时反馈，才会经历高质量的心流体验。②消费磨合。新零售场景化消费是在用户的自身消费素养与用户消费期望间的不断磨合实现的，由二者的不适配向适配发展，再由旧的适配向新的不适配演进，从而实现用户的心流体验。③消费调控。当用户自身消费素养与其消费期望所需的素养存在差距时，一方面系统会对用户消费期望进行引导，另一方面用户也会通过多种渠道提升自身消费素养。④消费意识。当用户在新零售场景化消费的心流体验中，用户的消费与意识将会协调适配，有一种高度心流的感觉。⑤消费沉浸。当用户沉浸于新零售场景化消费的心流体验中时，会自动将周围的干扰信息过滤掉，将注意力全部集中在新零售场景化消费过程中。⑥丧失自我意识。当用户沉浸于新零售场景化消费的心流体验中时，会暂时性地忘记自我，完全与场景融为一体。⑦时间扭曲感。当用户沉浸于新零售场景化消费的心流体验中时，他们心理上感受的时间流逝是与实际情况不相符的，存在对时间扭曲的现象。⑧有目的性体验。对于新零售场景化消费的心流体验来说，用户会在消费的体验过程中产生愉悦的感知和体验。基于心流理论的新零售场景化消费融合服务模型如图2-13所示。

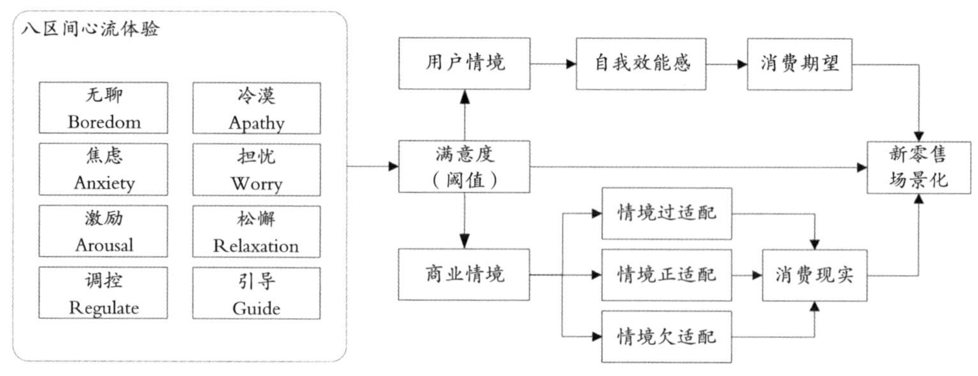

图2-13　基于心流理论的新零售消费场融合

新零售场景化消费的心流融合，是将心流理论的八个区间通过用户消费期望和消费的比较后，由用户对其所处信息场景的满意度阈值进行消费情境与用户情境的基于消费场景的配置，而配置的形式又分为：①情境过适配。即情境超越了用户所需要的情境。②情境正适配。即情境与用户所需要的情境是相匹配的。③情境欠适配。即情境配置未达到用户所期望的配置度。如图2-13各类要素间的相互作用关系，实现了新零售场景化消费服务的融合。

（3）新零售场景化消费的心流服务。

新零售消费的心流服务是基于用户消费需求、消费习惯和消费偏好的场景化消费情境的多维度适配。新零售场景化消费心流服务不仅要理解特定场景中的用户，还应能够迅速地找到并推送与他们需求相适应的内容或服务，新零售场景化消费为吸引用户，提升场景服务的关注度，必须强化个性化体验、个性化定制及与用户的及时互动。新零售场景化消费心流服务是全新的用户服务模式，用户应能记忆历史场景、强化个性化体验、个性化定制及与用户的即时互动。新零售场景化消费心流服务应该能实现线下场景到线上流量的转化，可以占据和争夺流量。由于新零售消费的心流服务与用户个人隐私的矛盾在一定程度上阻碍了用户场景化消费的心流体验。新零售场景化消费心流服务如图2-14所示。

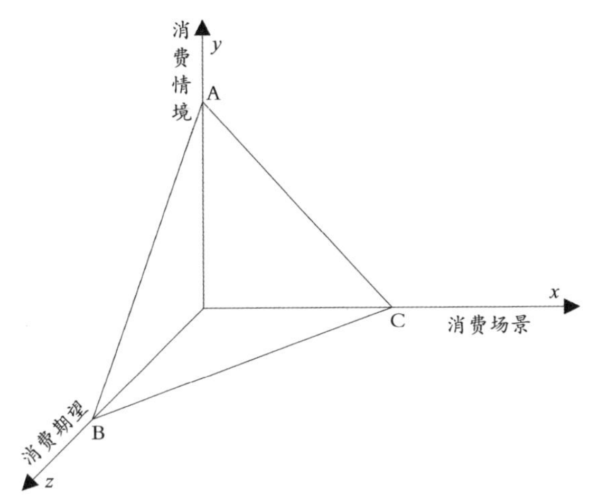

图 2-14　新零售消费心流融合服务

如图2-14所示，消费场景用 x 轴表示，消费情境用 y 轴表示，消费期望用 z 轴表示。其中A为用户所处场景的消费情境值，B为用户消费期望值，C为用户消费场景值，则三角形ABC的形状和面积大小形成了新零售场景化消费心流类型和心流值。由于A、B、C的取值不同，所形成的面积大小也不同，形状也不同，代表了新零售实际的心流感知区间和感知体验值。新零售场景化消费心流体验可以融合发挥这三要素的功能效用，在“消费场景—消费期望—消费情境”的标准化适配和个性化适配间实现柔性、动态的切换，使用户在新零售场景化消费的过程中具有良好的心流感知和心流体验，强化用户的场景化消费的持续意愿。

本研究基于心流理论，从新零售心流体验的消费情境、消费期望和消费场景间的关联耦合关系的构建出发，分析如何通过心流融合提升新零售消费效用，丰富了新零售消费的研究视角。从宏观和微观两个层面对场景的本质内涵和属性特征进行深度分析，以场景的属性特征为基础，将认知理论、用户满意度理论、自我调节理论、期望确认理论、技术接受理论为理论运用到新零售场景化的消费中，以增强用户的心流感知和心流体验，为调节和控制新零售消费心流体验提供了新的思路和途径，为新零售建设、重组、改造和优化指明了方向，也为移动信息空间再造提供了思路。

2.5 新零售商业模式用户画像理论

2.5.1 新零售商业模式用户画像概述

随着大数据技术的发展、定位系统的成熟、新媒体功能的丰富、移动终端的智能化以及传感器功能的不断强大，这些场景化要素在新零售嵌入和发挥效用的程度逐渐深入，其对用户消费行为的支撑维度越来越细化，支撑功能越来越强大。然而在这种情形下，现有研究和实际应用表明用户对新零售消费行为感知和体验的愉悦度却并未显著提升。造成这种情形的原因就是新零售尚未将场景要素与情境要素有效地关联，未能切实地满足不同场景的用户消费期望。

在万物互联的今天，流量红利时代已成为过去，随着信息的分散化和碎片化，入口不再如PC时代那样重要，取而代之的是场景。在不同场景中，基于用户消费期望实现场景化情境配置的程度如何将直接影响到用户在不同场景体验的愉悦度。如何测量或度量用户在不同场景消费体验的愉悦度，探究影响新零售场景化消费期望的关键性因素是本研究的重点。

为此，运用文献调研法发现，有关于消费行为的研究成果集中在以下几个方面：①技术接受模型。明均仁（2014）等在原有技术接受模型的基础上引入9个外部变量，深入分析了用户消费行为的主要影响因素。②消费行为体验。Komaki D（2012）等指出目前移动设备存在诸多限制，如屏幕尺寸的大小和输入功能丰富性以及用户情境的变化。为了更好地提升用户信息搜索体验的愉悦度，应利用日志分析方法对用户消费行为进行挖掘，把握用户信息需求、信息搜索和消费行为的特征和规律。③情境配置优化。毕强（2015）等基于用户情境、资源情境、服务情境及技术情境四个维度，分析了数字图书馆消费行为情境优化的原则与目标，并运用情境分析方法从四个具体维度提出了数字图书馆消费行为情境的优化方案和策略。④消费行为适配。王福（2019）等指出新零售场景化消费行为适配功能设计应在捕捉用户需求期望、适应用户消费习惯、迎合用户消费偏好、应用功能拓展等方面丰富其功能。以上从四个维度对消费行为的研究现状进行了梳理，但是目前为止，并未有切实的方案实现“场景—用户—情境”的有效配置。因此，有必要对新零售场景化消费体验进行有效测量，并将用户消费期望不同维度属性画像标签化，从而为用户进行个性化信息的推送。有鉴于此，本研究综合采用问卷调查、日志挖掘和出声思考等方法对新零售场景化消费体验愉悦度进行测量，并进行空间向量计算，对不同场景的用户消费期望进行聚类画像，为用户进行个性化的信息推荐。

2.5.2 新零售商业模式用户画像模型

（1）新零售商业模式用户画像的依据。

目前用户消费行为画像在移动应用领域的研究已展开，相关研究如：黄文彬（2016）等采用频繁模式挖掘、构建概率矩阵、计算熵等方法，从用户基站日志中所包含的地理位置信息中构建移动用户行为画像，为个性化服务提供了参考。吴明礼、杨双亮（2016）为解决大数据场景下推送服务的准确度，通过分析移动用户的行为数据，并利用Spark集群的并行计算，结合时间和空间两个维度对用户消费行为画像，了解什么样的人在什么时间、什么地点喜欢做什么事，从而为其提供更为精准的推送服务。马子斌、吕廷杰、李海强（2008）通过对移动用户基于时间、空间的业务需求进行相关分析，在借鉴前人研究成果的基础上提出了一种基于时间序列移动接入模式的数据挖掘方法。该方法基于用户接入移动应用的时空频繁程度，发现业务推广的敏感时间段和关键位置。陈嘉贤（2016）指出随着信息技术、通信技术和网络技术的发展，各类应用积累了大量的用户数据和业务数据，这些数据为用户生活提供了极大的便利，但是也导致数据滥用和隐私暴露的问题。黄文彬（2016）等选取2005~2015年间发表在国内外重要期刊和会议上有关键影响的文献50篇，建构了数据驱动的移动用户行为研究框架，主要包括：移动数据的类型、移动用户行为模式分析、移动用户消费行为画像模型的建构和移动用户消费行为画像的深度应用。上述研究成果对新零售创新服务的启示是需要对用户进行画像。新零售只有通过画像掌握不同场景的用户消费期望，才能更好地为用户提供精准化的服务。本研究从新零售的场景、情境两个层面出发，构建新零售商业模式用户消费期望画像模型，切实掌握用户在不同的场景中信息需求特征，对不同场景的属性特征进行标签化。

（2）新零售商业模式用户画像模型构建。

新零售用户消费期望画像，即用户信息标签化，是在场景时代，通过收集与分析用户的社会属性、生活习惯、情绪倾向，消费行为等之后，建立精准的新零售消费行为的用户标签。由此，对新零售同一场景的不同用户从需求维度、搜索维度和消费行为维度刻画有利于推进新零售相似用户的识别（具有相似度较高的需求、搜索和接受），进而为用户提供精准的个性化服务。以技术接受模型（Technology Acceptance Model，TAM）的感知有用性和感知易用性为逻辑起点，综合运用问卷调查方法、访问日志挖掘方法、出声思考法挖掘用户在不同场景的消费需求、消费习惯和消费偏好，运用专家访谈法基于向量空间模型（Vector Space Model，VSM）构建用户消费期望画像模型。为此，从场景和情境两个层面出发，将场景要素与情境要素基于用户消费需求、消费习惯和消费偏好进行有效关联，实现三个维度的选择性互补适配，形成立体化的用户消费行为画像模型，如图2-15所示。

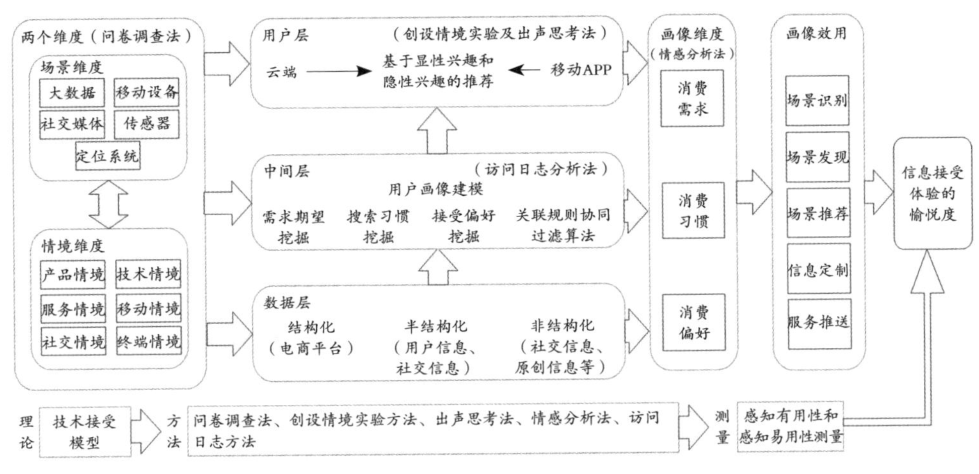

图2-15 新零售用户消费期望画像框架

由图2-15可知，新零售消费期望画像框架包括：①画像维度。分别是场景维度和情境维度，场景维度利用大数据、传感器、移动设备、社交媒体和定位系统感知用户情境，挖掘用户消费需求、消费习惯和消费偏好；情境维度主要包括产品情境、技术情境、服务情境、移动情境、社交情境和终端情境，这六个维度的情境选择性融合后对用户消费行为提供有效的支撑。②画像层次。画像层次包括数据层、中间层和用户层。其中，数据层的数据来源于结构化数据、半结构化数据和非结构化数据，是用户场景化消费行为的主体对象；中间层，借助于场景要素对用户消费需求、消费习惯和消费偏好进行挖掘，并运用关联规则和协同过滤算法进行用户消费期望画像建模；用户层，基于构建的用户消费期望画像模型对用户消费需求、消费习惯和消费偏好三个维度进行画像，基于用户的显性和隐性兴趣实现服务定制和服务推送。③画像目标。用户消费期望画像主要从消费需求、消费习惯和消费偏好三个维度进行，实现产品定制和服务推送的效用。④画像方法。基于技术接受模型，综合利用问卷调查法、创设情境实验方法、出声思考法、访问日志方法和情感分析方法，对用户消费体验的感知有用性和感知易用性进行测量，探究影响新零售消费行为的关键因素，提升用户消费行为体验的愉悦度。

2.5.3 新零售商业模式用户画像方法

（1）新零售用户消费期望画像依据。

以上述构建的新零售场景化消费模型为基础，将不同用户在同一场景的消费需求、消费习惯和消费偏好三个维度构成一个新零售消费期望的三维向量空间模型（VSM），即某个场景的消费行为。以该场景的不同消费期望三个维度效用融合为空间的原点，而原点和场景消费期望效用的连线构成了这个场景消费期望的空间向量，如图2-16所示。

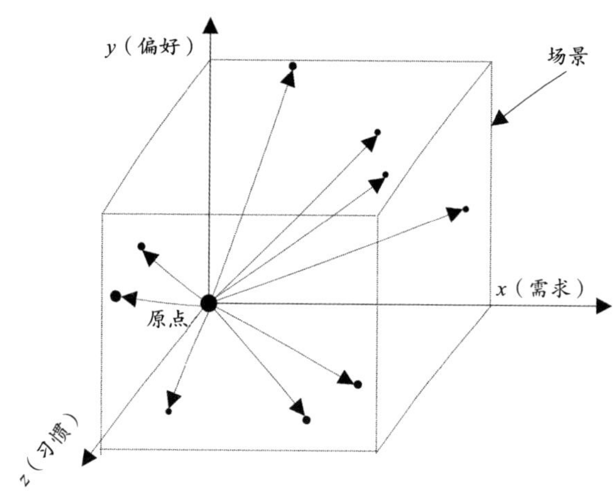

图2-16　新零售用户消费期望向量画像

新零售某个场景的不同点代表了不同用户在该场景的消费期望向量。从原点到新零售消费期望点之间的连线是该场景中不同用户消费期望的空间向量。每一个用户消费期望向量在需求、搜索和接受维度轴的投影代表了某个用户在该场景的消费需求效用、消费习惯效用和消费偏好效用。每个用户在某个场景的消费期望的空间向量与消费需求、消费习惯和消费偏好三个维度轴的夹角分别代表了这个场景对该用户消费需求被满足的程度、消费习惯被调适的程度以及消费偏好被迎合的程度。

（2）新零售用户消费行为画像方法。

将新零售消费期望的消费需求、消费习惯和消费偏好被满足程度的空间

视为新零售消费行为效用的向量空间，把同一场景的不同用户的消费期望效用表示为向量的坐标形式：$\boldsymbol{s}=a\boldsymbol{i}+b\boldsymbol{j}+c\boldsymbol{k}$，其中$a$代表某个场景$S$中不同用户消费需求$x$被满足的程度，$b$代表某个场景$S$中不同用户消费习惯$z$被调适的程度，$c$代表某个场景$S$中用户消费偏好$y$被迎合的程度，$\boldsymbol{i}$代表消费需求维度的单位，$\boldsymbol{j}$代表消费习惯维度的单位，$\boldsymbol{k}$代表消费偏好维度的单位。设$\boldsymbol{U}_1$（$x_1$，$y_1$，$z_1$），$\boldsymbol{U}_2$（$x_2$，$y_2$，$z_2$）为新零售同一场景的两个用户的消费期望向量，两个向量间的距离为$|\boldsymbol{U}_1\boldsymbol{U}_2|=\sqrt{(x_2-x_1)^2+(y_2-y_1)^2+(z_2-z_1)^2}$。$|\boldsymbol{U}_1\boldsymbol{U}_2|$越小说明两个用户在这个场景的消费期望的相似度越大。

为了更好地计算消费需求、消费习惯和消费偏好方向的效用，设$\boldsymbol{U}_1$的模为$|\boldsymbol{U}_1|=\sqrt{x_1^2+y_1^2+z_1^2}$，$\boldsymbol{U}_2$的模为$|\boldsymbol{U}_2|=\sqrt{x_2^2+y_2^2+z_2^2}$。$|\boldsymbol{U}_1|$和$|\boldsymbol{U}_2|$则分别表示两个用户在某个场景中消费期望的大小。对于用户1而言，其消费期望向量$\boldsymbol{U}_1$与需求方向（x轴）之间的夹角余弦：$\cos\alpha=x_1/\sqrt{x_1^2+y_1^2+z_1^2}$，从本质上而言是指用户1场景化消费需求的期望；其消费期望向量$\boldsymbol{U}_1$与消费习惯方向（y轴）之间的夹角余弦：$\cos\beta=y_1/\sqrt{x_1^2+y_1^2+z_1^2}$，从本质上而言是用户消费习惯；其消费期望向量$\boldsymbol{U}_1$和消费偏好方向（$z$轴）之间的夹角余弦：$\cos\gamma=z_1/\sqrt{x_1^2+y_1^2+z_1^2}$，从本质上讲是用户消费期望，且$\cos^2\alpha+\cos^2\beta+\cos^2\gamma=1$。

（3）新零售场景推荐模型。

新零售信息推荐是基于向量空间的用户消费期望画像进行的，新零售场景推荐模型为用户所处的场景提供相应的产品、技术和服务。新零售场景化场景推荐向量模型可构建为式。

$$\boldsymbol{A}_k=\sum_{k=1}^{n}M_k\boldsymbol{i}+\sum_{k=1}^{n}N_k\boldsymbol{j}+\sum_{k=1}^{n}P_k\boldsymbol{k} \tag{2–1}$$

为了阐述得更加清晰，选择其中的两个用户在某个场景的消费期望向量进行计算。设用户1的消费期望向量为$\boldsymbol{a}=\boldsymbol{j}-2\boldsymbol{k}$，用户2的消费期望向量为$\boldsymbol{b}=\boldsymbol{i}+$（1/2）$\boldsymbol{j}-\boldsymbol{k}$，则这两个用户在同一个场景的消费期望的融合向量可以表示为

$\boldsymbol{c}=3\boldsymbol{a}-2\boldsymbol{b}$。计算某个场景的两个用户消费期望向量的模以及消费需求、消费习惯和消费偏好。两个用户同一场景的消费期望向量融合后的表达式为：$\boldsymbol{c}=3\boldsymbol{a}-2\boldsymbol{b}=-2\boldsymbol{i}+2\boldsymbol{j}-4\boldsymbol{k}$。

如式（2-1）所示，$\sum_{k=1}^{n} M_k$为不同用户在同一场景的消费需求期望，$\sum_{k=1}^{n} N_k$为不同用户在同一场景的消费习惯，$\sum_{k=1}^{n} P_k$为不同用户在同一场景的消费偏好，可以通过式（2-2）的向量计算方法计算出该场景对于用户消费需求的满足程度（$\cos\alpha$）、消费习惯的调适程度（$\cos\beta$）以及消费偏好的迎合程度（$\cos\gamma$）。

$$
\begin{cases}
\cos\alpha = \dfrac{\sum_{i=1}^{n} M_i}{\sqrt{\sum_{i=1}^{n}\left(M_i\right)^2 + \sum_{j=1}^{n}\left(N_j\right)^2 + \sum_{k=1}^{n}\left(P_k\right)^2}} \\
\cos\beta = \dfrac{\sum_{i=1}^{n} N_j}{\sqrt{\sum_{i=1}^{n}\left(M_i\right)^2 + \sum_{j=1}^{n}\left(N_j\right)^2 + \sum_{k=1}^{n}\left(P_k\right)^2}} \\
\cos\gamma = \dfrac{\sum_{i=1}^{n} P_k}{\sqrt{\sum_{i=1}^{n}\left(M_i\right)^2 + \sum_{j=1}^{n}\left(N_j\right)^2 + \sum_{k=1}^{n}\left(P_k\right)^2}}
\end{cases}
\tag{2-2}
$$

如式（2-2）所示，如果两个用户在同一场景消费期望融合后的消费期望向量大小可以表示为：$\left|\boldsymbol{C}\right| = \sqrt{\left(-2\right)^2 + 2^2 + \left(-4\right)^2} = 2\sqrt{6}$。消费需求为$\cos\alpha = \left(-2\right)/\left|\boldsymbol{C}\right| = -1/\sqrt{6}$，消费习惯为$\cos\beta = 2/\left|\boldsymbol{C}\right| = 1/\sqrt{6}$，消费偏好为$\cos\gamma = \left(-4\right)/\left|\boldsymbol{C}\right| = -2/\sqrt{6}$。

（4）新零售消费场景推荐模型。

在实际的新零售场景推荐中，需要分别基于不同用户消费需求、消费习惯和消费偏好三个维度融合后形成的消费期望间的相似程度进行有效推荐。为此，将VSM理论引入本研究中，以式（2–2）为基础，实现同一用户在某个场景的消费期望融合后，形成式（2–3）所示的余弦相似度的协同过滤的算法，进行场景推荐。用户A和用户B的消费期望余弦相似度计算公式为式（2–3）所示。

$$\cos\theta = \frac{\sum_{i=1}^{3}\left(\boldsymbol{A}_i \times \boldsymbol{B}_i\right)}{\sqrt{\sum_{i=1}^{3}\left(\boldsymbol{A}_i\right)^2} \times \sqrt{\sum_{i=1}^{3}\left(\boldsymbol{B}_i\right)^2}} = \frac{\boldsymbol{A} \cdot \boldsymbol{B}}{|\boldsymbol{A}| \times |\boldsymbol{B}|} \tag{2–3}$$

式（2–3）通过计算不同用户在某个场景中的消费期望相似度，将用户消费期望标签化，其核心思想是：对两个用户对于某一个场景的消费需求满足程度、消费习惯的调适程度和消费偏好的迎合程度进行评分，如果这三个维度评分的相似程度较高，那么一个用户对于一个场景的评分很有可能类似于另一个用户。

（5）新零售场景推荐拓展。

新零售通过不同用户在某一场景消费期望向量的融合可以识别场景，根据不同的场景属性特征推送给相应的用户，满足其消费期望。在对某个用户消费需求、消费习惯和消费偏好进行挖掘后，可以掌握用户消费期望，针对用户消费期望，为其推荐相应的场景，增强个性化服务的能力。基于上述论述，用户消费期望画像的新零售场景推荐拓展后有以下几个方面效用：①场景识别。所谓场景识别是指相似场景的识别，在新零售中的任两个场景或多个场景的消费期望在消费需求、消费习惯和消费偏好维度具有相似性，则称这两个场景或这几个场景是相似场景。由此，可以通过用户消费期望画像，借助一个已知场景识别一个未知场景。②场景推荐。所谓场景推荐是指某个用户在某两个或某几个相似场景中可能具有相似的消费需求、消费习惯和消费偏好，所以可以将某个用户具有消费心流体验的场景推荐给相似用户，以增强消费愉悦体验，避免用户寻找场景的麻烦。③场景发现。通过场景相似度将同种属性的场景聚合成一个子群，这样就可以发现不同场景的本质特征。在聚合的过程中可以发现用户对不同场景消费期望的关联关系，有利于发现隐藏的场景，实现隐藏场景的利用。

2.6 战略管理理论和动态能力理论

2.6.1 价值主导逻辑理论

Heinonen K（2009）等以及Vargo S L和Lusch R F（2004）的研究表明，价值主导逻辑演变依次经历产品功能价值主导、服务效用价值主导和场景体验价值主导三个阶段。其中，产品功能价值主导逻辑和服务效用价值主导逻辑又被称为提供者主导逻辑。Heinonen K（2010）等在分析已有文献基础上认为，产品功能价值主导逻辑、服务效用价值主导逻辑和场景体验价值主导逻辑的实质都是商品或服务的提供占主导。不管是产品功能价值主导逻辑下交换价值的单独创造，还是服务效用价值主导逻辑下使用价值的共同创造，企业在价值创造过程中均处于主导地位。随着场景要素的不断丰富，加之消费者消费能力的渐进提升，一些学者认为用户才是价值的创造者，在价值创造过程中处于主导地位，并在此基础上提出场景体验价值主导逻辑。

近年来，各行各业纷纷试水新零售，通过数据驱动和要素重构实现着商业模式创新。新零售由“货—人—场”经由“人—货—场”的演变，正实现着“场—货—人”的重构，激发和促进着新零售商业模式的场景化创新。新零售商业模式价值主导逻辑演变过程就是“产品功能价值”“服务效用价值”和“场景体验价值”这三类价值形态主导程度的演变，引导着消费者对产品和服务的认知、消费和忠诚。随着大数据、移动设备、传感器、定位系统、社交媒体、云计算和区块链等场景化要素在商业模式中的渐进嵌入，消费者需求已成为驱动市场经济发展的重要力量，这使得企业从“产品功能”价值主导逻辑向“服务效用”价值主导逻辑转变，再由“服务效用”价值主导逻辑向“场景体验”价值主导逻辑转变。价值主导逻辑演变和企业动态能力进阶交互协同演化作为应对顾客消费期望变化和实现企业持续成长的重要战略手段，已成为商业模式创新的核心驱动力。现有研究表明，顾客消费期望驱动价值主导逻辑演变，价值主导逻辑演变又驱动企业动态能力进阶，企业动态能力进阶反过来刺激和激发价值主导逻辑演变。企业正是通过价值主导逻辑演变与动态能力进阶交互协同演化，借助场景化情境不同配置实现商业模式创新。

本研究基于用户消费期望，认为不同价值主导逻辑演变是企业获取持续竞争优势而驱动商业模式创新的不竭之源。在产品功能价值主导逻辑阶段，企业商业模式创新的焦点是有形资源、内隐价值和交换价值。在服务效用价值主导逻辑阶段，使用价值是研究重点，服务是最终交易对象。企业向消费者提供的不再是一个产品，而是一套服务体系，企业通过帮助消费者实现产品使用价值而获得其交换价值。在场景体验价值主导逻辑阶段，体验价值是研究重点，企业向消费者提供的不再是一个产品，也不再是一套服务体系，而是特定时空的体验，体验价值创造发生于用户日常生活场景，企业向消费者提供的是场景化解决方案，用户处于价值创造的主导地位。

2.6.2　竞争战略理论

竞争战略选择是企业在对宏观环境、行业环境和自身环境分析的基础上整合资源、配置资源形成核心竞争力的战略实践。现有成果从企业资源、企业运营和企业动态能力等方面进行研究，指出竞争战略选择的目的是企业依据顾客消费需求、消费习惯和消费偏好及其变化，充分利用优势克服劣势，发掘企业面临的价值创造机会和避免企业被替代的威胁进行竞争战略选择，借助场景拓展和延伸实现商业模式创新。企业竞争战略选择是通过整合、重构、获取和释放资源，使不同的竞争战略刺激和激发不同价值主导逻辑的形成和演变，借助于场景化情境的动态配置实现商业模式创新。企业应借助场景感知外部环境变化，通过场景化情境的不同配置方式分别选择成本领先战略、差异化战略和集中化战略，进而通过价值主张、价值创造主体和价值创造过程三个方面的创新取得企业财务绩效、市场绩效和社会绩效。虽然现有研究成果基于不同视角从竞争战略的内涵和外延对商业模式创新进行了研究，但最终都归结于竞争战略是企业应对环境变化对资源进行整合和重构的能力。为进一步丰富竞争战略管理理论，本研究从创新范式视角对其进行研究，并将其界定为企业应对内外部环境变化对资源进行整合和重构而形成不同价值主导逻辑阶段的独特竞争优势。基于此，本研究将竞争战略选择从成本领先聚焦于产品市场化、从差异化聚焦于服务品牌化、从集中化聚焦于场景体验化三个维度，认为企业应通过价值主导逻辑演变与竞争战略选择的交互协同演化实现商业模式创新。

如果说价值主导逻辑演变在企业价值创造中发挥的是“拉”的作用，那么竞争战略选择则是发挥着“推”的作用，在二者推拉作用的相互配合下实现着商业模式创新。现有文献涉及了企业商业模式创新的不同研究视角以及不同研究重点和不同研究方法，但是这些成果主要分散于价值创造逻辑、价值共创、商业模式要素、商业模式画布等主题，缺乏系统性的整合而难于指导实践。同时，现有文献鲜见有将价值主导逻辑演变和竞争战略选择两者间交互协同演化纳入商业模式创新研究的视野，然而在场景时代，两者交互协同演化已成为学界和业界不得不解决的难题，如不加以解决，理论滞后于实践的事实将更为明显和突出，不利于指导实践。同时，由于缺乏对现有研究成果的整合，二者交互协同演化下商业模式创新研究难以形成体系。如果把商业模式创新比作一架行进中的马车，那么价值主导逻辑演变和竞争战略选择就是马车的两个轮子，二者只有相互作用和相互影响着协同演化，才能充分发挥商业模式创新中“推”和“拉”的双重作用，进而实现商业模式的生态化创新。其中，

“拉”表现为价值主导逻辑演变，决定了竞争战略选择，“推”表现为竞争战略选择，刺激和激发价值主导逻辑的演变。

2.6.3　动态能力理论

Teece D J（1994）认为动态能力是企业能力的子集，它使企业得以创造新产品和新工艺以应对市场环境变化。动态能力观的前提是比竞争对手更快地重构资源，以把握市场新机会，获得更好的绩效。Teece D J（1997）称动态能力是整合、构建和重构内部和外部能力以形成应对环境快速变化的能力。动态能力反映企业在路径依赖和市场位势下获取创新型竞争优势的能力。Eisenhardt K M（2000）认为动态能力是企业运用资源，尤其是整合、重构、获取和释放资源以适应或者创造市场变革的过程。因而，动态能力是企业随着市场出现、冲突、裂变、演化和衰亡实现新的资源组合和战略管理。Zott（2012）认为动态能力嵌入在组织的知识流程中，指向组织变革和演化，并使组织得以重构资源和适应市场变革以获得竞争优势。Wang C L（2007）将动态能力定义为企业针对环境变化，为获取和保持竞争力而持续地整合、重构、更新和再造资源的能力，是商业模式升级和重构的核心能力。虽然现有研究基于不同视角对动态能力进行内涵界定及维度划分尚有差异，但大部分学者的研究都聚焦于以下 3 点，即动态能力是企业对顾客消费期望的感知和识别能力，是对其所处场景化情境的关联和聚合能力，是对其场景化情境配置重构商业模式的能力。动态能力的核心内容是组织学习和资源整合，其目的是帮助企业有效应对环境变化。

本研究从创新范式对企业动态能力进行界定，认为企业动态能力包括感知能力、整合能力、学习能力和创新能力，具体可以理解为，在商业模式创新过程中，将感知和识别顾客消费期望，关联和聚合各类维度情境，基于大数据挖掘和用户画像，借助场景化情境适配重构商业模式。其中，企业感知用户特定时空的消费期望和识别环境中的机会是其商业模式创新的前提。企业不断丰富场景要素和强化场景功能，通过场景解构、融入、整合、协调和重构商业模式，进而实施动态产业发展战略，改变运营能力是商业模式创新的实现手段。基于此，本研究认为企业应不断感知用户场景化消费期望（消费需求、消费习惯和消费偏好），通过“产品功能—服务效用—场景体验”价值主导逻辑演变和企业“感知能力—整合能力—学习能力—创新能力”的动态能力进阶交互协同演化，以场景化情境配置为触点，通过“商业场景—消费需求—商业情境”“商业场景—消费习惯—商业情境”“商业场景—消费偏好—商业情境”的三维一景适配实现商业模式创新。

本研究借鉴现有成果中关于场景化商业模式要素“价值主张—价值创造主体—价值创造过程”的理论逻辑，认为价值主导逻辑演变与企业动态能力进阶交互协同演化是顾客根据外部环境变化而产生消费期望的变化，进而依据“感知能力—整合能力—学习能力—创新能力”链条的进阶，不断丰富现有场景要素和强化场景功能实现价值创造，体现为企业对原有商业模式的创造性变革。企业通过感知用户所处时空消费期望及其变化，并将其视为价值主张，进而通过整合情境，并依据“感知能力—整合能力—学习能力—创新能力”的企业动态能力链条进阶，通过场景化情境动态配置实现“产品功能—服务效用—场景体验”三类价值的立体化创造，以适配顾客特定时空的消费期望。由此，商业模式场景化创新不仅是其价值主导逻辑的“范式转变”，也是企业“感知能力—整合能力—学习能力—创新能力”的动态能力进阶的体现，具体是借助场景解构现有商业模式，将场景要素融入解构后的商业模式要素之中，然后借助场景化情境配置重构商业模式。

2.7 本章小结

新零售像一个商业引擎，或者鲶鱼，刺激着企业从“产品功能价值—服务效用价值—场景体验价值”这三类价值的立体化创造的入口进去，通过数字化转型升级，越来越多的品牌和商家通过“新零售+场景+行业”将整个零售业在线化、数字化、智能化，不仅是人、货、场数字化，供应链、场景链和价值链等所有的环节都可能发生了重构和再造。该部分主要对新零售商业模式所涉及的理论、场景化情境适配理论，以及新零售商业模式场景化创新研究所涉及的战略管理理论和动态能力理论进行介绍，并论述这些理论之间的关系，明确这些理论对于本研究主题的支撑作用，进一步理解本主题的研究框架。

第三章 新零售商业模式场景化创新概述

3.1 新零售商业模式场景化创新环境分析

3.1.1 商业模式创新政策环境分析

习近平总书记在党的十九大报告中明确提出，我国经济建设已由高速度增长阶段向高质量发展阶段转变。这就需要在新零售领域对“供给”与“需求”的匹配能力进行探索，并通过深化供给侧结构性改革改善新零售的供给侧环境、优化新零售供给侧机制，使新零售得以更好地发展，进而为新零售经济的场景化发展注入新的活力。我国新零售积极响应场景化的“供给”和“需求”性改革，价值移动互联网技术的不断发展，以及5G技术的应用和物联网的深入开展，使淘宝、京东、天猫、美团、拼多多等大型电商平台快速发展，线上市场逐渐占据了主流。相对于线上零售而言，线下零售市场份额进一步缩小。究其原因，传统零售和新零售相比，其人力成本和店面租金高昂，同质化竞争加剧，特别是新冠肺炎疫情暴发和常态化使其经营愈发艰难，这些均成为其发展的阻碍。然而，近年来，新零售线上市场增速也在逐渐放缓，获取在线客户和保留客户的成本却在逐年增加。虽然新零售网络交易数值还在增长，但是其增速已渐渐放缓。相关统计数字显示，其增加速度已由2013年的58.37%左右下降至2017年的21.31%左右，4年内降速已经达到了50%，这表示线上零售业同样举步维艰，新零售商业模式急需进行创新。

2016年，国务院办公厅印发《关于推动实体零售创新转型的意见》，对推动我国实体零售创新转型的基本原则和指导思想进行了明确。同时十九大报告指出，我国社会的主要矛盾已由“人民日益增长的物质文化需要与落后的社会生产之间的矛盾”转化为“人民日益增长的美好生活需要和不平衡不充分的发展之间的矛盾”。这个矛盾怎么解决？新零售商业模式创新成为关注的焦点。国家各级机构面对现有环境变化和消费者消费期望变化，适时出台了激励新零售商可持续发展的政策性指导。

在国家各级各类政策的引导下，我国新零售有了长促的发展，成为国民经济的重要组成部分。然而，我国零售行业近几年同比增长呈现明显放缓的趋势，新零售商业模式创新迫在眉睫，而场景化顺应技术发展潮流成为新零售商业模式创新的根本要求。在线上零售与线下零售都遇到瓶颈之时，新零售商业模式创新无疑为“线上交互+线下体验+智慧零售”三者融合开辟了新纪元。新零售商业模式创新势在必行，由于人民消费观念的升级、消费模式的改变，以及技术的发展运用，传统的消费模式丧失优势，不可避免地使得具有精准把握消费者需求、强化社交营销思维应用、盈利多元化等特征的零售模式不断地开拓市场。

3.1.2 商业模式创新经济环境分析

从拉动经济发展的三驾马车——消费、出口和投资来看，2014年后，我国出口贸易逐渐陷入低谷，2015年开始投资又进入资本寒冬，此时消费逐渐取代出口与投资成为经济增长的“顶梁柱”而被零售业重视。近年来，我国GDP从2014年的643563.1亿元稳中有进地上升到2021年的1015986.2亿元。伴随着消费者消费向多元化和品质化发展，新零售商业模式亟待通过创新进行优化升级，这就要求做好“线上交互”和“线下体验”的优势互补和融合发展。发展至今，我国零售行业市场规模达39.2万亿元，并将持续增长。根据弗若斯特沙利文报告，按成交总额（Gross Merchandise Volume，GMV）计算，中国零售市场规模从2016年的33.2万亿元增长至2020年的39.2万亿元，年复合增长率达4.2%，预计到2025年，市场规模将达52.1万亿元。根据艾瑞咨询数据，2019年43.6%的即时零售消费者更看重配送时长，2020年该比例提升至48.3%，选择该因素的消费者占比排名从2019年的第四名升至2020年的第三名，配送时效愈发重要。相比其他消费群体，Z世代更加注重商品的品质、性价比、颜值设计、文化标签属性以及社交功能等，追求个性化、生活化以及新鲜的购物体验，为新业态主力消费者。根据CBNData数据，Z世代贡献Cosplay（角色扮演）品类近四成销售额，Z世代古风服饰销售额增长连续两年超300%。而Z世代较高的可支配收入也支撑其为潮流零售产品买单。根据Mob研究院数据，2021年，50.5%的Z世代年购买潮鞋次数为3~4次，47.6%的Z世代购入的最贵潮鞋价格区间在1001~3000元；32.70%的Z时代年均购买盲盒次数为4~6次，35.2%的Z世代年均手办消费金额为1001~3000元。总体看来，我国经济环境向好，成为实体零售业回温的重要土壤，Z世代成为消费主体，其不仅注重产品功能和服务效用，还注重场景体验，这也说明新零售商业模式创新是围绕三类价值的时空化创造。

近年来，我国居民收入水平已经达到了一个全新高度，中产阶层的比例越来越高，消费信心也是逐年见长。根据尼尔森的中国消费者信心指数调查数据显示，2017年我国第四季度消费者信心指数达到了114点，居历史高位，全年消费者信心指数为112点，相比2016年提高了6个点。近年来，线上零售的迅速发展成功地改变了消费者的消费习惯。越来越多的消费者在购买商品前都会在电商平台查看价格和在线评论，或是通过虚拟社区征询其他消费者的建议，或者听从关键意见领袖（Key Opinion Leader，KOL）的购买建议。总的来说，大量移动电商平台汇聚了消费者的海量消费行为信息，消费者掌握了消费主动权，而新零售市场也必须以消费者为中心展开一系列的创新活动。近年来，随着“悦己消费”“体验消费”“情感消费”等的出现，消费者越来越成熟并回归理性，广大消费者的“品质消费”意识逐步加强，Z世代更是从价格消费向价值消费转变，对线下实体店的旺盛需求重新诞生，实体店消费需求回温。

3.1.3 商业模式创新技术环境分析

近年来，企业所处的信息环境、技术环境和商业环境发生了深刻变化，表现为大数据、云计算、物联网、区块链、5G技术、人工智能等技术的出现和其在新零售领域的应用，这些均对新零售商业模式创新产生了积极的影响。虽然零售企业也注意和感受到了这些场景要素对其商业模式的影响，但是由于并未系统地将这些场景要素有效地嵌入商业模式之中，致使这些场景要素在企业中的效用是粗放的、价值是有限的。新零售商业模式创技术环境主要体现为场景要素的融入，然而目前由于场景化要素对新零售业的效用不足，这在一定程度上影响新零售商业模式的运行效率，阻碍新零售商业模式的可持续发展。目前，我国已进入5G移动互联网的阶段。CNNIC发布的第48次《中国互联网络发展状况统计报告》显示，截至2021年6月，我国网络支付用户规模达8.72亿，较2020年12月增长1787万，占网民整体的86.3%。截至2021年6月，我国网络支付用户规模达8.72亿，较2020年12月增长1787万，占网民整体的86.3%。

近年来，随着电商行业的蓬勃发展，农村市场电商需求不断释放，地域网络消费鸿沟进一步缩小，助力我国经济形成国内国际双循环发展新格局。网络零售城乡流通体系逐步打通，农村市场消费潜力得到有效释放。数据显示，2021年上半年，全国农村网络零售额达9549.3亿元，同比增长21.6%，其中实物商品网络零售额8663.1亿元，同比增长21.0%。在这种情形下，虽然新零售商业模式的场景计划要素不断丰富，但是其在商业模式中嵌入程度的不足，使得其效用并未充分发挥，新零售商业模式急需借助场景解构，将场景要素融入解构的商业模式要素之中，使其具有感知外部环境变化和感知消费者消费需求、消费习惯和消费偏好的变化，进而通过商业模式要素场景化重构进行商业模式创新。

另外，我国制造业已经进入工业4.0时代，通过移动互联网、物联网和智能生产硬件的结合，制造企业的智能系统将得到全面整合，促使C2B2M（设计+制造+营销）的个性化定制模式成为“中国智造”的第一个演进结果。由新零售作为双边平台，成为消费者与制造商的中间商，为消费者提供定制化服务，为制造商提供消费者的大数据，推动制造业向C2M（用户直连制造）发展。根据阿里研究院的预测，随着基于深度学习方法的计算机芯片的出现与普及，制造业将从人力、资本、设备推动的方式转变为技术推动，催生出工业机械臂、物联网生产优化、生产预测、质量预测、销量预测、3D打印技术等多类应用。

3.1.4 商业模式创新社会环境分析

随着城市居民生活节奏的加快，交通拥堵问题日渐严重，居民通过传统方式购买商品的时间和空间成本不断增加。此外，随着我国人口老龄化程度进一步加深，对于部分老年人而言，到拥挤的批发市场或者较远的连锁超市购买商品已成为一种负担。对于年轻人而言，由于工作繁忙，学习和生活所占据的时间较多，很少有时间去实体零售店购买商品或享受服务。在移动互联网时代，消费者对于商品或服务的刚性需求，激发着零售业向新零售业变革，这种变革的方式在我国正逐渐兴起。年轻一代消费群体生活在互联网时代，普遍拥有独立观念意识与强调自我个性塑造，在消费理念上也不同于长辈们的从众性，消费内容与消费方式也贯彻了自我个性，注重为更高的生活品质或彰显自我形象而消费，消费过程也讲究享乐性的购物体验，对定制化需求也比上一代消费者更强，这都造就了零售商的转型动力。这对百货零售业是一个重要的转型契机，应当从消费市场的个性化价值主张出发，积极为消费者提供专业化、个性化、定制化的零售服务。

3.2 新零售商业模式场景化创新问题

由上述对新零售商业模式创新的政策环境、经济环境、技术环境和社会环境分析，结合新零售运营实际可以发现，目前新零售商业模式场景化创新需要解决的问题集中在以下几个方面：①无人零售发展缓慢。无人零售逐渐转冷，无人货架企业陆续倒闭，多数无人便利店也正为客流量低、盗损率过高等问题所困扰。无人零售陷此困境，主要是因为其在场景要素等方面的配置成本远高于无人零售带来的收益，以及消费者购物体验较差所致。②同质化竞争突出。无论是将云计算、大数据以及人工智能等技术应用于企业运营和营销管理，还是采用VR、AR丰富消费者的购物体验，都需要丰富的场景要素和强有力的情境配置作为辅助。例如，结合消费时空，依靠摄像头和传感器追踪消费者从货架上拿走和放回的商品以预测其消费期望，以及依靠人工智能、人脸识别等技术对消费情感极性进行分析，这些都需要丰富场景要素和强化场景要素的功能。③运营成本过高。线上的每一件商品的交易都对应云上的一个交互过程，而线下则有大量的离线操作。因此，将大量的线下门店集合成一个线上系统是一个巨大的挑战，居高不下的流量、渠道以及门店扩张成本拖垮了大多数新零售企业。④传统企业转型困难。线上电商有阿里和京东两大巨头，而线下企业整合能力较弱，缺乏场景基因，转型之路充满挑战。基于上述新零售商业模式创新要解决的问题，结合新零售商业模式理论和场景理论，本研究将新零售商业模式场景化创新遇到的问题总结为场景化要素整体功能不强、场景化情境配置能力低下、场景化情境配置效用较差三个方面。

3.2.1　场景化要素整体功能不强

目前由于场景化要素对新零售的效用不足，这在一定程度上会影响新零售业流通供应链的运行效率，阻碍新零售业的可持续发展，具体表现在以下几个方面。①数据挖掘。新零售业的发展要借助于消费者历史场景的消费需求、消费习惯和消费偏好的数据，然而现有新零售平台对消费者的场景化消费期望数据收集和挖掘能力不足，挖掘效用有待于进一步提高。②定位系统。目前，新零售平台与定位系统的功能结合较弱，表现为新零售平台并未重视定位系统功能的发挥，在时空维度方面的数据没有被充分利用和发挥。③传感器。虽然现在移动终端的传感器种类很多，也可以通过穿戴设备进行消费者身体状态和运动状态的数据采集，然而新零售平台却很少能与其相关联，传感器对于新零售业的效用并未充分发挥。如果能将移动终端传感器数据采集并传输到新零售业的平台之中并有效地利用，必然会引发新零售业价值创造的变革和供应链的变革，实现零售业创新。④社交媒体。现有各类社交媒体充斥在消费者周围，新零售平台的社交功能效用发挥得较好，不同消费者便于在社群内分享自己的消费体验，大家对于产品或服务的功能和体验更为明确，易于增强平台的黏性。⑤移动设备。移动设备更新换代在一定程度上带动了新零售业的发展和创新。然而，由于移动设备屏幕尺寸限制、电池续航能力不足和信息内容适配欠佳等问题还没有彻底解决，这在一定程度上使消费者对新零售体验不佳，消费者的黏性和忠诚度较低，这都会影响新零售业商业模式创新。由上述分析发现，现有零售业虽然注重消费者的线上交互体验和线下消费体验，但是却未从根本上解决场景这个零售业绕不开的话题。

3.2.2　场景化情境配置能力低下

虽然新零售已有多种方式满足着消费者的不同场景需求，但是却存在着以下问题。①场景要素嵌入不足。场景要素包括大数据、传感器、移动设备、定位系统和社交媒体五种要素称为场景五力，但是现有新零售业并未将这五种要素进行整合，也不能基于不同消费者所处的时空对消费期望进行聚合，这使得场景要素在一定程度上被浪费，并未充分发挥其效用。②情境要素效用低下。新零售业的商业情境包含了产品情境、技术情境、服务情境、移动情境、社交情境和终端情境。但是就目前而言，鲜见某个平台将这些情境要素基于消费者所处场景的消费期望进行有效融合，情境功能并未充分发挥，这也使得这些情境要素游离于场景之中，相互之间形成碰撞，效用降低。③情境配置效用不明显。现有商业情境并未实现基于“消费场景—消费需求—商业情境”“消费场景—消费习惯—商业情境”“消费场景—消费偏好—商业情境”的三维一景细化适配，这使得“消费场景—消费期望—商业情境”之间的配置效用并不明显，三维一景的配置效用有待进一步提升。④消费者体验性较差。正是由于上述的原因，消费者的体验性较差，包括其生活需求和情感需求被满足的程度较差，影响了消费者的多维度的场景化消费体验。⑤物流服务水平有待提高。现有物流服务水平参差不齐，从业人员的素质只能满足商品被按时交付，并不能给予消费者更多的情感体验，物流缺乏温度、缺乏故事，更缺少场景化价值。

3.2.3 场景化情境配置效用较差

目前，新零售呈现出多种多样的方式。虽然新零售业不断丰富，但是却存在着这样或那样的问题，具体表现为以下三个方面。①线上产品服务同质化严重。这是一个最好的时代，可以为商品或服务的交易提供众多的平台，实现了销售渠道的丰富；这也是一个最坏的时代，由于渠道的丰富，线上业务大多缺乏特色，同质化竞争激烈。总体而言，现有新零售业大多是将线下实体店的产品或服务平移到线上，虽然销售的平台变了，但是商品、服务和配送的本质却没有改变，价格优势亦并不明显，也没有突出其特色。②实体店线上运营平台性能较差。现有实体店线上平台与传统的线上平台而言，虽然多了社交功能和大数据功能，但却浪费了移动终端的定位功能，缺乏对移动终端实时接入的捕获功能以及消费者移动终端的传感器功能的利用，而这些功能原本可以帮助新零售业完成许多重要的功能或任务。分析其原因，是由于现有实体店的平台仍然沿用互联网或者移动互联网环境下的平台，其功能主要是满足商品的交换价值和使用价值的实现，严重地忽略了产品的场景价值。因为不同的消费者在不同时空的消费期望是不同的，商家平台如果不能对其进行感知和捕获，则很难满足消费者的需求期望，很难培育忠诚的用户群体，致使平台的黏性下降，直接影响持续购买意愿。③新零售业的物流体系不完善。虽然现在物流种类较多，但是其服务质量和服务水平差异较大。对于新零售业而言，其物流存在的问题是增加了商品的成本。另外，无论采用哪一种物流都没有形成用户期望的服务体验。海尔集团不卖产品卖服务的模式，目前在零售业的物流中尚未得到有效的应用。物流服务不仅是在短时间内送达消费者，还要与消费者形成良好的交互，为消费者提供有温度、有故事的服务。如针对商品的配送可以以二维码的形式与消费者互动，让消费者明白为你配送商品的快递小哥的一些信息和配送中的故事，你可以在必要时与快递小哥形成互动，如打赏、推荐、点赞和评论等，这比现在的仅靠签收环节印象进行评论显得更为生动和鲜活。由此，新零售业需要在这些方面对消费者的场景化消费期望进行感知，通过搭建场景和配置情境的方式，动态地满足消费者的消费期望，并对消费后的体验进行有效的反馈，以帮助新零售企业完善其服务能力，提高其服务水平，增强消费者的体验愉悦度。

3.3　新零售商业模式场景化创新要素

3.3.1　新零售商业模式场景化创新要素提炼

新零售商业模式要素主要包括价值主张、价值创造主体、价值创造过程、关键资源以及核心能力等，而商业模式场景化创新正是从商业模式要素从发，在原有要素中融入场景元素，综合商业模式要素的各自效用实现新零售商业模式创新，具体包括以下几个方面：①价值主张。企业场景化价值主张表现为产品不仅具有交换价值和使用价值，同时也具有特定时空的体验价值和情感价值。移动互联时代，产品或服务的体验价值和情感价值表现得更为明显，所以企业应将产品或服务嵌入消费者的生活场景。随着场景的不断细化，企业也应该不断创新其产品或服务价值创造逻辑，以提升消费者的产品或服务体验。②价值创造主体。场景时代，产品或服务价值不再局限于交换价值和使用价值，更多的是产品或服务带来的体验价值和情感价值。由此，企业应把消费者纳入价值创造主体之中，将消费者从价值消耗者转变为价值创造者，体现消费者与企业共同创造价值的重要程度。③价值创造过程。场景化商业模式价值创造源于不同维度场景化要素功能聚合的有效发挥，具体而言是运用大数据挖掘消费者历史消费期望，结合消费者此时场景的消费期望为消费者此后场景的消费期望适配基本情境和辅助情境，强化消费者与企业的线上交互，提升消费者的线下体验，实现线上和线下的无缝连接。同时，依据对消费者历史场景消费期望的挖掘，结合消费者此时场景的消费情形，预测消费者此后场景行为，并为其提前设计情境配置方案，使消费者能感受到来自产品或服务无缝对接的愉悦体验。④关键资源。场景化商业模式的关键资源是社群生态圈。消费者消费企业产品或服务后，其对产品或服务体验的愉悦程度决定其未来是否持续消费。通过消费者对产品或服务的场景化体验程度实现产品或服务受众社群的构建；那些对产品或服务不满意的消费者自由退出社群，而目标消费者和潜在消费者也不断进入社群，从而实现社群的优胜劣汰。根据社群成员对产品和服务的交互反馈，企业可以有针对性地优化其商业模式，形成商业模式场景化创新的关键资源。⑤核心能力。场景化商业模式的核心能力是指特定时空商业情境的场景化配置能力，具体是指企业针对消费者消费行为发生的时间、空间和情感等，形成耦合于消费者消费需求、消费习惯和消费偏好的商业情境的能力。商业情境的场景化配置能力是衡量其为消费者提供场景化体验的尺码，而这种体验所带来的价值是产品和服务在一定场景下与消费者生活细节和生活情感契合而形成的。随着社会生产力水平的不断提升，场景要素将越来越丰富，情境功能越来越强大，在这种情形下，将场景要素和情境要素嵌入新零售商业模式已成为当今时代商业模式的有机整体，新零售商业模式每个构成要素的场景化，使得价值创造更加精准和细腻，有助于提升消费者体验。

3.3.2　新零售商业模式场景化创新要素关系

新零售商业模式场景化创新的实质是通过场景要素实时感知消费者接入，并对其消费时空进行记录，以便于据此对消费者历史场景的消费行为和情感体验进行挖掘后为消费者提供个性化的情境配置。如此反复，形成了新零售商业模式场景化形成机理，具体体现为商业模式要素的重构。①形成新零售的价值主张。场景化时代，新零售商业模式的价值主张已不再由企业单独主宰，消费者以及场景化情境配置已成为商业模式价值主张形成的影响因素。随着未来社群场景化要素的不断丰富，以及其在社群商业化模式中嵌入程度的逐渐深入，场景价值在新零售商业模式的价值主张中进一步凸显。随着场景价值在新零售商业模式的不断显现，新零售商业模式价值主张也需要重新定义，可以定义为满足消费者消费期望的功能属性大小，既包括消费者对物质层面或服务层面的需求，又包括消费者对情感层面的需求，更多的是解决消费痛点。在场景时代之前，消费痛点集中在产品或服务的功能属性，其价值主张为产品或服务的功能；场景时代，由于社群间的交互不断加强，产品或服务在满足社群物质层面需求的基础上，还需要满足情感层面的需求。新零售商业模式的价值主张不再单纯以产品或服务的功能属性为核心，更加强调消费者在消费过程中的体验价值。②消费者成为价值创造主体之一。场景时代之前，企业是价值创造的主体，随着场景化要素在企业商业模式中的不断嵌入，消费者成为价值创造的又一主体，各类私人定制的产品或服务已逐渐成为常态。传统新零售商业模式的价值创造理论是以产品或服务的交易价值作为研究对象，而场景时代的新零售商业模式的价值创造逐渐将消费者的精神文化和情感体验的价值放大。如尚品宅配的宣传口号“不卖装修卖设计”就是典型的价值主张改变，再如一个人在饭店吃面会有“哥吃的不是面，而是寂寞”的体验等。由此可见，在场景时代，消费者已成为价值创造的又一主体，其所创造的价值表现在精神层面的情感体验和消费社群的深度连接。③消费者参与价值创造过程。消费者参与价值创造的过程从产品或服务的功能驱动向场景体验和情感驱动转变，场景化情感体验成为价值创造过程中需要考虑的因素，于是场景成为价值载体，场景承载了消费者的消费需求、消费习惯和消费偏好，消费者对产品或服务的需求和体验过程是社群参与价值创造过程的体现。消费者的消费体验来自其对产品或服务的主观感受。新零售可以通过场景化情境配置，及时提供产品或服务满足消费者的多维需求，不仅为消费者提供功能产品或情感服务，也为其提供愉悦体验。这种新零售消费体验价值源自消费者的生活方式和生活细节，贴着个性化喜好的情感标签。④商业情境演化为关键资源。关键资源即为商业情境，具体是指产品情境、技术情境、服务情境、移动情境、社交情境和终端情境，这些不同维度的情境具有感知消费者在特定时空的消费需求、消费习惯和消费偏好的能力，并且通过一定方式的配置尽可能满足用户消费期望。⑤场景化情境配置能力成为核心能力。所谓核心能力是指场景化情境配置能力，通过“消费场景—消费期望—商业情境”的“消费场景—消费需求—商业情境”“消费场景—消费习惯—商业情境”“消费场景—消费偏好—商业情境”的三维一景配置，满足消费者日益多变的时空化消费期望，实现价值的立体化创造。场景化时代，新零售商业模式价值空间可以被视为产品或服务、场景以及体验的三维立体空间，场景构造使得社群消费体验的边界拉长，新零售商业模式场景化价值空间扩大的效应逐渐显现。由此，形成新零售商业模式场景化创新要素间关系如图3–1所示。

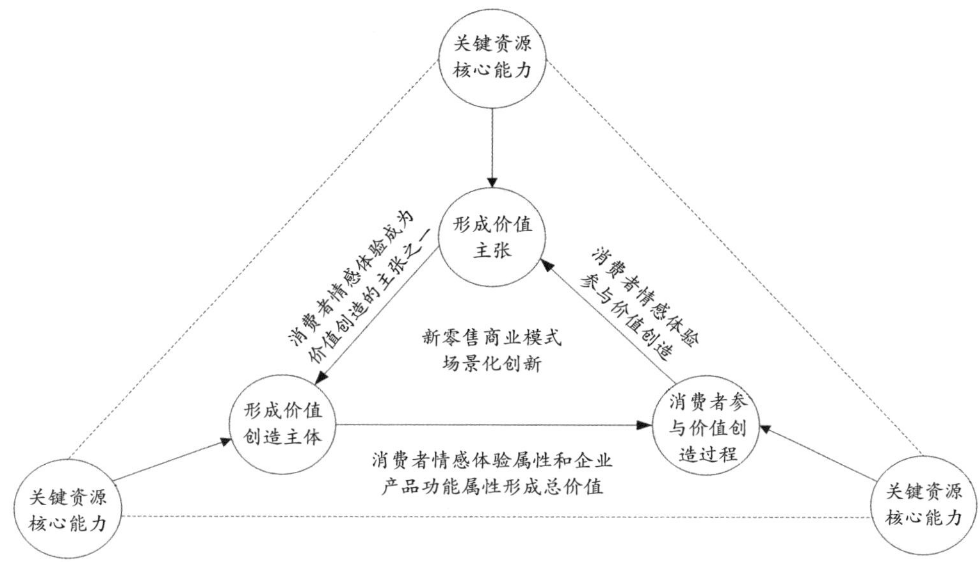

图3–1　新零售商业模式场景化创新形成机理

如图3–1所示，消费者成为产品或服务价值创造的又一主体，与企业一起实现价值共创，进而改变原有产品或服务仅仅体现交换价值和使用价值的状况，将产品或服务的场景价值显现。因此，供应链各节点企业可以利用消费者对产品功能、服务效用和场景体验给出的情感极性短语作为价值主张挖掘基础，在其指导下识别场景化商业模式的价值创造主体和实现价值创造，进而在构建商业情境的场景化配置能力中捕捉消费者消费偏好的情感诉求。场景时代，企业通过新零售商业模式的场景化创新，以挖掘历史场景数据为基础，为消费者提供其所处场景的情境化配置，促进社群消费者在精神层面的共鸣，增加消费者与场景的黏性，实现新零售商业模式的场景价值。

3.3.3　新零售商业模式场景化创新要素融合

新零售商业模式场景化创新的本质是将场景化要素嵌入企业供应链的各

个环节，从“供应链”“场景链”和“价值链”三个维度进行关联耦合，最终通过“适配链”形成价值创造体系。具体而言，新零售商业模式场景化创新是基于供应链将场景要素纳入各节点企业商业模式之中形成场景链。场景链借助用户价值追求的价值链对供应链各节点企业现有商业模式进行解构，并将场景要素融入解构后的各节点企业商业模式要素之中，使商业模式要素具有感知消费者特定时空的消费需求、消费习惯和消费偏好的能力，并基于消费者的消费期望，通过场景化情境配置实现“供应链—场景链—价值链”三链融合的商业模式创新。新零售商业模式场景化创新机理模型的构建包括以下几个方面。①场景解构现有新零售商业模式。新零售商业模式场景化创新就是要考虑如何将场景化要素纳入其商业模式范围，借助场景解构现有商业模式，并将场景要素融入解构后的商业模式要素之中，吸附在原有商业模式要素之上，使原有商业模式要素具有了场景功能，正是通过对场景商业模式要素进行改性，才使不同维度的场景要素功能得以充分发挥，形成新零售商业模式场景化合力。②场景要素融入解构后的商业模式要素。价值链由哈佛大学商学院的迈克尔·波特教授于1985年提出，其认为“每个企业都是在设计、生产、销售、发送和辅助其产品的过程中进行种种活动的集合体。所有这些活动可以用价值链明示。”新零售商业模式创新需要场景对其商业模式解构，而具体解构的就是商业模式的价值链；通过融入场景化要素解构商业模式要素，实现了企业价值链要素的变革，进而基于场景化商业情境的配置，在对价值链重构的基础上实现对新零售商业模式的重构。商业模式场景化创新表现为企业可以在产品或服务的设计、生产、销售和发送等环节中嵌入场景化体验元素、情感元素，使得在供应链的不同环节都可以融入创新思维，实现价值创造。③新零售商业模式场景化重构。如何将场景要素与新零售商业模式要素关联耦合，体现为场景化商业模式要素功能的有效发挥。由此，本研究将场景化商业模式的价值主张与消费者的情感体验相关联，将价值创造主体与企业和消费者相关联，特别是要突出场景中企业与消费者的价值共创效用，将价值创造过程与平台互动链接的丰富程度和链接的强度相关联，通过链接广度和链接深度突出商业模式创新的重要意义。具体而言，就是企业需要通过场景化要素对消费者此前场景的消费需求、消费习惯和消费偏好进行挖掘，测量此时场景的情境配置方式对消费者消费需求、消费习惯和消费偏好的满足程度，为消费者此后场景的消费需求、消费习惯和消费偏好配置相应的情境，通过产品功能价值、服务效用价值和场景体验价值的满足，实现企业商业模式的改性性创新。由此，基于上述论述形成图3-2所示的新零售商业模式场景化创新要素融合。

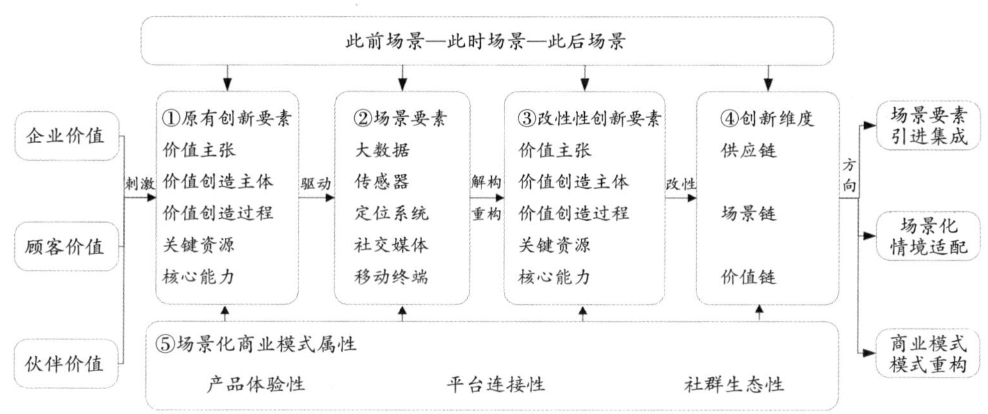

图3-2　新零售商业模式场景化创新要素融合

如图3-2所示，新零售商业模式场景化创新首先是场景对现有商业模式进行解构，使解构后的商业模式呈现为游离状态。其次，将场景化要素融入解构后的商业模式要素之中，使商业模式要素具有感知消费者消费需求、消费习惯和消费偏好的能力。最后，基于消费者不同时空的消费期望，依据价值链要素，通过场景化商业模式的重构，实现供应链的重构。新零售商业模式基于供应链、场景链和价值链的解构和重构，离不开产品体验性、平台连接性和社群生态性的场景化商业模式属性的支撑。综上所述，企业商业模式场景化商业模式创新来自对场景要素的引进集成，也来自情境要素的场景化情境配置，更来自场景化商业模式的解构和重构。

3.4 新零售商业模式场景化创新框架

3.4.1 新零售商业模式场景化创新逻辑框架

新零售商业模式的场景化创新离不开供应链、场景链和价值链三者之间的交互作用，最终通过适配链实现商业模式创新。新零售商业模式的场景化解构和重构使场景要素嵌入供应链各节点，通过对价值链的重构利用场景化情境配置实现新零售商业模式创新。新零售商业模式场景化创新是以产品体验性、平台连接性和社群生态性为基础，利用场景解构现有商业模式要素，通过场景化情境配置重构新零售商业模式，进而实现企业价值、顾客价值和伙伴价值的创造，而企业价值为产品功能价值、服务效用价值，顾客价值为场景体验价值。新零售商业模式场景化创新的本质是基于供应链，借助场景链对商业模式的解构，以及对供应链各节点场景化情境配置，以价值链的方式满足消费者消费期望，即消费需求、消费习惯和消费偏好。由此，形成如下的新零售商业模式场景化创新框架：①识别目标消费者。首先，供应链各节点企业应充分识别潜在消费群体，塑造场景化商业模式的社群生态属性。供应链各节点企业应充分利用场景要素中的大数据功能，对消费者历史场景的消费进行挖掘，识别消费者在特定场景中的消费需求、消费习惯和消费偏好，从而以用户画像等方式细分供应链各节点的消费者类别，以便于为供应链各节点用户提供针对性的消费场景，进而以价值链的方式促进商业模式创新；其次，供应链各节点企业应重视消费者移动终端接入的时空以及接入的频繁程度，使移动终端可以连接一切场景。场景时代，消费者基于不同产品或服务的期望形成亚文化社群，供应链各节点企业应根据社群属性对消费者消费偏好进行分类，更好地识别与消费者生活细节偏好相连接的场景；最后，分享连接与信任机制是产品的重要渠道，社交平台与自媒体营销取代传统广告，消费者社群成为移动互联时代的消费入口场景。②商业情境配置。供应链各节点企业在商业模式设计中应充分考虑时间、空间和情感等元素对特定消费者的影响，并及时提供产品或服务强化消费者体验属性。场景时代，消费者与自己所属的消费群体建立情感关系，分享自己对产品体验的情感标签属性，使场景化社群连接其生活的繁枝细节。③消费的情感体验。基于供应链各节点和各环节，生活细节情感体验连接着场景化商业模式中的不同对象，并建立不同对象间的价值创造关系。基于供应链各节点企业形成的场景链，将消费者纳入“产品功能—服务效用—场景体验”价值创造之中，创造着附加价值。新零售商业模式场景化创新是基于供应链各节点和各环节，围绕顾客在场景链不同节点场景的消费需求、消费习惯和消费偏好展开。具体是由不同节点场景的消费期望，基于场景价值模块实现场景化情境配置，进而通过商业模式要素的场景化改性实现商业模式创新。新零售商业模式场景化创新的驱动力来自供应链各节点的价值演化，是由价值节点向价值节点集群、价值链演变驱动着企业产品、服务和体验的价值创新，再由企业价值创新驱动商业模式的创新。由此，本研究基于上述论述形成图3-3所示的新零售商业模式场景化创新逻辑框架。

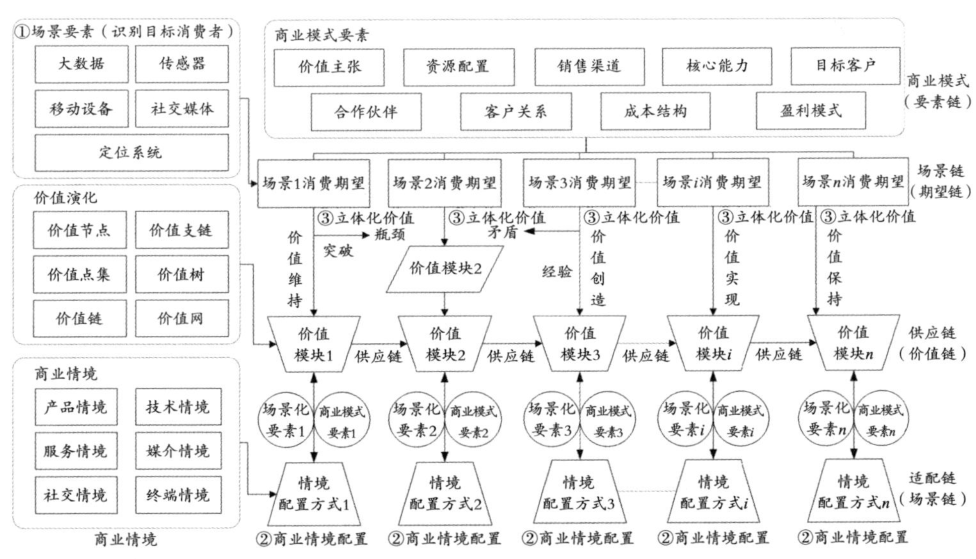

图3-3　新零售商业模式场景化创新逻辑框架

从供应链各节点从发，构建场景链，并通过“商业场景—消费期望—商业情境”的链式适配，实现商业模式的场景化创新，以获得“产品功能价值—服务效用价值—场景体验价值”三类价值的立体化创造。新零售商业模式场景化创新逻辑如下：①价值链演化。商业模式创新来源于企业产品和服务的价值创新，由价值节点、价值节点集群、价值链、价值支链、价值树、价值网的形式，形成不同场景的价值模块。②场景链。在不同场景中的顾客的消费期望（消费需求、消费习惯和消费偏好）不同，致使其对该场景的价值定位不同，于是形成了不同场景的价值模块。③适配链。基于不同场景不同顾客的消费需求、消费习惯和消费偏好，实现场景化商业情境的配置。在情境的配置过程中，需要将场景化要素和商业模式要素有机地关联耦合而形成。④商业模式要素链。场景化商业模式要素包括了价值主张、资源配置、销售渠道、核心能力、目标客户、合作伙伴、客户关系、成本结构和盈利模式。

3.4.2 新零售商业模式场景化创新应用框架

现有新零售商业模式大多是功能型和服务型，通过解构现有商业模式，将场景化要素融入其中，并基于消费者在特定场景的消费期望进行商业模式的重构，形成新的商业模式。新商业模式如何产生价值动因，如何进行商业模式创新？这就需要借助于具体的作用机理和实现路径实现“场—货—人”关系重构。其中，“场”是指消费者所处时空以及时空内支撑消费者消费期望的消费情境所形成的场，包括空间与环境、实时状态、生活惯性、社交氛围；“景”则是由这些场及其关系所形成满足消费者消费期望的景。具体而言，本研究借助“商业模式画布”刻画商业模式的场景化创新过程。商业模式画布将商业模式的构成要素——人、货和场单独拿出来进行考虑。在人这一方面，重点考虑了三个方面的要素，即消费者消费期望、消费者消费期望的痛点和痒点、消费者消费期望的甜点和爽点。通过将环境场景、基础场景等嵌入消费者和价值主张，实现其消费期望的场景化，进而实现消费层面的千人千景，以及价值主张方面的物尽其用和物有所值。目前，线下门店、超市、购物中心和便利店等都在进行商业模式的革新，从传统商业模式向体验商业模式转变，表现为线上零售业积极拓展线下门店或新型智慧体验店。在新零售商业模式的创新实际中要根据产业和企业的实例与市场地位确定。如果新零售供应链能够获得新资源、新的核心能力和新的分销渠道，那么这类新零售可以采用存量式创新；如果对于新零售企业而言，在某些方面还存在着滞后的问题，则可以采用增量式创新模式；对于那些拥有新技术并能把握新机会的零售企业而言，则可以借助于流通供应链进行新零售商业模式的全新创新。在现实生活中，由于大数据、传感器、移动设备、定位系统和社交媒体在不同产业嵌入程度的不同，所以这些不同产业的零售业的商业模式创新可以分别采用存量式、增量式和新式的创新。同时，各类场景要素融入新零售商业模式要素之中，形成新零售的空间与环境、实时状态、生活惯性、社交氛围。这样，既可以大幅降低人工成本，又满足了消费的情感体验，其本质是将零售与体验式消费相结合，构建场景化消费。本研究致力于场景化要素、商业情境、消费者消费期望的适配，形成如图3–4所示的新零售商业模式场景化创新应用框架。

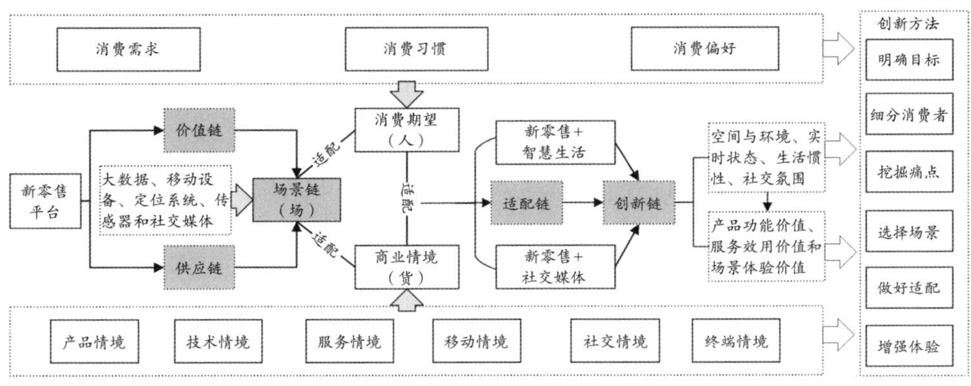

图3–4　新零售商业模式场景化创新应用框架

如图3-4所示，新零售商业模式以新平台为逻辑起点，形成线上交互和线下体验的新零售模式。

3.5 新零售商业模式场景化创新取向

在技术创新、竞争驱动、需求拉动的共同作用下，管理效率更高、成本更低成为主流趋势，零售企业最终要实现商业模式的整体创新，表现为渠道全面化，零售无间隙、无边界，零售体验化，服务增值化、个性化、定制化、透明化、社会化。文献梳理发现零售流通供应链的商业模式创新应在以下几个方面进行：①数据化。未来的零售业更加需要数据予以支撑，通过数据挖掘，精准定位目标用户，进行产品推荐，使新零售业黏性更高，用户的忠诚度更好。②场景化。未来零售业追求的是场景化服务模式，针对消费者需求增强其场景化体验，进一步提升消费者的体验愉悦度。③适配化。不同的消费者在不同场景有不同的偏好，针对不同消费者的消费期望，对场景化商业情境进行配置，使得商业情境既不会浪费也不会不足，体现了基于消费者消费期望的场景化情境的适配效用。④扁平化。新零售业与传统零售业相比，其流通供应链呈现扁平化的趋势，其主要原因是新零售业采取了线上和线下相结合的方式。这样便于对新零售业的流通管控和引导，以提升新零售的运行效率。⑤社交化。新零售业通过线上平台的交互化分享，使社群内的成员对新零售的产品和服务更为了解，有助于消费者消费期望的快速迭代。⑥生态化。新零售业基于线上场景和线下场景的融合，通过平台信息服务和物流服务的有效整合实现其生态性，具体而言就是在合适的时间，引导合适的人去合适的地点消费合适的产品或服务，一方面提升消费者的消费愉悦度，满足其消费期望，另一方面通过供应链的重构实现价值创造逻辑的重构，提升新零售业的运行效率。具体而言，新零售商业模式场景化创新取向体现为“供应链”“场景链”和“价值链”三个维度，以及这三个维度整合后的形成的“适配链”。

3.5.1 基于供应链的场景化创新

在新一代消费主体崛起下，新兴消费模式兴起，消费者的消费由传统商品诉求（产品功能或服务效用）向多元消费需求（产品功能、服务效用和场景体验）持续演进，通过商业模式场景化创新实现从线下到线上，从国内到国外的消费场景延伸。新零售商业模式场景化创新的本质是通过解构现有供应链，将现在游离于企业环境中的场景化要素与供应链解构后的商业要素进行融合，再基于消费者在特定时空的消费需求、消费习惯和消费偏好对其进行场景化商业情境适配重构，进而实现商业模式创新。由此，需要从供应场景、制造场景和分销场景出发，对现有供应链进行如下方式解构：①离散化解构。从材料供应、产品制造和产品流通出发，对原有的供应链离散化处理，形成供应场景、消费期望、供应情境、制造场景、消费习惯、制造情境、分销场景、消费偏好和分销情境自由基。这九类自由基又分别是由许多子自由基组成的。如果有必要的话，还需要对这九类自由基进一步分解，如将供应情境自由基进一步离散化为产品情境自由基、技术情境自由基、服务情境自由基、移动情境自由基、社交情境自由基和终端情境自由基；将供应场景自由基细化为买方场景、卖方场景和物流场景等。②自由基耦合。离散化的自由基之间具有与其他自由基进行配置的势能，一旦有需要则进行自由基的关联耦合配置。对于离散化后的自由基，按照基于消费者消费期望的场景化商业情境的个性化和标准化方式配置。依据消费者在特定时空的消费需求进行“供应场景—消费需求—供应情境”“制造场景—消费习惯—制造情境”“分销场景—消费偏好—分销情境”的标准化和个性化方式的配置。③适配性重构。场景、消费期望和情境三类要素之间的标准化适配和个性化适配的内部机制是遵循适配优势进行的。所谓适配优势是指消费者的需求是变化的，不是一成不变的，这不仅表现在不同的场景中，也表现在同一场景中。这种变化是基于消费者的消费需求的变化所形成的趋势，称为适配优势。这种优势的表现形式具体而言是以节点优势、链状优势、支链优势、树状优势、网状优势等进行的，其实质是消费者在某个特定场景的消费是一个一个的形式，称其为消费的节点优势，这些节点之间具有需求的递进关系，以此为优势形成了链状优势，符合马斯洛的需求层次递进规律。随着消费者需求的变化，在某个场景会产生多类需求或多个需求，于是又形成了支链优势；随着支链数量的增加，以基本支链为基础又形成了树状的适配优势，以此类推进而形成了网状适配的优势。从供应链的离散化的逻辑出发，按照供应、制造和分销的逻辑进行了“场景—消费期望—情境”的适配性重构，形成基于供应链的新零售商业模式场景化创新框架，如图3–5所示。

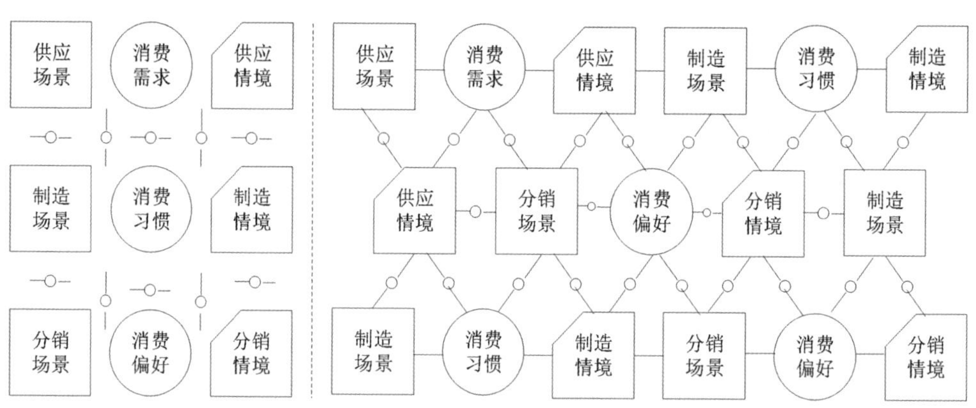

图3–5　基于供应链的新零售商业模式场景化创新框架

如图3–5所示，企业以供应链的逻辑将不同类型的场景、不同的消费需求、消费习惯和消费偏好以及不同的情境进行解构，解构后形成了以场景为逻辑的自由基，分别是情境自由基、消费期望自由基和场景自由基，这些自由基根据企业供应、制造和分销供应链的场景逻辑最终流转到消费者手中，供应、制造和分销的连续过程通过场景映射为特定时空的离散化的节点自由基，这些节点自由基通过场景要素（图3–5中带有两个短线的小圆圈）进行关联，形成了供应、制造和分销逻辑的优势链、优势支链、优势树和优势网，正是这些不同的优势形式将那些解构后的场景、消费期望和情境重构成上述优势中的任何一种。随着优势的生长和发展，最终会通过优势网实现“商业场景—消费期望—商业情境”的多维度适配。

3.5.2　基于场景链的场景化创新

未来新零售商业模式场景化创新之路可以通过“此前场景—此时场景—此后场景”切换过程中形成场景链式的商业情境的动态配置进行体现。首先由场景要素之一的大数据挖掘消费者历史场景的消费需求、消费习惯和消费偏好，并根据这个场景进行商业情境的配置以形成特定的价值主张、价值创造主体和价值创造过程。在此基础上，结合用户此时场景的消费需求、消费习惯和消费偏好，利用传感器及时感知消费者接入系统的身体姿势和运动状态为其配置相应的商业情境，以满足其在特定时空的某种身体状态下的消费期望。以消费者的此前场景的消费行为数据为基础，结合此时消费行为的数据，可以预测消费者在此后场景的消费需求、消费习惯和消费偏好，并为其针对性地配置情境。消费者在不同场景的动态切换中，感受到商业情境的动态配置下的无缝切换的体验，具体体现为场景化商业模式对用户的智能感知和智慧服务，以及针对消费者的变化动态地对商业情境及其配置进行引导、调节和控制，使得不同场景商业模式下的商业情境更懂消费者，消费者可以享受专属的VIP服务或私人定制服务。在具体体验过程中，消费者的体验由传统的机械式，转向对产品或服务的情感体验，再转向对产品或服务的智慧体验。由此，基于场景链的新零售商业模式场景化创新框架如图3–6所示。

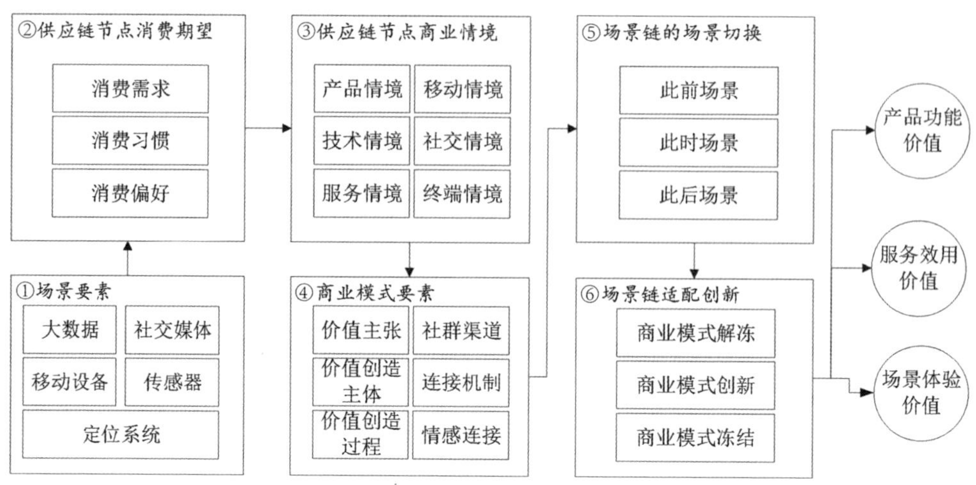

图3-6　基于场景链的新零售商业模式场景化创新框架

如图3-6所示，基于场景链的新零售商业模式创新来自企业内部推力和外部阻力之间的抗衡关系。如果企业外部阻力相对于内部推力较小的话，可以打破现有企业商业模式，使现有商业模式从稳定中解冻。现有企业商业模式在解冻状态下受到内外部力量的作用进行场景化商业模式创新，当创新到一定程度时，企业外部阻力与企业内部推力相平衡，现有状态开始冻结，表明企业现有商业模式进行了创新。以此类推，商业模式内外部作用力失衡是促进商业模式创新的时机，企业要抓住这种机遇，通过商业模式变革，实现现有企业商业模式的价值主张的变革创新、价值创造主体变革的创新以及价值创造过程的变革创新，这三个环节中每一个环节的创新都属于企业商业模式创新，由此可以形成多种商业模式创新的方式。

3.5.3　基于价值链的场景化创新

场景化要素促进了新零售从用户为王向关系为王转变，随着场景要素在新零售嵌入得渐进渐深，“线上+线下+物流”的新零售成为传统零售商业模式创新的方向。由此，如何利用大数据挖掘消费者在特定时空的消费期望，并基于挖掘结果对新零售业进行场景化商业情境的适配、强化消费者在特定时空的体验、激发消费者持续购买意愿是新零售商业模式创新亟待解决的问题。为此，从“场景要素嵌入—商业情境聚合—场景化情境适配—场景化消费体验”的新零售商业模式创新逻辑出发，深度剖析该技术路线上“供应链—创新链—价值链”三者之间的关系，对新零售商业模式场景化情境适配创新的理论框架进行构建，且基于该理论框架，运用案例的方法归纳和提炼了新零售商业模式场景化情境适配创新路径。

目前，新零售已经成为影响巨大的、最具发展潜力的零售业态，如果其仍采用原有的商业模式，则必然会在一定程度上难以实现其应有的价值，致使用户体验不佳，从而放弃对产品的购买和对服务的使用。在这种情况下，新零售企业可以利用新媒体的多点对多点、双向互动传播的特点，与消费者进行及时、双向沟通。零售企业可以根据消费者的合理诉求，及时改善、不断提高消费者对于产品的满意度。

由于生产力水平较低，物质丰富程度不足，最初的零售业只能满足消费者对于产品或服务的功能性需求，这时的市场属于卖方市场，消费者注重的是产品的质量和功能。随着生产力水平的不断提高，物质得到了一定程度的丰富，这个时期消费者的消费期望从传统的对产品的功能需求向对产品的体验性需求发展，传统零售转变为新零售。随着商业情境的不断丰富，新零售可以提供比以往粒度更为细腻的产品和服务，这个时期消费者不仅满足于其对产品和服务的体验期望，还向特定时空的情感转变，因而驱动新零售商业模式价值主张向场景化转变。消费者更愿意成为新零售特定场景价值创造主体，与零售商一起或单独创造着其期望的价值。

本研究基于商业模式演变视角，按照价值动因将新零售商业模式划分为三类，即传统零售、新零售和场景新零售的商业模式。由此，基于价值链的新零售商业模式场景化创新框架如图3-7所示。

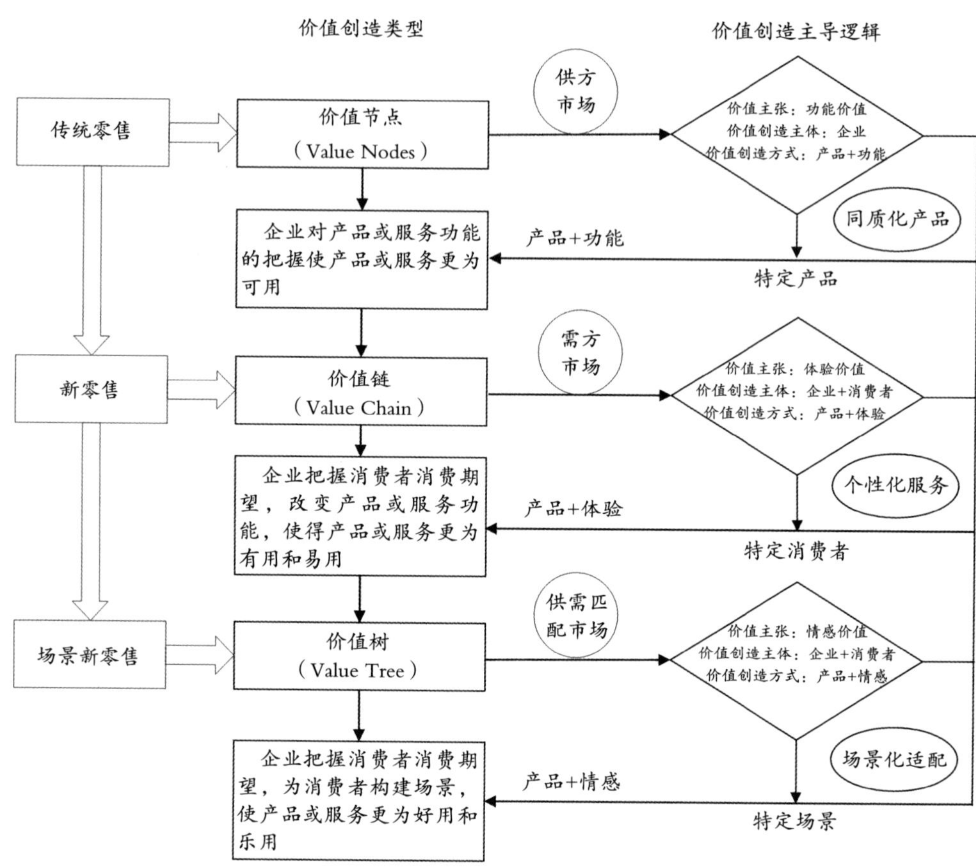

图3-7　基于价值链的新零售商业模式场景化创新框架

新零售商业模式主要为功能性商业模式和体验性商业模式，这两类商业模式分别创造着交换价值和使用价值，前者是产品本身所具有的功能，不管消费者是否使用，后者是指某产品在其使用过程中能给消费者带来的体验程度，体现为消费者为其体验支付的意愿。新零售的实践表明一个产品即使其功能较多，但是如果使用较为复杂和不便，消费者的支付意愿也不会很高。功能性商业模式是传统零售从供给侧的角度关注产品的功能，体验性商业模式则是新零售从需求侧的角度关注消费者的期望及价值感知。为了更好地捕捉场景价值，遵循价值感知，并由价值感知驱动其支付意愿，进而形成实质性的购买，并有可能推荐，就需要对新零售商业模式进行创新，使新零售商业模式更多地关注消费者的场景化消费体验。由于新零售商业情境在场景嵌入深度不足，因此其效用并不能充分发挥，而现有研究还停留在大粒度的层面。由此，将新零售场景化商业模式从某个场景的持续消费意愿细分为关注意愿、交互意愿、消费意愿和推荐意愿进行研究。其中，关注意愿是指对某个场景产品或服务喜欢的人数与实际注册人数的占比，交互意愿是指问询的人数与喜欢的人数的占比，支付意愿是指购买人数与问询人数的占比，推荐意愿是指推荐人数与购买人数的占比。

3.6　本章小结

本章在对新零售概念界定的基础上分析其特征，概括和总结了新零售商业模式的内涵和外延。在此基础上，将场景要素引入商业模式创新研究的视野，梳理和概括了场景化商业模式以及场景化情境适配理论。结合新零售商业模式理论和场景化商业模式理论，并基于消费者消费需求、消费习惯和消费偏好将二者关联耦合，通过场景化情境配置方式实现新零售商业模式创新。对价值主导逻辑理论、竞争战略管理理论和企业动态能力理论进行概述，试图基于“供应链”“场景链”“价值链”三个维度实现新零售商业模式场景化创新，以获取产品功能价值、服务效用价值和场景体验价值三类价值的时空化立体共创。

第四章

供应链逆向构建的新零售商业模式场景化创新

为了使零售业能符合当前环境，强化消费者体验的愉悦度，以零售商主导的供应链逆向整合为创新点，通过综合运用场景化要素的融合功效，构建由消费者、零售企业和供应商为核心要素的供应链创新机理，形成新零售供应链创新路径，指明了零售业创新方向，最后，以大型连锁超市盒马鲜生以及其他企业为例，分别采用多实例和单实例的研究方法对所构建的供应链创新机理和创新路径进行了应用。

4.1 新零售供应链逆向构建依据及方法

4.1.1 新零售供应链逆向构建的依据

由于场景价值的实现是要借助商务平台实时感知消费者接入的时空，捕获消费的消费需求、消费习惯和消费偏好，企业应通过场景价值的发挥，实现其价值创造逻辑的变革，进而为其提供场景化服务。实现价值的增值是目前亟待解决的关键问题。由此，企业应该从消费者的角度逆向重构供应链和价值链，对新零售业的运行机理和运行路径进行发掘和构建。①消费者消费期望。新零售流通供应链的末端为消费者，为了能为消费者提供更好的服务，企业商务平台应能实时感知不同消费者接入的时空，以及消费者在不同时空接入的频繁程度，以确定和识别有效场景，以便有针对性地为消费者提供服务。同时也要通过消费者的历史数据挖掘不同场景下消费者的消费需求、消费习惯和消费偏好，只有充分了解消费者在不同时空的消费期望，才能更好地为其提供精准的个性化服务和多元化的一站式服务。充分将场景五要素进行融合，有效地把握消费者的消费期望，从全方位、立体化的视角去探究消费者的动态偏好是新零售业供应链重构的依据。②场景化情境配置。基于对消费者消费偏好的动态把握，需要针对不同消费者在不同场景的消费偏好及其变化去配置商业情境，如产品情境、技术情境、服务情境、移动情境、社交情境和终端情境。只有基于消费者的消费需求、消费习惯和消费偏好动态地配置这些情境，才能从根本上满足消费者的消费期望。③场景化价值实现。新零售业之所以新是由于其价值的创造不再局限于交换价值和使用价值，更多的是场景价值的创造程度和创造能力。为此，需要将场景要素、商业情境要素以及消费的动态需求变化纳入研究的视野，通过“消费场景—消费需求—商业情境”“消费场景—消费习惯—商业情境”“消费场景—消费偏好—商业情境”的三维一景适配，来满足消费者的消费期望。具体而言，一方面通过标准化适配满足消费者的多元化消费期望，另一方面通过个性化适配满足消费者个性化的消费期望，并将两者进行融合后形成立体化的适配策略。④场景化消费期望迭代。消费者的消费期望是动态变化的，表现为相同的消费者在不同时间的同一空间的消费不一样，随着时间的变化体现了其消费期望的生态演进性。为此，企业商务平台要及时捕获消费者消费需求的变化，挖掘消费习惯的改变，寻找消费者消费偏好，对消费者在不同时空的消费期望的情境配置予以迭代，使商业情境的配置能更好地满足消费者的消费期望。⑤消费者消费体验优化。消费者的场景在变，消费期望在变，消费体验亦在变，但优化消费者的消费体验将是永恒不变的，这就需要商务平台不断改进和完善其功能，从商业情境的可用性、易用性和有用性三个维度进行把控，并在这三个维度上形成关联耦合关系，促进新零售流通供应链的逆向重构。

4.1.2 新零售供应链逆向构建的方法

为了更加清晰和明了，本研究利用鱼骨图易于发现问题本质的特点，对新零售业供应链进行逆向构建。在实际分析中，鱼骨图又分为问题型、原因型和对策型三类，本研究结合实际研究内容，采用原因型鱼骨图的分析方法。原因型鱼骨图可以针对问题点，选择层别方法，按头脑风暴分别对各层别类别找出所有可能原因，将找出的各要素进行归类、整理，明确其从属关系，分析选取重要因素并检查各要素的描述方法，确保语法简明、意思明确。由此，形成新零售供应链逆向构建的方法如图4–1所示。

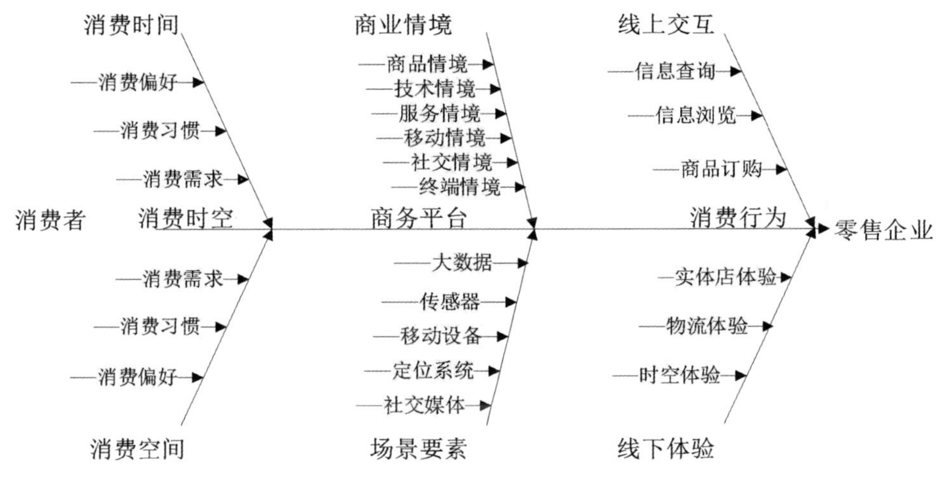

图4–1　新零售供应链逆向构建的方法

如图4–1所示，新零售业流通供应链逆向构建遵循全面性、节点性和体系性的原则。①全面性。全面性就是要全面分析新零售业流通供应链所涉及的因素维度以及详细的因素，以便于客观地构建新零售业的流通供应链，使所构建的流通供应链能更加清晰地了解和把握新零售存在不足的原因，促使新零售商务平台注重在这些方面的投资、建设和优化。②节点性。所谓节点性是指新零售业的流通供应链的节点，从图4–1可以看出流通供应链包含三个节点，其一是消费者，其二是商务平台，其三则是零售企业，这三个节点包括了新零售流通供应链的方方面面。③体系性。所谓体系性是指上述提到的三点之间是具有供应链体系结构的，符合供应链运行的整个流程，也符合价值体系的形成过程，同时还符合场景化价值创造的逻辑。

4.2 新零售供应链逆向构建机理及路径

4.2.1 新零售供应链逆向构建机理

新零售供应链需要逆向整合概念、内容和关键资源的优势，使下游消费者作为主导，上游零售企业作为节点企业，由自上而下商品流通的推式向自下而上商品创造的拉式视角的供应链整合。新零售供应链逆向整合机制表现为消费者借助渠道优势形成消费需求，排除批发组织并纵向约束上游零售商，实现敏捷供应，形成快速应对消费者需求的供应链动态结构，这也是传统零售商应对移动互联网场景化新零售的供应链重构方向。具体而言，零售商对作为供应链主导的消费者的各类历史场景数据进行采集，并通过数据整合分析市场需求，在结合自身战略定位的基础上，形成产品概念，进而创建自有品牌，之后将产品模块化，并逆向整合不同节点，目的是使零售业商务平台能够感知消费者接入，并基于消费者所处的时空，借助于消费者历史消费偏好进行产品推荐，使销售更为精准、更为专业和更为个性。新零售供应链逆向构建机理如图4-2所示。

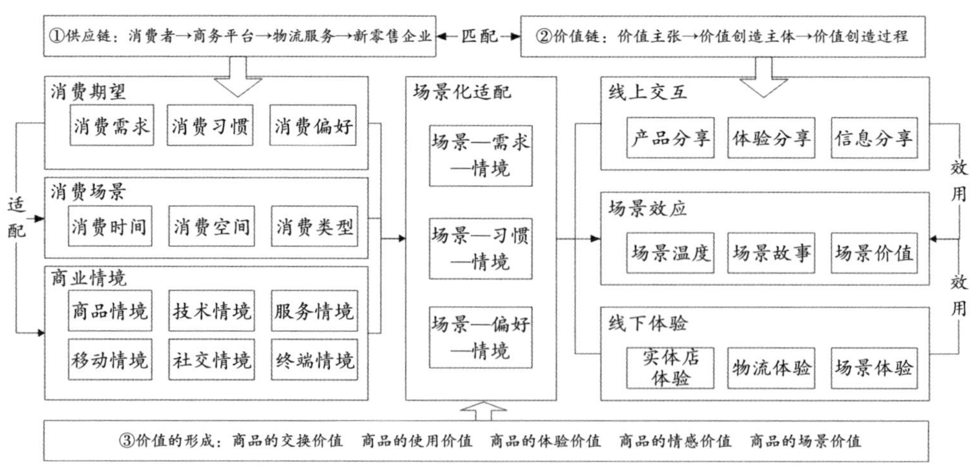

图4-2　新零售流通供应链逆向构建机理

如图4–2所示，新零售流通供应链逆向构建主要应从以下几个方面出发：①场景化情境适配。在新零售供应链和价值链匹配的作用下，分别形成“消费场景—消费期望—商业情境”三维一景的适配，并针对不同消费者所处的不同场景进行细化配置。②三维一景适配。以场景化情境适配为基础，从消费需求、消费习惯和消费偏好出发，进行“消费场景—消费需求—商业情境”“消费场景—消费习惯—商业情境”“消费场景—消费偏好—商业情境的”三维一景适配。③场景效应形成。通过线上的产品分享、体验分享和信息分享，以及线下的实体店体验、物流体验和场景体验，最终形成消费的场景温度、场景故事和场景价值。

4.2.2　新零售供应链逆向构建路径

新零售流通供应链逆向构建机理表明，在不同消费者的不同场景中，并非所有的商业情境维度一同参与场景化情境的配置，而是有选择地进行不同维度商业情境的适配，这样既可以不浪费商业情境，也不会造成商业情境的不足，还避免了不同维度商业情境在场景中的碰撞，进而形成个性化的情境配置效用。由此，不难发现场景化商业情境的配置正是通过模块化的情境配置实现的，其实质是通过模块化供应链网络实现产品的批发、物流等主体机能内部化，最终利用适配机制完成差异化产品快速投放市场，参与消费者消费期望的满足，并使消费者具有消费的愉悦体验。新零售流通供应链逆向构建路径如图4–3所示。

如图4–3所示，新零售流通供应链逆向构建是从商业情境、消费期望和消费场景三个维度出发进行的，并将商业情境分为产品情境、技术情境、服务情境、移动情境、社交情境和终端情境，将消费期望分为消费需求、消费习惯和消费偏好。对于消费者所处的不同场景以及消费者的消费需求、消费习惯和消费偏好出发，进行商业情境的配置，以取得最佳的配置效果。用户场景化消费行为的三个维度要素参与采取的是类似开关的方式，如果某个维度参与，则关闭开关（取值为1），否则打开开关（取值为0）。如图4-3所示，其商业情境的配置可以表示：（产品情境、技术情境、服务情境、移动情境、社交情境、终端情境）=（产品属性、营销技术、个性服务、信息因素、一对多服务、定位系统）。

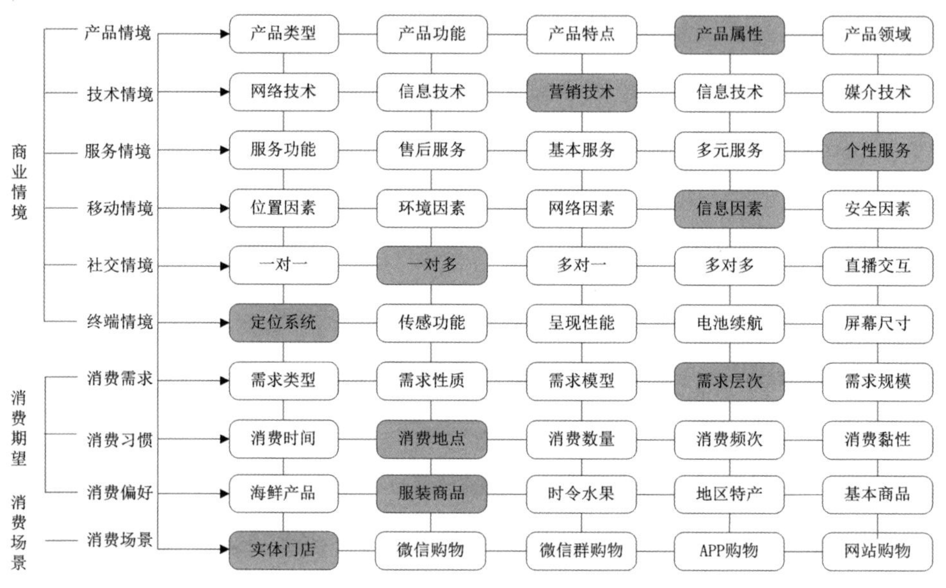

图4-3　新零售流通供应链逆向构建路径

4.3　新零售供应链逆向构建实例分析

4.3.1　新零售供应链逆向构建多实例分析

新零售业的供应链价值逆向重构的案例有很多，为了能更好地理解和把握新零售供应链逆向重构的理论和实践应用，采用多案例的方法对新零售流通供应链进行逆向重构。为此，本研究选取盒马鲜生、优衣库、良品铺子，从大数据、消费期望、柔性生产、渠道和物流配送以及社交媒介等几个角度予以分析，如表4-1所示。

表4-1　新零售流通供应链逆向构建实例

零售商	大数据	消费期望	柔性生产	渠道和物流	社交媒介
盒马鲜生零售	大数据是盒马鲜生的先天优势，有阿里巴巴强大的数据支持，盒马鲜生的数据偏向订单数据、支付信息、资讯数据、生活类数据	通过用户画像的方法对消费者的生活轨迹、喜好、需求、购买习惯、购买力等方面进行逆向预判，据此指导生产和销售	在一定程度上预判消费者场景化消费期望，但柔性生产较差	大数据支持仓储、物流、配送等多个环节的建设	自有APP、自有微信公众号、借助阿里巴巴系统的优势进行引流
优衣库零售	主要包括订单数据、资讯类数据和生活数据，但是目前三类数据互不相通	标签分析，给不同的消费者在不同场景的消费期望贴上多维度的标签	此行业容易做到柔性生产，如T恤、卫衣、工作服等的纹样、图案可以定制	将前置车库改为前置车间，把中央工厂转移到离用户更近的前置车间当中	即时通信、自媒体、朋友圈、论坛、微博、朋友圈和精准媒体
良品铺子零售	不仅包括订单数据，还可以记录SKU（最小存货单位）、售价、销售、订单库存等数据，良品铺子已经在进行数字化管理。良品铺子遇到的问题就是门店里的货和工厂中央仓库中的货怎么协调	通过数据挖掘的方法，借助于评价数据洞察消费者消费需求、消费习惯和消费偏好	直接对接生产，提供单元化和模块化的服务，进行数字化接入，让生产变得可控、自动化和智能化、智慧化	依据大数据驱动终端、仓储物流和配送，门店既是渠道又是前置仓库，大数据驱动快速补货和适量补货，终端配送更加成熟和简单	自有平台推送和第三方平台推送

如表4-1所示，新零售业流通供应链逆向构建应从以下几个方面入手解决：

①逆向构建体现其智慧性。连锁超市生鲜宅配的线上运营流量由于会受到多方面因素的影响，具有很强的不确定性，因此连锁超市可与智慧型线上平台运营商以这种期权的形式，围绕未来线上流量制定对赌协议，通过激励与约束相结合的方式，降低信息不对称环境下机能融合所面临的道德风险，从而保证逆向整合的线上运营效率达到最优。②逆向构建体现场景效用。新零售供应链逆向构建为消费者提供区别于普通物流企业的供应链一体化物流服务。伴随新零售多样化产品服务概念的形成，产品的配送要求也必将在不同时空下更加细化，新零售要选取即时配送、专业与传统配送等多种配送方式相结合作为支撑其业务的载体，然而目前相关物流企业已经逐步深入各细分市场。因此，逆向整合供应链将保证新零售在交易成本较低的同时，更多地体现场景价值，表现为场景温度、场景故事和场景体验。③逆向构建体现研究趋势。新零售流通供应链逆向构建体现了消费者对消费时空体验的重视程度。未来由于消费者越来越注重特定时空的消费体验，所以基于场景价值逆向构建供应链将是未来新零售研究的又一个新的方向。这是环境变化的要求，是技术驱动的结果，是服务需求的方向。

4.3.2 新零售供应链逆向构建单实例分析

场景化商业模式创新的本质就是将场景化要素嵌入至企业供应链的各个环节。其中，“供应场景—消费需求—供应情境”表达的是消费者能否参与产品的计划、研发和设计以及工艺、制造等供应链环节。“制造场景—消费习惯—制造情境”表达的是企业能否依照消费者的消费习惯进行制造场景的设计。“分销场景—消费偏好—分销情境”表达的是企业能否依据消费者消费偏好，从产品销售、售后服务、运行维护、报废回收等供应链环节进行变革，使这些环节能充分满足消费者的消费期望。供应链解构和重构的商业模式创新以福田汽车为单案例进行研究。福田汽车是一家生产不同应用场景汽车的企业，生产运输、商务、工程等不同应用场景的汽车。福田汽车借助深入挖掘消费者需求的能力开创以消费者期望为核心，以商业场景以及商业情境为支持的战略模式，其发展理念是谁能精准定义场景，谁就能掌握商用车未来。近年来，福田汽车紧密结合信息环境、技术环境和商业环境的变化，提出了车联网、人工智能等发展战略。自1996年起，福田汽车的发展大致经历了以消费需求为核心、以商业场景为核心和以商业情境为核心的商业模式创新演化，其演化发展过程如图4-4所示。

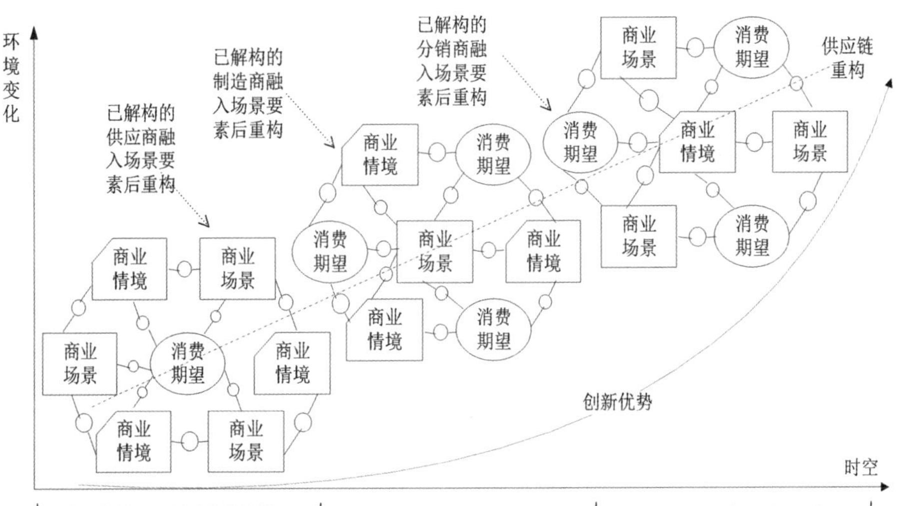

图4-4　场景驱动商业模式创新的演化发展过程

场景驱动商业模式创新首先是以消费者的消费期望为核心，以商业场景和商业情境为支撑的商业模式创新；其次是以商业场景为核心，以消费期望和商业场景为支撑的商业模式创新；最后是以商业情境为核心，以消费期望和商业场景为支撑的商业模式创新。这三个阶段的创新过程体现了场景驱动商业模式创新的优势，反映了场景化商业模式创新的生态演化过程。

4.4　本章小结

本研究基于供应链逆向整合视角研究了新零售业的发展布局与实施，在把握供应链逆向整合的概念、内容和关键优势的基础上，提出消费场景、消费期望和商业场景之间的配置关系，从而使新零售供应链逆向构建后可以既不浪费商业情境，又不造成商业情境不足，使商业情境的配置成本最小化。新零售业还可以引导和调节消费者的消费需求、消费习惯和消费偏好，使三维一景的适配更加优化，更加体现新零售业供应链逆向重构的生态演进效用，最终体现新零售流通供应链逆向构建的场景价值效用。最后对盒马鲜生、优衣库、无印良品和福田汽车等案例进行分析。

第五章 基于供应链的新零售商业模式场景链创新

近年来，国内汽车新国潮汹涌澎湃，科技进步叠加需求变迁，共同驱动汽车新零售商业模式的场景化价值创造。以北汽福田汽车股份有限公司（简称福田汽车）整条供应链新零售商业模式为例，结合福田汽车“造车—买车—用车—养车—换车”场景链搭建的实践，通过积累供应链上下游各节点用户数据，并在应用场景链中挖掘用户痛点的基础上，不断细分场景价值而形成以“产品功能为基—服务效用为先—场景体验为王”的演变逻辑的“价值节点—价值节点集群—价值链”的场景化价值链的价值共创取向，从“供应链—场景链—期望链”三链融合的视角，借助价值链为用户期望的“场”搭建相应的“景”，进而实现商业模式创新。

5.1 场景链及其价值共创依据

5.1.1 场景链内涵

自新零售被提出和应用以来，其内涵和外延不断延伸和拓展，特别是新冠肺炎疫情暴发刺激着众多制造业抢滩新零售，激发着整条供应链实现新零售商业模式的场景化价值创造。新零售商业模式正基于整条供应链潜移默化地影响和改变着用户对于工业品的消费期望，打造着整条供应链各节点的消费“场景链”，形成整条供应链各节点新零售商业模式的“价值共创链”。场景链作为场景经济的外在表现形式日渐成为国内外学者较为关注的话题，虽然相关成果较少，但重要性已初见端倪。利用Web of Science核心合集和CNKI文献全文数据库检索发现，目前相关文献已有3篇。Xin L（2014）发表的一篇会议论文并未对场景链进行界定，只是描述了场景驱动经由场景演化实现场景链的构建。陈志刚（2017）的文章和杨天（2017）的硕士学位论文亦未对场景链进行明确和清晰的定义。基于此，本研究对场景链进行如下界定：所谓场景链（Scene Chain）是指不同场景关联耦合所形成的链条。场景关联耦合的驱动力来源于用户日常生活所需；场景关联耦合的载体是供应链；场景关联耦合的依据是用户在不同场景的消费期望；场景关联耦合的目的是实现价值的链式共创。从场景化视觉来看，大数据、5G、人工智能、云计算、VR、AR、MR、物联网以及区块链等新技术正逐渐渗透和嵌入供应链各节点和环节。随着用户需求品质化的不断提升，企业独立精耕细作难以满足用户的差异化需求。由此，选择制造业新零售业绩较好的福田汽车供应链为例，基于供应链对福田汽车进行场景的演化和场景链的搭建，对场景链基于新零售供应链实现价值共创的机理和路径进行研究。

5.1.2 场景链价值共创依据

场景链注重用户在不同场景对于产品功能、服务效用和场景体验的期望，从“商业场景—消费期望—商业情境”三个维度的适配满足不同用户在不同场景对上述三类价值的追求，进而基于场景链形成价值共创链。场景驱动着新零售商业模式基于供应链的“应激性”“响应性”和“调适性”的变化，使整条供应链各节点的“产品功能”“服务效用”持续创新升级和“场景体验”不断下沉。传统的工业品消费正从离散的场景逐渐向“场景链”的方式演进和迭代。在这方面，福田汽车供应链向着“零售场景化”和“经济数字化”转变，新场景、新模式和新应用的不断涌现正在对传统制造业商业模式及其整条供应链产生颠覆性影响。数智时代赋予制造业场景链新的内涵，使供应链各节点场景变得可感知、可体验和可量化。从制造业供应链终端来看，新消费人群崛起和新消费理念盛行，引领着供应链各节点不同场景新零售商业模式的链式价值共创，使整条供应链拥有了更高的边际消费倾向。场景链的提出满足了用户消费期望的演变所需，也为供应链以及商业模式的创新提供了新的方向。场景链的出现并非要否定以往的商业模式，而是为企业提出了一种新的价值创造逻辑。

近年来，随着场景要素的不断丰富以及新冠肺炎疫情对制造业传统商业模式的刺激，新零售逐渐渗入制造业供应链各个节点和各个环节，“供应链+场景链+期望链→价值共创链”正逐渐成为制造领域商业模式价值创造的新取向，制造业供应链各节点新零售的“人”“货”和“场”正发生着深刻的变革，驱动着供应链各节点新零售的“新供给”和“新需求”的动态匹配，激发着供应链各节点新零售商业模式的链式价值共创。福田汽车供应链各节点正步入由“高速度增长”转向“高质量发展”的关键时期。随着人工智能和信息技术的发展，以数智化和移动互联网为关键的智能制造从过去的“标准化”“同质化”和“规模化”转向“个性化”“定制化”和“智慧化”。整条供应链成为连接不同节点用户与日常生活场景的新逻辑；供应链各节点和各环节形成的场景链正成为制造业新零售商业模式价值共创的“风向标”和“新风口”。基于供应链和期望链搭建的场景链思维激发着用户的“场景化消费需求”，使其形成“场景化消费习惯”并培育其“场景化消费偏好”。制造业基于供应链不同节点打造的场景链正成为制造业新零售蓝海市场的新动能。

毋庸置疑，数智时代，新零售商业模式场景化转型对制造业供应链的可持续发展而言不再是选择题，而是必修课。新零售一改以往主要集中于供应链终端零售商和消费者的模式，通过纵向一体化，使整条供应链的各节点与人们的日常生产和生活场景相连接，以满足用户对于“产品功能”“服务效用”和“场景体验”的三重属性需求，进而形成了由制造商、零售商、服务商和用户构成的供应链，以及供应链各节点基于场景链、借助价值链实现价值共创的动态画面。具体表现为供应链各节点新零售商业模式场景化的5W1H价值共创方式。SWIH分别指Who、When、Where、What、Why和How，它们分别为供应链不同节点新零售商业模式价值共创的主体、时间、空间、主张、动因和机制。新零售商业模式场景化是以供应链各节点和各环节的场景价值为主张，通过价值共创主体借助价值共创过程创造价值的新范式。新零售依托移动互联网，运用大数据、人工智能等先进技术手段，对其上下游产品的生产流通和销售过程进行前向一体化和后向一体化升级改造，并基于供应链各节点和各环节采取“线上交互”和“线下体验”的无缝连接，并由其促成供应链各节点用户的可持续支付意愿。

如果信息化时代解决的是“标准化”下的“规模化”问题，那么数智时代解决的则是“非标准化”下的“个性化”问题，这不仅是场景赋予新零售商业模式的时代使命，也是中国制造业供应链面临全球价值链升级时所必然遇到的现实问题，同时也是制造业供应链新零售商业模式附加价值创造理论触点的选择问题。国内，以福田汽车为核心节点的汽车供应链已在此方面“尝鲜”，并初见成效，从整条“供应链”和“场景链”融合的视角对新零售商业模式的场景化价值共创已成为学界研究绕不开的话题。以整条供应链新零售为逻辑，通过对各节点和各环节“商业场景—消费期望—商业情境”的动态适配，使制造业供应链各节点创造附加价值和提升核心竞争力，从“造车—买车—用车—养车—换车”整条场景链促进制造业的高质量发展。然而，现有成果主要强调供应链某个节点环境因素和资源约束下的价值创造，对整条供应链价值共创的主动性变革探讨不足，特别是鲜见从整条供应链视角基于场景链的方式借助价值链探究新零售商业模式价值共创的研究成果。现有研究成果只解决了企业“为什么（Why）”要实行商业模式变革或创新的问题，而对“如何做（How）”才能实现更高水平的价值共创探讨不足，而这正是本研究的机会点和切入点。

5.2　场景链赋能新零售价值创造机理模型

5.2.1　用户期望场景化赋能价值创造

福田汽车整条供应链新零售商业模式价值的创造主体包括核心节点制造商、零售商、服务商和用户。供应链各节点和各环节用户在特定时间和特定空间对于产品功能消费期望的日益细分，激发着供应链各节点企业和用户共同构建和创造着产品功能价值、服务效用价值和场景体验价值。2020年，福田汽车深入研究供应链各节点用户需求，以“场景链”的方式定制供应链各环节产品和服务，提供了大宗货物、冷链、快递、城建等几大场景化解决方案。针对冷链行业目前“有冷无链”弊端凸显的问题，福田汽车着眼重卡、中卡、轻卡等全场景应用，提出全程冷链的一体化智慧解决方案。未来，福田汽车针对供应链各环节用户不同应用场景的消费期望，为其专门设计不同产品，如用于拉水泥的汽车增加防水泥粘车底的处理技术，用来拉鱼的汽车通过设置相应的设备，既可输送氧气又可防止水的外漏。福田汽车供应链用户期望场景化价值创造主要包括以下三个方面：①供应链核心节点企业产品研发的场景化价值创造。2019年12月3日，中国商用车创新大会在成都召开，福田汽车集中展示了适用于快递、冷链、大宗货物、城市建设、新农村建设和专用车六类用车场景的产品矩阵（Amit R，2001）。这些基于不同场景研发的产品创造着不同形态的价值。②供应链终端用户节点的场景化价值创造。福田汽车产品和服务专业化的背后是越来越细分化的用户用车场景需求。例如，物流场景最重要的诉求是高效，人歇车不歇，而拉水泥场景最重要的诉求就是载重，要多拉货，还能跑山路。福田汽车通过细分用户用车场景，创造着不同形态的价值。③供应链其他成员的场景化价值创造。供应链各节点企业与用户场景化价值共创是供需双方匹配的结果，在企业与用户供需匹配的过程中还有许多利益相关者参与，如联合福田e家、经销商和服务商、二手车置换平台、中车信融融资租赁、365

随车行、福田车e购和iTink智科等利益相关者。福田汽车正是通过产品、场景和利益相关者共同打造“造车—买车—用车—养车—换车”场景链，提供着“产品功能价值”“服务效用价值”和“场景体验价值”。综上所述，场景时代，用户对福田汽车供应链各节点产品功能诉求呈现为个性化，对服务效用诉求呈现为人性化，对场景体验呈现为情感化。福田汽车供应链各节点精准地识别并满足用户场景化消费期望，增强其数字化体验，提升了用户满意度和忠诚度，促进多个供应链主体围绕用户期望构建场景，实现新零售商业模式三类价值的链式共创。

5.2.2 价值主张时空化赋能价值创造

近年来，随着福田汽车供应链新零售商业模式纵向一体化加速，各节点已能很好地满足用户对于“产品功能价值”“服务效用价值”和“场景体验价值”三类价值创造的需求。然而，随着福田汽车供应链各环节场景要素和情境要素的不断丰富，及其在福田汽车供应链各节点新零售商业模式中的嵌入，供应链各节点用户由注重“产品功能价值”转向注重“服务效用价值”，再由注重“服务效用价值”转向注重“场景体验价值”。价值主张时空化就是基于供应链各环节的“产品功能价值”“服务效用价值”和“场景体验价值”构建场景链，通过价值主张时空化，实现上述三类价值的链式共创，价值主张时空化主要包括以下三个方面：①产品功能需求。产品功能性需求主要体现为用户对福田汽车供应链各节点产品功能的时空化诉求。据刘鲁平介绍，福田汽车首批预见性服务产品功能共有四个，即故障提醒、云标定、驾驶行为监控和精准救援。这四个功能在不同的时空相辅相成，从日常用车监控，到故障发生后的主动维修提醒，甚至车辆在路上抛锚后精确的、可互动的、可视化的救援都已经囊括在内。②服务效用感知。服务效用感知主要体现为客户对福田汽车供应链各环节服务的效用性诉求。福田汽车改变传统的标准化设计和规模化生产的运营模式，将服务效用嵌入供应链各节点的新零售商业模式之中，实现价值主张由产品功能化向服务效用化转变。③场景体验获得。随着科技发展和生活水平的不断提高，人们不再单纯地满足于产品功能和服务效用，而是追求更多的趣味化、个性化、人性化等情感因素。基于此，福田汽车奥铃系列主动了解客户、接近客户，与客户建立情感连接，在供应链各环节的不同时空关注客户深层次需求，正在努力成为一家更有温度的企业。综上，供应链各节点价值主张正逐渐由“产品功能价值”向“服务效用价值”再向“场景体验价值”转变。未来，福田汽车应基于供应链、期望链、场景链和价值链，从个性、人性和情感的角度去思考用户消费期望，实现三类价值的链式共创。

5.2.3　商业情境交互化赋能价值创造

福田汽车供应链各节点和各环节将“关键活动”“核心资源”和“重要伙伴”三类商业模式要素交互为新零售商业情境的场景化适配效用，具体体现在以下三个方面：①基本情境交互实现产品功能价值共创。福田汽车供应链各节点基于产品、技术和服务三类基本情境共同创造价值。目前，福田汽车主要有卡车、轻客、多功能汽车、客车环境装备、工程机械和智蓝新能源等系列产品，这些不同产品借助于不同技术，通过供应链的不同节点为用户提供其期望的产品功能价值。②辅助情境交互实现服务效用价值共创。辅助情境主要包括移动情境、社交情境和终端情境。福田汽车早在2010年就开始车联网产品开发和业务实践。目前，福田汽车供应链各节点和各环节基于北斗导航的智科车联网系统导航，为用户提供智慧化服务效用价值。③两类情境交互实现场景体验价值共创。随着供给侧结构性改革的不断深化，福田汽车整条供应链扮演着制造业供给侧结构性改革排头兵的角色，其推行的数智化和智慧化理念正逐渐成为中国制造的有力实践，为用户提供着场景链式体验价值。综上，通过场景化商业情境的配置，将场景化要素融入解构后的商业模式并对其进行重构，在实现各节点场景化价值的同时也实现着整条供应链的高质量发展。

5.2.4 新零售场景链价值创造机理模型

福田汽车供应链新零售商业模式场景化是通过场景对其现有供应链各节点商业模式进行解构，并将场景要素融入解构后的各节点商业模式要素之中，实现整条供应链新零售商业模式场景化功能，使福田汽车供应链各节点新零售商业模式植入用户生活场景链，更精准地捕捉用户的链式需求，从而创造多维、立体的时空价值，通过“商业场景—消费期望—商业情境”的链式适配，实现供应链新零售商业模式的链式重构。随着自动驾驶技术的兴起和不断成熟，场景化被引入汽车供应链新零售商业模式价值共创实践。在商用车领域，福田汽车是整条供应链场景化理念的最早倡导者之一。更重要的是，福田汽车基于供应链各环节场景链的协同发展实现商业模式创新。场景链创新的本质是从供应链视角对产品的研发、制造、销售、售后和回收等全供应链进行场景化重构，从而在存量市场竞争中占得先机。基于上文从整条供应链视角的案例分析，通过各节点的“用户期望场景化”“价值主张时空化”和“商业情景交互化”，通过对现有供应链各节点商业模式要素进行解构，然后将场景化要素融入解构后的商业模式要素之中，并借助场景化情境配置实现供应链各节点新零售商业模式的场景化重构，进而实现制造业供应链各节点新零售商业模式的“价值创造主体场景化”“价值主张场景化”和“价值创造过程场景化”。与奔驰的豪华、沃尔沃的安全、法拉利的速度相比，福田汽车赋予了整条供应链新零售商业模式的“场景链”标签。福田汽车新零售商业模式场景化就是要精准地捕捉供应链各节点新零售商业模式价值创造主体的消费期望，从而创造“产品功能的个性化价值”“服务效用的人性化价值”和“场景体验的情感化价值”。近年来，福田汽车供应链各节点为消费者提供“线上交互”和“线下体验”无缝连接的“个性化”“人性化”和“情感化”服务。特别是福田汽车认识到“供应链”和“场景链”对于新零售商业模式创新的重要性，善于挖掘各节点用户的消费期望，为各节点用户在特定时间和特定空间的消费期望打造个性化产品，提供人性化服务和形成情感化体验，解决了用户在供应链不同节点新零售商业模式场景链式的消费痛点。由此，从供应链各节点新零售商业模式解构和重构的视角出发，构建供应链新零售商业模式链式价值共创机理模型如图5-1所示。

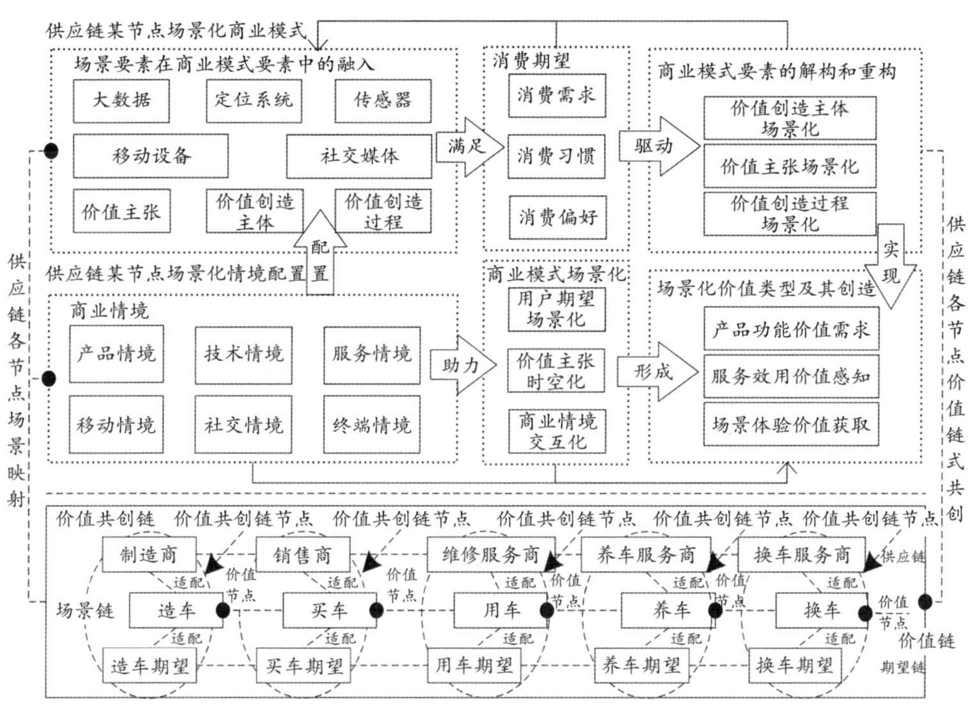

图5-1　供应链新零售商业模式链式价值共创机理模型

如图5-1所示，场景链改变了传统制造业供应链商业模式的运行特点和运行规律，丰富了新零售商业模式的理论基础，提出了各节点新的价值主张，形成了各节点新的价值创造主体，革新了各节点价值创造过程，凭借供应链各节点的关键资源（即企业不同维度的情境）和核心能力（即企业不同维度情境的场景化配置能力，包括标准化适配能力和个性化适配能力）实现商业模式场景化价值共创。供应链各节点企业通过场景对现有商业模式进行解构，将场景要素融入解构后的商业模式要素之中，通过场景化情境配置重构新零售商业模式。其中，商业模式解构和重构包括以下三个方面：①价值创造主体场景化。在场景化新零售商业模式中，消费者可以直接向供应链各节点提出个性化及多样化需求，通过用户驱动制造（Customer-to-Manufacturer，C2M）的柔性反向定制进行小批量的个性化生产。②价值主张场景化。新零售革命极大地重塑了供应链各节点的传统消费场景，新零售消费渗透率快速提升，打破了传统线下门店运营的时空限制，衍生出更多的电商平台、直播带货、共享设备等新兴业态，形成了供应链各节点新零售商业模式的"产品功能价值""服务效用价值"和"场景体验价值"的立体化价值主张。③价值创造过程场景化。社会分工细化助推懒人经济爆发，国人对于工业品的消费心理正从单个场景节点向场景链的新零售商业模式转变，供应链各节点通过数字化的用户画像，从场景链视角为供应链各节点用户提供更为精准的产品功能价值、服务效用价值和场景体验价值，实现着三类价值的立体化共创，从而提升"人"与"货"在"场"中的链式交互质量。

5.3 场景链赋能新零售价值创造路径

5.3.1 价值创造路径设计依据

图5-1表明福田汽车供应链各节点新零售商业模式是沿着"产品功能价值→服务效用价值→场景体验价值"的不同价值形态主导逻辑演化，实现价值共创。传统消费场景主要通过向终端消费者提供标准化和大规模生产的产品，这对消费者而言具有"样式单一"特点，难以满足消费者日益强烈的异质化需求。在此情形下，福田汽车供应链新零售商业模式的"用户期望场景化""价值主张时空化""商业情境交互化"成为价值共创路径设计的主要依据。由

此，基于图5-1构建的福田汽车供应链新零售商业模式链式价值共创机理模型，本研究利用扎根理论识别出“产品功能价值”“服务效用价值”和“场景体验价值”不同价值形态主导逻辑演变的价值创造动因，提炼和归纳了以“人”“货”和“场”为触点的供应链新零售商业模式场景化价值创造机理，提出了“供应链—场景链—期望链”三链融合的链式价值共创方式。按照不同价值形态主导逻辑的演变，将福田汽车供应链新零售商业模式价值创造路径设计依据归纳如表5-1所示。

表5-1　福田汽车供应链新零售商业模式价值创造路径设计依据

商业模式要素	形成及发展阶段（1996~1999年）	转型阶段（2001~2009年）	创新阶段（2010年至今）
价值主导逻辑	产品功能价值主导	服务效用价值主导	场景体验价值主导
核心要素	商业情境（货）	消费期望（人）	商业场景（场）
核心要素价值内容	形成了供应链不同节点的产品功能以满足消费者消费期望	通过商业情境的配置实现供应链各节点三类价值的创造	基于供应链构建场景，为消费者提供不同产品、服务和体验
支撑要素（实现目标）	供应链各节点的商业场景和商业情境	供应链各节点的消费期望和商业场景	供应链各节点的消费期望和商业情境
	（解决消费痛点）	（发掘消费痒点）	（打造消费爽点）
支撑要素价值内容（不同形态价值链）	来源于现实生活对供应链各节点产品和服务的不同场景，融合商业情境满足消费者期望，实现产品功能价值	通过供应链各节点的产品和服务刺激消费期望和构建相应的场景，利用商业情境配置满足消费期望，实现产品功能价值和服务效用价值	通过对供应链各节点的产品和服务构建不同场景，利用商业情境开发不同场景的产品功能价值，提供不同场景的服务效用和打造不同场景的体验价值
	（产品功能价值链）	（服务效用价值链）	（场景体验价值链）

续表

商业模式要素	形成及发展阶段（1996~1999年）	转型阶段（2001~2009年）	创新阶段（2010年至今）
价值创造主导逻辑及具体内容（细分对象）	通过市场细分化，激发供应链各节点用户的消费期望，形成新的主打产品系列	激发供应链各节点用户的消费期望，开拓产品服务场景，促进商业情境的有效配置	打造供应链各节点产品使用场景和服务利用场景，迭代场景化体验场景，进而实现三类价值的时空化共创
	（产品细分化）	（用户细分化）	（场景细分化）
发展阶段及典型事件	1996~2000年，4年间实现了三大步。目前福田汽车已形成卡车、轻客、多功能汽车、客车、环境装备和工程机械、新能源汽车和专用车	2001~2009年，完成“新三步”。福田汽车通过细分市场，从单一产品供应链纵向延伸到同一类别产品的多系列产品，实现供应链的横向拓展	2010年至今，向世界企业迈进。福田汽车供应链正向数字化和场景化发展，由于经营业绩突出使得销量大幅增长、合资合作取得重大突破

福田汽车供应链新零售商业模式就是要将场景化情境适配理论引入制造业供应链的解构和重构过程之中，基于“价值创造动因→价值创造机理→价值实现路径”的商业模式场景链式的价值共创理念的指导，借助“供应链—场景链—期望链→价值共创链”三链融合，通过“用户期望场景化”“价值主张时空化”“商业情境交互化”三条路径实现价值创造。

5.3.2 价值创造路径设计过程

移动互联网和物联网极大地提升了数据获取的便捷度，也使得用户消费期望快速变化与不确定性进一步凸显，促使传统供应链向互联网供应链再向智能供应链演进。正是场景思维的转变，使新零售沉淀了越来越多的终身用户。

供应链新零售商业模式场景化的共性是以对人的行为设置更清晰的边界

和量化方法为前提，更充分地、更大限度地释放人的本性和创造力。未来场景基于供应链赋能商业模式价值创造，趋势表现为后向一体化的反向定制、横向一体化的深耕场景和场景化商业模式重构。福田汽车供应链各节点新零售商业模式场景化价值共创路径的设计需要从以下三个方面从发：①商业模式价值主张趋势演变驱动。福田汽车供应链各节点新零售商业模式价值共创进行了“以产品为中心（货）→以服务为中心（人）→以场景为中心（场）”的价值主张趋势的演变驱动。②商业模式价值共创过程。福田汽车供应链各节点新零售商业模式价值共创的本质是通过场景链对现有商业模式进行解构，将场景要素融入解构后的商业模式要素之中，使商业模式要素具有场景化功能，通过场景化情境适配对商业模式进行重构，实现“产品功能价值（个性化）”“服务效用价值（人性化）”“场景体验价值（情感化）”三类价值的立体化共创。③商业模式价值共创策略。福田汽车供应链各节点新零售商业模式价值共创是通过“商业场景—消费期望—商业场景”的三维一景适配实现的。由此，形成表5-2所示的供应链新零售商业模式场景化价值创造路径设计过程。

由表5-2可知，从福田汽车供应链新零售商业模式的演进出发，从“场景链”视角遵循“价值主张的新颖性→价值创造主体的多样性→价值获取的持续性→价值创造过程的适配性”的逻辑，设计了“用户期望场景化”“价值主张时空化”和“商业情境交互化”三条价值共创路径。

5.3.3 价值创造路径设计与实现

用户对产品功能、服务效用和场景体验需求的细化驱动着供应链各节点价值共创的场景化新零售实践。供应链各节点通过数据挖掘精准识别用户消费期望，采取相应措施提升用户持续使用意愿，进而促进“产品功能价值”“服务效用价值”和“场景体验价值”的链式共创。供应链新零售商业模式价值

表5-2　供应链新零售商业模式场景化价值创造路径设计过程

商业模式价值创造方向	价值主张		价值创造		价值实现		商业模式创新策略
	供应链各节点价值取向	供应链各节点价值关注点	供应链各节点价值创造主体	供应链各节点价值创造过程	供应链各节点价值传递	供应链各节点价值获取	
产品主导型（货）	产品功能（个性化）	产品质量和数量更为个性化	供应链核心制造企业	产品生产	传统分销、多层级单向传递	产品交易	“商业场景—消费期望—商业情境”的三维一景适配
服务主导型（人）	服务效用（人性化）	提供服务的效果和效率更为人性化	供应链各节点企业与消费者	服务环节	企业与消费者的多维交互	服务提供	
场景主导型（场）	场景体验（情感化）	特定时空的体验更为情感化	供应链各节点企业与消费者；消费者	产品售后和回收环节	供应链各节点与消费者线上交互、线下体验	实现时空价值多向传递	
价值创造逻辑和路径	价值主张的新颖性 路径1：用户期望场景化		价值创造主体的多样性 路径2：价值主张时空化		价值获取的持续性 路径3：商业情境交互化		价值创造过程的适配性

主张时空化正由“产品功能价值”向“服务效用价值”再向“场景体验价值”转变。未来，供应链各节点通过细化用户对产品的功能需求，提升服务效用的感知以及强化场景体验的获得，实现供应链新零售商业模式价值共创，进而提升用户持续使用意愿。供应链各节点和各环节三类价值共创的本质，是通过对新零售商业模式要素的场景化解构以及对商业情境场景化配置的重构，实现新零售商业模式价值共创，进而通过强化供应链各节点，由高速度增长向高质量发展协同转变。基于上述的设计依据和设计过程，对于福田汽车供应链价值创造路径进行设计。就福田汽车供应链各节点和各环节而言，福田汽车将客户细分、渠道通路和客户关系归纳为新零售“人”的部分；将价值主张、收入来源和成本结构归纳为新零售“场”的部分；将关键活动、核心资源和重要伙伴归纳为新零售“货”的部分。通过对现有商业模式九要素进行解构，再通过“线上交互”和“线下体验”的无缝连接方式，借助“商业场景—消费期望—商业情境”的三维一景适配，实现“产品功能价值—服务效用价值—场景体验价值”的生态演化，最终实现这三类价值的链式协同创造。对于供应链不同节点，则基于价值链由“供应链—场景链—期望链”的适配实现价值的链式共创。综上所述，设计福田汽车供应链新零售商业模式链式的价值共创路径如图5-2所示。

图5-2表明，在福田汽车供应链各节点产品制造和服务提供过程中，场景链基于消费者消费期望（“消费需求—消费习惯—消费偏好”）的逻辑对供应链新零售商业模式进行了离散化解构。解构后的供应链各个环节将场景要素与商业模式各要素进行了适配性融合，按照“商业场景—消费期望—商业情境”的配置关系进行有效的重构。由此，需要从供应场景、制造场景、销售场景和服务场景出发，对现有供应链进行离散化解构和适配性重构，进而依托供应链不同节点的用户消费期望形成的消费期望链，基于消费期望链的场景化情境适配形成了场景链。“供应链—场景链—期望链”基于价值链形成

"造车—买车—用车—养车—换车"五个场景的链式价值共创实现路径，如表5-3所示。

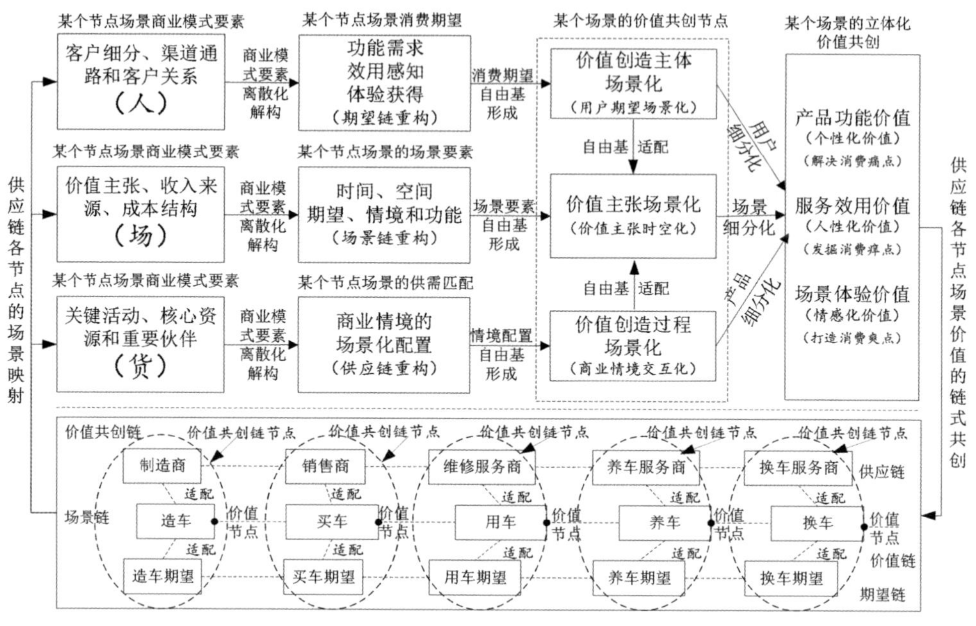

图5-2　福田汽车供应链新零售商业模式链式价值共创路径

如表5-3所示，在这个价值共创链中，每个场景的价值主张分别是"产品功能价值—服务效用价值—场景体验价值"；其价值创造主体主要包含了福田汽车、用户以及福田车e购、365随车行、福田e家、经销商和服务商App中车信融融资租赁和优质经销商、iTink智科和福田会员等；其价值创造过程是在不同场景的情境化适配形成价值共创链的过程中创造的。由此，"造车场景价值共创—买车场景价值共创—用车场景价值共创—养车场景价值共创—换车场景价值共创"形成价值共创链。

表5-3　福田汽车供应链新零售商业模式链式价值共创实现路径

场景链	造车（制造商）	买车（销售商）	用车（服务商）	养车（服务商）	换车（服务商）
供应链	· 可视化智能生产 · 可定制化供应链 · 研发设计	· 购车咨询 · 汽车金融 · 终端体验	· 行车导航、车辆监控 · 车队管理、就近服务 · 车货交易、技术支持 · 车辆诊断	· 汽车改装、汽车美容 · 汽车保养、汽车维修 · 汽车配件	· 专业检测 · 二手车置换 · 汽车金融
期望链（用户）	· 参与研发 · 参与设计 · 个性化定制	· 线上咨询 · 线下购车	· 手机导航、停车住宿 · 社交服务、休闲娱乐 · 汽车加油	· 在线咨询、线上购物 · 线下保养、一键保修 · 快速救援	· 求购信息 · 车源发布 · 线上咨询 · 二手置换
利益相关者	福田车e购、优质经销商、Tink智科、中车信融融资租赁、终端体验、福田e家、365随车行、二手车置换平台、福田会员、智能工厂、高精研发、国际顶级供应商				

注：不同场景均有一个虚线框，这些虚线框代表不同场景的价值共创节点，不同场景的价值共创节点形成了价值共创链。

5.4　价值创造策略构建

场景为供应链新零售商业模式价值共创赋能需要从以下几个方面出发：①价值共创是通过产品和服务对用户场景化消费期望的链式满足实现。供应链各节点应该将其产品和服务与现实消费场景相融合，使供应链各节点产品和服务不再仅满足于用户对其功能的需求，而是逐渐向产品和服务的效用和场景体验期望转变。②供应链新零售商业模式价值共创的驱动来源于场景细分化。供应链新零售商业模式价值共创要突出各节点场景化价值主张、价值创造主体和价值创造过程。随着供应链各节点产品和服务的场景化消费升级，用户更需要的是针对各节点场景的“产品功能价值”“服务效用价值”“场景体验价值”的整体解决方案。③供应链新零售商业模式价值共创是各节点价值链式共创的协同。供应链各节点企业核心资源、关键活动和合作伙伴等的场景化，需要基于供应链各节点价值创造主体对于用户特定场景的消费期望进行。供应链各节点新零售商业模式注重将供应链、期望链和场景链相匹配，充分体现制造业供应链中的“供给链”和“期望链”在“场景链”的适配，从而实现供应链各节点实现新零售商业模式的价值链式协同共创。④基于用户画像并通过供应链解构和重构实现价值共创。供应链各节点利用场景要素之一的大数据对用户消费期望的场景进行分析，特别是针对不同节点产品和服务场景以及用户在场景的停留时长等，可采用向量空间模型等进行场景化用户画像，挖掘用户在不同场景的消费期望。供应链各节点新零售商业模式场景化的实质是基于用户画像利用场景链解构各节点商业模式，在解构后的商业模式要素之中融入场景要素，并通过场景化情境配置实现各节点商业模式重构，进而为供应链各节点新零售商业模式价值共创赋能，促进供应链场景经济由“高速度增长”向“高质量发展”转变。

5.5 本章小结

本章以福田汽车整条供应链新零售为例，借助“供应链—场景链—期望链→价值共创链”三链融合实现价值共创。结果表明整条供应链新零售商业模式是以“产品功能为基—服务效用为先—场景体验为王”主导演变的逻辑赋能价值共创，指出新零售应从“供应链—场景链—期望链”三链融合视角借助价值链为用户期望的不同“场”搭建相应的“景”。同时指出，用户需求端和供给端基于场景链连接和匹配有助于满足用户消费期望的时空细分，嵌入情境要素和适配场景有助于多维价值的立体化共创，进而促进整条供应链场景经济的高质量发展。

第六章 价值主导逻辑和竞争战略交互的新零售商业模式创新

随着场景要素在商业模式中嵌入得渐进渐深，价值主导逻辑演变和竞争战略选择两者之间的交互作用凸显于人、货和场的重构。然而二者交互机理尚不明确，难以指导实践。为此，选取大型连锁餐饮企业西贝莜面为研究对象，对其商业模式创新进行分析，探讨企业如何通过价值主导逻辑演变和竞争战略选择，实现两者间的交互协同演化和商业模式创新，进而归纳商业模式创新的形成机理和提炼商业模式创新的实现路径。

6.1 价值主导逻辑和竞争战略助力商业模式创新

价值主导逻辑演变作为商业逻辑的基本属性特征，是同一场景不同形态价值立体化创造的根本，更是决定企业形成独特竞争优势的关键问题。竞争战略选择是基于不同价值主导逻辑及其演变，利用战略管理理论，经由场景化情境配置动态满足顾客消费期望，实现商业模式创新，以获取持续和独特竞争优势的重要方式。价值主导逻辑演变和竞争战略选择交互作用可以帮助企业更好地适应内外部环境及其变化，通过场景化情境配置提高价值创造能力，从而促进企业绩效提升。“产品功能—服务效用—场景体验”的价值演变导向经由竞争战略选择形成不同类型的商业模式。产品功能主导型商业模式的价值主张是产品功能；其价值创造主体为企业；其价值创造过程为场景化情境的标准化配置。产品功能主导型商业模式的本质是通过“人找货”的“物以类聚”方式，实现交易价值。服务效用主导型商业模式的价值主张是服务效用；其价值创造主体为企业与消费者或单独消费者；其价值创造过程为场景化情境的个性化配置。服务效用主导型商业模式的本质是通过“货找人”的“人以群分”方式，实现使用价值。场景体验型主导商业模式的价值主张是场景体验，其价值创造主体为企业和消费者或单独的消费者，其价值创造过程为场景化情境的双路径（多元化和个性化）配置。场景体验价值主导型商业模式的本质是“场找人”的“场以趣建”方式，实现体验价值。场景自古有之，只不过在企业不同发展阶段，其对商业模式创新所发挥的作用各不相同，且其呈现为越来越重要的态势。

6.2 价值主导逻辑和竞争战略选择交互演化过程

通过对西贝莜面村不同发展阶段案例资料的编码和分析，形成了三点发现：①企业“产品功能”“服务效用”“场景体验”不同阶段商业模式呈现出价值主导逻辑演变与竞争战略选择交互协同演化的结果。②企业通过不同价值主导逻辑演变与竞争战略选择的交互作用形成场景化情境的动态配置能力以应对环境变化，二者的交互作用满足了企业不同发展阶段顾客的不同需求层次，推动了商业模式创新。③价值主导逻辑演变与企业竞争战略选择交互协同演化，借助于场景化情境配置促进了商业模式创新。不同发展阶段商业模式要素的功能和结构动态演化使商业模式经历了由“产品功能型”到“服务效用型”再到“场景体验型”的创新演化。

本研究将场景化情境适配理论纳入研究范围，基于不同形态价值主导逻辑和竞争战略选择的交互，刻画西贝莜面村不同发展阶段商业模式创新的演化过程如表6–1所示。

表6-1　西贝莜面村不同发展阶段商业模式创新演化过程

项目	产品功能主导型商业模式	服务效用主导型商业模式	场景体验主导型商业模式
价值主张	多元化的产品功能价值	个性化的服务效用价值	情感化的场景体验价值
应用场景	以窑洞、土墙、枣树、辣椒和玉米垛等元素为主，以窑洞为包房，每个包房都有前厅后厨，每个厨房配备西北地区的厨娘，穿着特定的服装和拥有一副好嗓子	随着大都市商圈模式的进化，西贝莜面村也与时俱进，开始尝试购物中心开店。西贝莜面村第一购物中心店在上海金桥商业中心开业，标志着西贝的门店模式开始转型	新开的西贝莜面村EXPRESS社区店紧邻大型小区，旁边只有一家超市和一家必胜客，它是唯一提供一人食的快餐店。店内只有吧台和高脚椅，没有菜单
各类消费情境（核心资源）	产品情境	产品情境和服务情境	产品情境、技术情境、服务情境
各类场景要素	—	社交媒体、移动设备	大数据、移动设备、社交媒体
场景化情境配置	产品功能场景—功能性期望—各类情境	服务效用场景—效用性期望—各类情境	情感体验场景—体验性期望—各类情境
场景实例	传统餐厅+西北风情	西北风情+精致店面+明档厨房	精致店面+明档厨房
选址	城郊+街边	城郊+街边+购物中心	购物中心+社区店
门店模式	包间+散台	包间+散台	小店模式
战略选择导向	解决痛点（产品功能满足）	发掘痒点（服务效用提供）	打造爽点（情感体验获取）
竞争战略选择	成本领先战略	差异化战略	集中化战略
商业模式创新的动态能力	感知市场能力	学习吸收能力	革新重构能力

6.3 价值主导逻辑和竞争战略交互商业模式创新机理

6.3.1 “产品功能价值主导+成本领先战略”创新机理

美国罗伯特·斯考伯和谢尔·伊斯雷尔在其所著的《即将到来的场景时代》一书中，将场景要素归结为大数据、移动设备、社交媒体和定位系统等，指出场景要素的内涵和外延是在动态演化的，未来随着各类技术的不断发展，5G、物联网、区块链、人工智能、VR、AR和MR等都将成为新的场景要素。所谓情境是指人们在行动前对所处的既定环境或在交往前对将要面对的形势所作的主观解释，具体包括产品情境、技术情境、服务情境、移动情境、社交情境和终端情境。近年来，随着信息技术、通信技术和智能技术的不断发展，技术情境越来越细化，技术情境的功能也越来越强大，能越来越满足顾客的场景化动态消费期望。这使得基于顾客在特定时空消费期望的不同配置方式，各种情境对不同价值主导逻辑的商业模式具有支撑作用。西贝莜面村菜品基于顾客场景化消费期望演化，并经由竞争战略调整形成核心竞争优势。西贝莜面村的产品演化表现为以下两个方面：①产品功能价值主导逻辑形成。西贝莜面村创立之初主要体现产品功能，经过认真研发和反复内试形成120多道菜品。西贝莜面村通过市场分析对产品不断迭代，逐渐找到了自身的核心优势，实现着产品交换价值。②成本领先战略形成。西贝莜面村注重菜品功能，在保证满足菜品对顾客消费期望的基础上尽可能降低成本而提升市场份额。产品功能价值主导逻辑和成本领先战略之间的交互作用使西贝莜面村菜品在满足顾客多元化消费期望的基础上形成产品食用价值。这一阶段的商业模式是“货—人—场”商业模式，通过“人找货”的方式，借助“物以类聚”的方式以成本领先战略实现产品交换价值。基于此，形成“产品功能价值主导+成本领先战略”交互的商业模式创新机理，如图6-1所示。

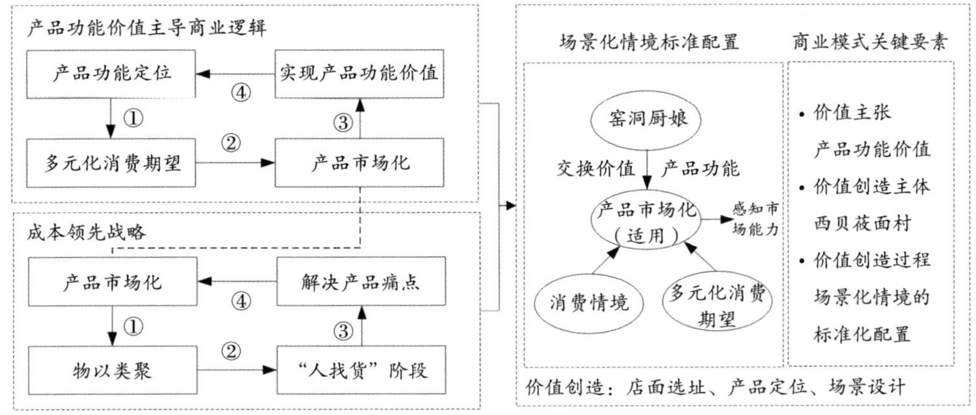

图6-1　“产品功能价值主导+成本领先战略”的创新机理

如图6-1所示，产品功能价值与成本领先战略交互，并经由场景化情境标准化配置创新商业模式。具体来说，这个过程是由以下三个方面实现的：①产品功能价值形成。以产品功能价值为主导逻辑的西贝莜面村门店一般位于城市边缘，单店面积均超过1000平方米。西贝莜面村产品功能价值正是借助于聚焦产品创新、形成产品功能、实现交换价值，通过产品功能迭代实现商业模式创新，这些优势推动了西贝莜面村的扩张，促进其高速度发展。②成本领先战略实施。将场景要素纳入西贝莜面村商业模式之中，借助于场景化情境的标准化配置，希望通过120多道菜品满足所有顾客对西贝莜面村的多元化饮食期望，这是西贝莜面村发展的第一阶段，该阶段的产品为“我能生产的产品”，其所采用的营销策略为4Ps[1]组合营销策略。③实现商业模式创新。基于顾客多元化消费期望，通过产品功能价值和成本领先战略交互作用，借助于场景化情境配置实现商业模式创新。该阶段商业模式创新以产品功能为价值主张，以西贝莜面村为价值创造主体，借助于场景化情境标准化配置实现。

[1] 即产品（Product）、价格（Price）、促销（Promotion）和渠道（Place）。

6.3.2 “服务效用价值主导+差异化战略”创新机理

西贝莜面村的服务效用型商业模式表现为以下两个方面：①服务价值主导逻辑形成。2017年，西贝莜面村重点打造自身服务范式，优化门店的外卖服务，探索精品化外卖模式，与美团点评和饿了么等多家外卖平台联合推出“食堂+外卖”的区域自配送模式。②差异化战略形成。西贝莜面村注重服务效用，针对顾客日益变化的消费习惯采取个性化服务战略，以提升服务品质。在这一阶段，服务效用价值主导逻辑和差异化战略之间的交互作用使西贝莜面村在满足顾客消费习惯的基础上形成“人—货—场”的商业模式，通过“货找人”的方式，借助“人以群分”的方式以差异化战略实现服务使用价值。基于此，形成“服务效用价值主导+差异化战略”交互的商业模式创新机理，如图6–2所示。

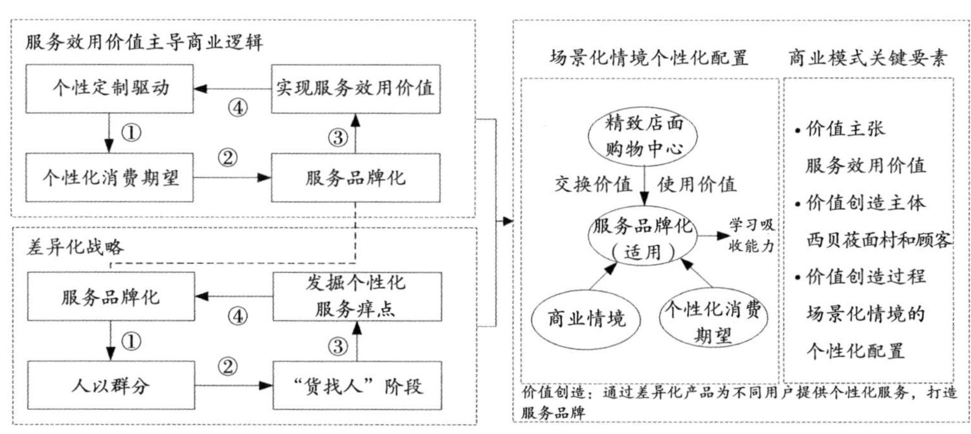

图6–2 “服务效用价值主导+差异化战略”交互的创新机理

如图6–2所示，服务效用价值与差异化战略交互作用下的场景化情境个性化配置的商业模式是通过以下三个方面实现的：①服务效用价值形成。这一阶段，西贝莜面村以购物中心“店中店”作为其主要门店，通过服务效用迭代实现商业模式创新，这些优势推动了西贝莜面村服务品牌化的形成。②差异化战略实施。将场景要素纳入西贝莜面村商业模式之中，借助于场景化情境的个性化配置，以现有服务尽可能满足顾客的个性化消费期望，该阶段的服务为“我能提供的服务”，其所采用的营销策略为4Cs[1]组合营销策略。③实现商业模式创新。基于顾客场景化消费习惯，将服务效用价值与差异化战略交互，通过场景化情境的个性化配置实现商业模式创新。该类型商业模式是以服务效用为价值主张，以西贝莜面村和顾客为价值创造主体，借助于场景化情境的个性化配置实现商业模式创新。

6.3.3　“场景体验价值主导+集中化战略”创新机理

在场景驱动和全民渴望创新的全球背景下，基于价值主导逻辑演变而选择匹配的竞争战略，并基于竞争战略选择激发和刺激价值主导逻辑演变，在两者交互作用下最大限度地激发企业共生与集体智慧，实现商业模式的“适时—适地—适人—适品—适感”创新目标。西贝莜面村的场景体验演化来源于以下两个方面。①体验价值主导逻辑形成。西贝莜面村以3公里之内的生活圈为目标顾客来源，通过分析目标顾客的消费需求、消费习惯和消费偏好，为其提供单店面积小于500平方米的休闲化场景，通过二维码点餐和开放式厨房等一系列措施为顾客提供情感体验价值。②集中化战略形成。西贝莜面村注重场景体验，针对顾客日益变化的消费偏好采取立体化的服务战略以提升情感体验，这是西贝莜面村发展的第三阶段。场景体验价值主导逻辑和集中化战略之间的交互作用使西贝莜面村在满足顾客立体化消费期望的基础上形成场景体验价值，这一阶段的商业模式是“场—人—货”商业模式，通过“场找人”的方式，借助“场以趣建”的方式，以集中化战略实现场景体验价值。基于此，形成“场景体验价值主导+集中化战略”交互的商业模式创新机理，如图6–3所示。

---

[1] 即消费者（Consumer）、成本（Cost）、便利（Convenience）和沟通（Communication）。

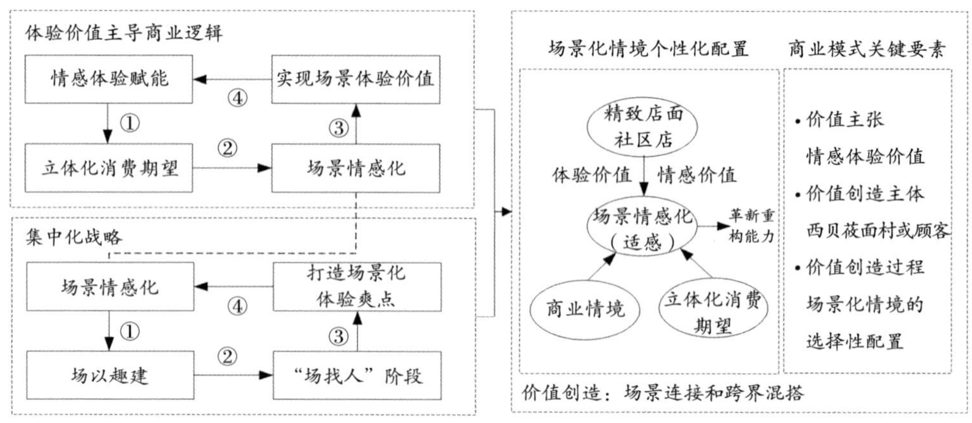

图6-3　“场景体验价值主导+集中化战略”交互的创新机理

如图6-3所示，场景体验价值与集中化战略交互作用下的场景化情境双路径配置的商业模式是通过以下三个方面实现的：①场景体验价值形成。在2014年，西贝莜面村推出明档厨房和体验式消费，实现顾客与厨师的近距离接触，增强了顾客的消费体验。西贝莜面村通过优化供应链和加强员工培训，采用沙漏计时的方法向顾客承诺，如果在特定时间内上不齐菜则赠送顾客两杯酸奶。这一阶段，西贝莜面村通过扫码方式为顾客提供排队等位、餐位预定、网络支付、会员优惠等服务。西贝莜面村在场景体验价值主导逻辑阶段正是借助于聚焦场景创新、发掘场景体验、实现体验价值，通过场景体验迭代实现商业模式创新，这些优势推动了西贝莜面村的扩张。②集中化战略选择。将场景要素纳入西贝莜面村商业模式之中，借助于场景化情境的双路径配置，以现有服务尽可能满足顾客的情感化的消费偏好，希望通过45道菜品满足顾客对西贝莜面村的立体化消费需求，这是西贝莜面村发展的第三阶段，该阶段的体验为“我能提供的体验”，其所采用的营销策略为场景化营销策略。③实现商业模式创新。基于顾客场景化消费偏好，将场景体验价值与集中化战略交互，定位于情感体验价值，通过场景化情境的双路径配置，实现商业模式创新。该类商业模式以场景体验为价值主张，以西贝莜面村和顾客或者单独的顾客作为价值创造主体，借助于场景化情境的双路径配置实现商业模式创新。

6.3.4 价值主导逻辑和竞争战略交互的创新机理

近年来，新国潮汹涌澎湃，科技进步叠加需求变迁，共同驱动消费行业变革。从供给端来看，场景要素的不断丰富和其功能的不断强大重塑整个消费品产业链，新场景、新模式、新应用的不断涌现正在对传统消费行业产生颠覆性影响。从需求端来看，以千禧一代及Z世代为代表的年轻消费群体已成为中国消费市场主力军，他们成长于经济高速增长的年代，拥有更强的消费能力和更高的边际消费倾向，人们越来越追求更加便捷的生活方式，从而衍生出买、吃、住等多元懒人经济。西贝莜面村通过价值主导逻辑和竞争战略交互协同演化的场景化情境适配实现着商业模式创新，其演化过程表现为以下几个方面。①价值主导逻辑演变。西贝莜面村价值主张由最初的产品功能价值向服务效用价值再向场景体验转变，具体体现为由“西贝风味”转为“世界十大健康产品”，突出时尚和健康经营理念，直至转为“草原牛羊肉，高原旱地五谷杂粮”和“为健康加莜！”的卖点。西贝莜面村价值创造主体由“西贝莜面村”向“西贝莜面村和顾客”再向“西贝莜面村和顾客以及顾客单独”转变。西贝莜面村价值创造过程经由场景化情境的标准化配置向场景化情境的个性化配置再向场景化情境的双路径配置转变。②竞争战略选择。西贝莜面村针对不同顾客需求，通过职业化厨师和精致的菜品为顾客提供“闭着眼睛点，道道都好吃”的快速化、标准化和时尚化的立体化服务理念。在场景打造过程中，通过小而美的店面、开放式厨房、红格子桌布、服务工装和沙棘餐盘等场景元素的融入，颠覆了顾客对西北菜的认知，塑造“西贝场景”和打造“西贝服务”。西贝莜面村通过为顾客打造不同场景的极致单品，动态化地满足顾客在特定时空的消费需求、消费习惯和消费偏好。用户获得的不只是产品和服务，更是一个量身定制的“个性化”和“场景化”解决方案。③商业模式创新动态能力。商业模式创新动态能力是帮助企业适应外部环境的能力，由感知市场能力、学习吸收能力和革新重构能力构成。市场感知能力有助于价值主导逻辑的演变，学习吸收能力有助于竞争战略选择，而革新重构能力有助于价值主导逻辑演变和竞争战略选择交互的协同演化。由此，从产品场景化、用户场景化和体验场景化3个层次出发，形成了表6–2所示的价值主导逻辑和竞争战略选择交互协同演化的商业模式创新机理。

表6–2 价值主导逻辑和竞争战略选择交互的创新机理

主导逻辑演化	场景化赋能要素	场景化赋能过程	商业模式标签云图
产品功能价值及成本领先战略（价值主张、收入来源、成本结构）	·因货+窑洞+厨娘 ·货—人—场（产市场化） ·产品功能价值+多元化需求 ·人找货 ·连接产品/千人一景 ·产品功能价值+成本领先战略 ·感知市场能力 ·4Ps营销组合策略	①以产品功能价值为主，借助“产品+功能+修复生态”的“因货”价值创造动因；②充分体现“人找货”的“千人一景”的情境标准化配置形式，赋能价值创造。③通过产品功能实现对生态修复场景的连接，解决消费者的消费痛点；④通过产品功能连接顾客多元化需求，赋能价值创造。（成本领先战略）	
服务效用价值及差异化战略（客户细分、重要伙伴、客户关系）	·因人+精致店面+购物中心 ·人—货—场（服务品牌化） ·服务效用价值+个性化需求 ·货找人 ·连接人/一人千景 ·服务效用价值+差异化战略	①以个性化服务价值为主，借助“服务+效用+个性化定制”的“因人”价值创造动因。②充分体现“货找人”的“一人千景”的情境个性化配置形式，赋能价值创造。③通过服务效用实现对服务的连接，发掘消费者的消费痒点；	

续表

主导逻辑演化	场景化赋能要素	场景化赋能过程	商业模式标签云图
服务效用价值及差异化战略（客户细分、重要伙伴、客户关系）	·学习吸收能力 ·4Cs营销组合策略	④通过服务效用连接人，赋能价值创造。（差异化战略）	
场景体验价值及集中化战略（核心资源、关键活动、渠道通路）	·因场+精致店面+社区店 ·场—人—货（场景情感化） ·场景体验价值+情感体验 ·场找人 ·连接场景/千人千景 ·场景体验价值+集中化战略 ·革新重构能力 ·场景营销策略	①以场景体验价值为主，借助“场景+体验+情感交互”的“因场”价值创造动因。②充分体现“场找人”的“千人千景”的场景解构商业模式，并借助情境的双路径配置，赋能价值创造。③通过情感体验实现对场景的连接，打造消费爽点；④通过情感体验连接场景，赋能价值创造。（集中化战略）	

6.4　价值主导逻辑和竞争战略交互商业模式创新路径

按照消费主义逻辑，人们逐渐从追求买得起的商品（量的消费），到追求质量好的品牌商品（质的消费），再到注重情感体验、对商品情绪价值的追求胜过功能价值（情感消费）。价值主导逻辑与竞争战略交互协同演化的商业模式创新具体表现为：企业在不同发展阶段通过场景化情境的标准化配置、个性化配置和两类方式双路径配置的“商业场景—消费期望—商业情境”的三维一景演化适配实现商业模式创新，其中感知市场能力有助于价值主导逻辑的演变，学习吸收能力有助于竞争战略选择，而革新重构能力有助于价值主导逻辑演变和竞争战略选择交互的协同演化。对于产品功能价值主导逻辑和成本领先竞争战略交互，西贝莜面村聚焦产品创新，形成产品功能和实现交换价值。对于服务效用价值主导逻辑和差异化竞争战略，西贝莜面村聚焦服务创新，体现服务效用和实现使用价值。对于场景体验价值主导逻辑和集中化竞争战略，西贝莜面村聚焦场景创新，发掘场景体验和实现体验价值。价值主导逻辑演变和竞争战略选择交互协同演化，清晰地阐释了企业商业模式创新中如何基于顾客在特定时空的消费需求、消费习惯和消费偏好，通过场景化情境的标准化配置、场景化情境的个性化配置以及场景化情境的双路径配置，寻找商业模式创新的最优路径。通过上述论述，结合本研究案例可以发现商业模式创新的驱动力是顾客的场景化消费期望及其变化，其创新依据是内外部环境的变化，其创新效果取决于企业所具有的情境以及场景化情境配置的能力。企业就是要能够感知顾客在不同时空的消费需求、消费习惯和消费偏好，通过价值主导逻辑演变和竞争战略选择两者间交互的协同演化，不断丰富自身情境和强化其功能，打造和形成场景化情境配置所形成的“感知市场能力、学习吸收能力和革新重构能力”的商业模式创新动态能力，进而实现商业模式创新。鉴于此，本研究借助“价值主张→价值创造主体→价值创造过程”设计价值主导逻辑和竞争战略选择交互协同演化的商业模式创新路径，如图6–4所示。

如图6–4所示，商业模式的创新路径整体上体现了商业模式创新动态能力的形成过程，体现为商业模式的“适时—适地—适人—适品—适感”的创新目标。企业通过场景要素感知和捕捉市场机遇，把握行业趋势，企业拓展学习领域、提升资源整合效能、提升商业模式创新能力等，通过价值主导逻辑与竞争战略交互作用不断创新和保持其竞争优势。价值主导逻辑由顾客场景化消费期望驱动形成，企业通过场景化情境的标准化配置、场景化情境的个性化配置以及两类方式的双路径配置三种方式实现着产品功能价值、服务效用价值和场景

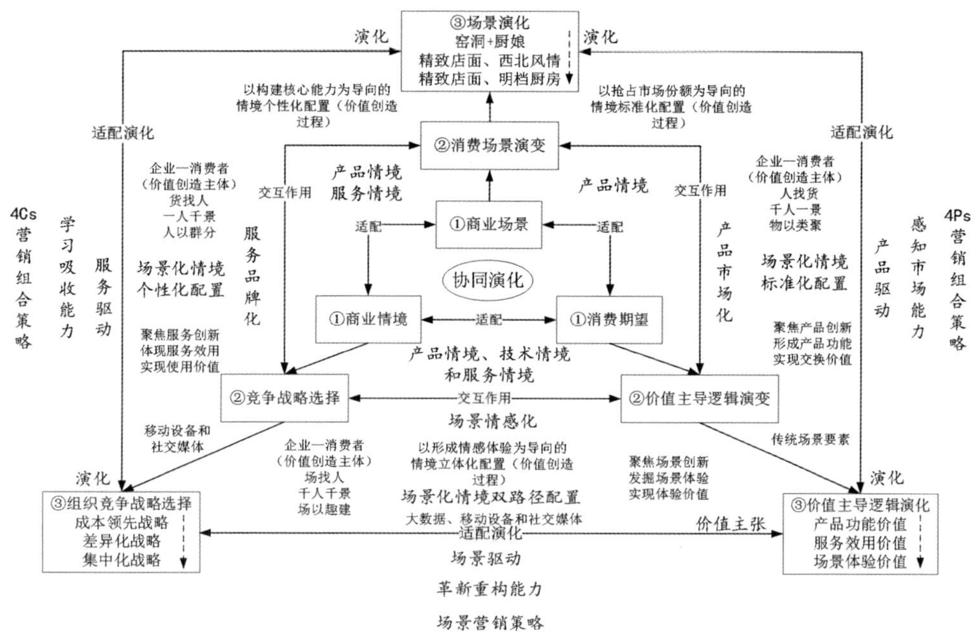

图6–4　价值主导逻辑和竞争战略交互的创新路径

体验价值的立体化创造。竞争战略选择主要是从成本领先战略、差异化战略和集中化战略中选择合适的战略。成本领先战略主要是企业通过一系列降低成本的努力，使成本低于竞争对手，在产业中赢得总成本领先。具体而言，成本领先战略基于产品市场化，通过资源情境、技术情境和服务情境的粗放性配置，即场景化情境的标准化配置，以一定数量的产品尽可能满足顾客多元化的消费需求。值得注意的是，低成本并不意味着低质量，低成本也不意味着较少的功能，只有质量相同、功能相当的商品才能比较成本。差异化战略基于服务品牌化，通过挖掘顾客在不同场景的个性化消费期望，借助资源情境、技术情境和服务情境的集约性配置，即场景化情境的个性化配置，为不同场景的用户提供不同的服务，满足顾客个性化的消费习惯。努力形成一些在全行业范围内都具有特色的东西，使用户建立起品牌偏好与忠诚，使顾客具有专属的VIP服务体验。集中化战略基于场景体验化，针对不同顾客在不同场景的消费偏好，通过资源情境、技术情境和服务情境的精细化配置，即场景化情境的双路径配置，为不同场景的不同顾客提供独特的场景体验。集中化是指基于顾客场景化立体消费偏好，以最小成本实现情境的关联和聚合。但是这种集中追求情境关联和聚合的适度性出发，追求将有限的情境集中配置以满足顾客的场景化消费偏好，使顾客形成愉悦的消费体验。

6.5 价值主导逻辑和竞争战略交互商业模式创新方法

从价值主导逻辑演变和竞争战略选择交互协同演化的视角探讨了场景化情境配置的商业模式创新机理和路径，得出以下启示：①将场景要素嵌入商业模式，激发顾客消费期望的迭代。企业应主动将场景要素嵌入其商业模式，将大数据、移动设备、社交媒体、传感器和定位系统等场景要素嵌入其中，实现商业模式创新。例如，西贝莜面村可以借助新零售这一场景要素形成新零售虚拟社区，激发吃播网红制作短视频和直播售卖，还可以借助超级IP讲授莜面的相关知识，利用虚拟社区基于“感官营销+场景营销”的模式实现商业模式创新。②商业模式创新离不开顾客消费期望的迭代演进。企业商业模式创新是一个价值主导逻辑和竞争战略选择交互作用的过程，这一过程体现了交互双方的协同演进，而交互的着力点就是顾客的场景化消费期望及其变化。价值主导逻辑演变包括了“产品功能价值”“服务效用价值”和“场景体验价值”的迭代，竞争战略则分别选择了“成本领先战略”“差异化战略”和“集中化战略”。价值主导逻辑和竞争战略交互都是基于顾客对于西贝莜面村在特定场景的消费需求、消费习惯和消费偏好的迭代所产生的。③价值主导逻辑和竞争战略选择交互，基于场景化情境配置实现商业模式创新。价值主导逻辑和竞争战略选择交互作用的本质是进行产品迭代、业务迭代、组织迭代、服务迭代、品牌迭代、情境迭代和场景迭代，这些不同要素的迭代借助“价值主张—价值创造主体—价值创造过程”的商业逻辑，基于场景化情境配置实现商业模式创新。一方面，价值主导逻辑决定了竞争战略的选择。另一方面，竞争战略又进一步刺激和激发价值主导逻辑的演变。在二者交互作用下，实现双方协同演化的商业模式创新。④商业模式创新的动态能力来源于场景化情境配置的实践。商业模式创新动态能力的形成来源于场景化情境配置的实践，体现为基于顾客的产品功能消费期望可以采用场景化情境的标准化配置方式实现，基于顾客的服务效用消费期望可以采用场景化情境的个性化配置方式实现，基于顾客的场景立体化消费期望可以采用场景化情境的双路径配置方式实现。未来随着价值形态的进一步演变，价值形态也将更为细化，场景化情境配置的方式将更为细化，这是由于未来场景化要素越来越丰富，其功能越来越强大所致，场景化要素对于顾客消费期望的感知能力将会进一步细腻化、人性化和个性化。

6.6　本章小结

价值主导逻辑演变和竞争战略选择的交互作用驱动着价值形态由“产品功能价值”向“服务效用价值”再向“场景体验价值”演变，其竞争战略实现了从“成本领先战略”向“差异化战略”再向“集中化战略”的选择转变。企业借助“场景化情境的标准化配置”向“场景化情境的个性化配置”再向“场景化情境的双路径配置”转变的过程中形成商业模式创新的动态能力，并体现为感知市场能力、学习吸收能力和革新重构能力。价值主导逻辑演变决定竞争战略选择，而竞争战略选择刺激和激发价值主导逻辑演变，二者交互协同演化形成的商业模式创新动态能力可以通过场景化情境配置予以解释。

第七章
新零售商业模式的场景化情境适配创新

第四章至第六章分别从供应链、场景链和价值链的视角出发探讨了新零售商业模式的场景化创新。然而，这三类新零售商业模式场景化创新并不是孤立的存在，之间还具有千丝万缕的关系。为此，本章基于场景化情境适配理论，依据商业模式画布对新零售的人（价值链）、货（供应链）和场（场景链）进行适配性重构，并通过内蒙古伊利实业集团股份有限公司（简称伊利集团）案例研究，归纳新零售商业模式场景化重构机理，希望从“消费场景（场）—消费期望（人）—消费情境（货）”适配的视角打开了新零售商业模式重构的黑箱，为场景重构新零售商业模式的适配性提供理论基础和实践指导。

7.1 场景对人货场的重构

7.1.1 场景对人的重构

场景对人的重构体现为人们从同质化消费向差异化、个性化消费的转变。计划经济时期，国民欲望受限，消费无差别。国民经济发展初期，人均可支配收入较低，人口规模不断扩张，且绝大部分为农村人口，在物资匮乏的背景之下，居民形成勤俭节约的消费意识，整体消费意愿和水平维持低位，以满足基本温饱为主。居民的消费需求被抑制，对商品数量的要求大于对产品品质的要求，消费无差别。改革开放后，经济迎来高速增长期，人均可支配收入增加，居民消费倾向增强。计划生育后，人口规模得到控制，劳动年龄人口占比显著提升，同时家庭规模逐渐减小，中国进入高速城镇化阶段，人口持续向城市迁移。在消费支出增加、家庭规模得到控制、人口迁移的趋势下，居民的消费意识以及欲望不断增强，由必要消费转向非必要消费，居民消费数量实现空前的提升。

进入新世纪后，消费结构与消费理念升级。中国经济持续高速增长，对外开放趋势下大批外国消费品牌进入中国，消费者的品牌意识开始觉醒。随着社保体系以及医疗服务水平提升，65岁以上年龄的人口占比提高，文化娱乐以及医疗支出占比不断提高，人们的需求层次呈现从“吃饱穿暖”等传统消费向“医教文娱”等新兴消费转变的趋势。城镇化进一步推进，大批农民工进城务工，越来越多年轻人选择在大城市结婚生子，接受大城市的品质消费与高级消费观念，消费升级趋势明显。

金融危机后，全球经济增速放缓，个性化、理性化消费趋势明显。此外，随着妇女收入增加与地位提升，年轻人的结婚与生育意愿逐渐减弱，老龄化趋势逐渐加重，单身群体逐渐壮大。单身趋势下人们的孤独感增强，因为纯粹的物质消费带来的满足感在购买瞬间实现最大化后会渐渐削弱，而分享带来的内在快乐可以在交换中不断增加并延续，所以以Z世代为代表的年轻群体更重视通过消费的产品展现独特的自我，通过线上线下融合的消费场景满足其社交的需要，精神消费的偏好渐显。同时，经济的持续波动、物价上涨导致生活成本的提高使得人们对未来前途的心理预期更加谨慎，这也进一步固化了更为保守的投资和消费方式，消费者转向注重性价比的理性消费。

在当下，“人货场”三因素均展现新特性，Z 世代成为消费主力军，悦己和社交成为核心消费诉求；技术引领商品创新，产品更重性价比与设计体验感；线上线下消费场景融合趋势加强，海外市场为新增长力。在此背景下，新零售成为大势所趋。人既是用户又是消费者，还是顾客以及买家。场景对人的重构是通过数据挖掘获得消费者的消费需求、消费习惯和消费偏好，并将其与消费者所处时空的消费情境相适配。本研究通过对伊利集团新零售案例资料编码及归纳研究，发现场景使用户表现为“中心化”“交互化”和“体验化”，下面结合案例材料，从三方面予以阐述。

（1）用户中心化。

新一代消费主体崛起下，新兴消费模式兴起潮流零售：在个性化购物体验需求下，市场规模快速发展，新兴竞争者涌现带来新生机，“快”和“准”成为竞争关键。场景主导逻辑所倡导的用户中心化对于伊利集团新零售满足消费者的消费需求、消费习惯和消费偏好来说意义重大。伊利集团借助大数据深度洞察消费者特定时空的消费期望，如对新零售渠道的数据整合与分析，精准洞察消费者对高品质常温酸奶的诉求，针对现有常温酸奶易腐和易坏的消费痛点，成功地研发出安慕希常温酸奶。面对新冠肺炎疫情，大众迫切需要直面自己的畏惧，然后有勇气去行动、去改变，活出自己的态度，追逐健康生活，这才是打破畏惧的最好方式。伊利脱脂纯牛奶针对此情形，以“无脂者无畏”为主题与线下场景强连接，让产品真正地融入消费者的现实生活，鼓励消费者形成有准备的无畏能力。伊利集团新零售致力于为消费者创造体验价值，在一家专业做消费者脑神经研究的实验室里，专业人员为几名邀约而来的消费者佩戴相关测试设备，被测者各自拿起一瓶安慕希，像平时喝酸奶一样，细细品味，这是伊利集团利用脑神经测试消费体验。脑神经设备敏锐地捕捉整个过程中受测者的情绪变化，就连因为拧不开瓶盖所表现出的微弱情绪波动都会通过脑电波数据予以反映。而后，科学家通过对脑电神经数据的分析，解读消费者在产品体验过程中的真实感受与情绪反应，由此帮助伊利集团改善产品，提升消费者的满意度和忠诚度。伊利集团试图通过对新零售商业模式的场景化重构了解每位消费者背后的故事，以便为其提供有温度的产品或服务，形成用户价值。

（2）用户交互化。

场景主导逻辑主张消费者是价值共创者，强调企业与消费者、消费者与消费者之间的交互。企业要想在激烈的市场竞争中抢占场景，就必须让消费者参与到创新之中，打造真正符合消费者期望的新产品。伊利的明星产品金典和安慕希，就是用户交互化的典范。乳制品的主要消费场景集中在营养早餐、户外社交和自我享乐三大类型。无论是哪一种场景，只要让消费者产生超出预期的体验，消费者就愿意自发地帮助企业进行口碑传播，这也就意味着伊利集团的产品具有了社交属性。如果伊利集团在产品开发中伴随着消费者参与，注重增强体验的场景搭建，那么毫无疑问，这样的产品创新就是交互导向的，消费者自然就会成为粉丝并乐于传播。乐纯酸奶的成功，借助于用户参与产品定价与改良，配方制作全透明公开，以及互动故事营销系列“组合拳”所形成的粉丝口碑。“认养一头牛”通过“吴晓波频道”“老爸评测”和“中粮健康生活”等数百个自媒体平台，以内容输出的方式进行广泛传播，使消费者参与其中。互联网时代，乳品包装的媒体化属性更加明显，如消费者扫描包装上的二维码即可观看伊利集团的营销视频，也可以与伊利集团进行交互，产生良好的体验。同时产品也成为消费者价值观、身份标签等的直接体现，这就促使伊利集团新零售借助包装与消费者建立多维度和立体化的情感连接，让产品本身激发消费者的口碑传播，并形成交互价值。

（3）用户体验化。

伊利集团鼓励创客、年轻消费者共同参与到产品创新和制造环节，激发他们共同探索未来乳业新零售的发展方向，主张用想象力改变生活、改变世界，享受更加便捷便利、绿色健康、有趣个性和智能化的产品和用户体验。对于乳品而言，消费者需要的不仅是一个产品，而是从感官、认知到感情的完整体验。伊利集团从参与前、参与中和参与后三个维度解构消费者的消费认知和消费行为，再从消费行为、消费感受和消费思考等方面解构消费体验，随后从消费者与产品在“场”的触点设计体验和重构体验。伊利集团一直坚持通过充分展示形成消费体验，让消费者深刻地感知产品的质量保证，从而形成责任力量品牌，提炼思想政治教育和爱国情怀的精神元素。伊利集团紧跟时代发展，通过与百度合作，借助线上VR技术，让消费者可以见证每一杯牛奶从牧场到工厂再到实验室的诞生全过程。伊利集团通过新技术智能升级参观工厂活动，利用全景技术，对液态奶、奶粉等代表性的全球产业链，进行全景取景，并利用无人机等技术，将伊利品牌的开放态度通过技术最大化地进行传播，为消费者呈现出一个“全面透明”“智能交互”“智慧乳业”的线上全景伊利全球产业链。伊利集团利用AR作为通用功能进一步提升用户体验，更深入地融入“智能眼镜”和“空气盒子”等百度智能硬件，用科技帮助消费者深度参观伊利的绿色产业链。

综上所述，场景通过大数据挖掘消费者在不同时空的消费期望，借助于场景化情境适配理论，通过场景主导逻辑下的用户参与实现用户中心化、通过用户参与产业链的不同环节实现用户与产品的交互化、利用用户数据全面刻画用户场景，实现用户对产品的体验化。由此，伊利集团新零售场景对人的重构内容体现在表7–1。

表7–1　伊利集团新零售场景对人的重构内容

场景对人的重构	重构方向	重构方法	重构结果
用户中心化	不同场景的特定诉求	通过线上和线下场景的融合实现强连接	提供有温度的产品
用户交互化	场景要素强化消费交互	借助社交媒体和包装新技术与消费者建立连接	消费者参与价值创造
用户体验化	场景触点感知愉悦消费体验	借助虚拟现实技术增强消费者体验	打造智慧乳业产业链

如表7–1所示，只有实现用户中心化，用户交互化才具有受众基础，乳企也才能全方位把握消费者期望，进而促进用户体验。只有实现用户愉悦体验，用户中心化地位才能进一步巩固和增强，进而形成场景对人重构的良性循环，

从而不断提升用户场景化消费期望的清晰度。综上，场景通过用户中心化、交互化和体验化，重构新零售中的“人”，用户中心化是用户交互化的基础，用户交互化是用户体验化的支撑，用户体验化又进一步强化了用户中心化，用户中心化、用户交互化和用户体验化形成了特定场景的用户消费期望。

7.1.2 场景对货的重构

场景对货的重构体现为从简单的商品概念向品牌价值、全方位体验转变。新中国成立后我国物资供应匮乏，优先发展重工业。农业和轻工业发展缓慢，难以满足人们的基础物质需求。国家对粮食等生活必需品实行统购统销政策，运用自上而下的计划， 统一生产分配，基础衣食住行的消费实现从无到有的突破，居民消费的产品以基础的生活百货为主。改革开放后，我国商品供应的种类与数量迎来大爆发，实现大规模生产。我国城镇化率持续提升，人口不断向城市涌入，家庭结构小型化使得以家庭为单元的物质消费需求激增。20世纪80年代起，洗衣机、彩电、电冰箱陆续走入城镇家庭，90年代后，空调、家用汽车等逐渐融入居民生活，耐用消费品的消费开始增长；市场化机制下，商品供应能力增长，流通速度加快，同时，有能力的厂家通过大规模生产技术降低生产成本，实行差异化的产品战略。

进入21世纪后，品牌优势溢价明显，消费的享乐之风盛行。国际品牌加速涌入中国市场，掀起一股崇尚欧美大牌的风尚，同时由于生产技术普及使得消费者难以察觉产品间的差异，品牌口碑成为商品级别的主要标识。享乐之风盛行，人们愿意为品牌价值支付更高的溢价，高端奢侈品消费逐渐增长。同时，产品质量取代价格成为消费者决策的主要参考因素，在高价耐用品的消费上表现出较低的价格弹性。此外，市场需求主要由生产供应主导，通常是新品推出后引发新一波的消费热潮。

经济增速放缓后，产品性价比、个性标签以及实际体验的重要性渐显。

随着人们的消费行为逐渐回归理性，商品的价格逐渐回归正常价值，高端消费品的价格降低，受众更加广泛。相较于以往的高价外国品牌，人们开始更偏好贴合本国人民消费需求和心理，并且具有性价比的本土品牌，本土文化自信增强，以拼多多为平台承载的大量小众品牌开始崛起，主打国潮文化的产品大受欢迎。消费者不仅消费产品本身，更加注重其附带的品牌价值、个性标签、情感呼应以及购物流程、环境与服务等实际购物体验。与传统零售不同，新零售注重用户需求与服务体验，通过洞察消费者数据分析偏好，从而指导产品研发以及创新。

由传统商品诉求向多元消费需求的持续演进，承载了Z世代对“性价比”和“悦己”消费诉求的兼容，新零售正经历黄金发展期。货既是产品也是商品，是物品和货物。场景对货的重构旨在丰富产品的时空属性，通过对伊利乳品价值形态的把握，形成其价值演变形态，即从“产品+功能”向“产品+体验”再向“产品+情感”的演变逻辑，使场景价值形态演变为上述三类，这三类价值可以同时存在，但是不同时期的价值形态的重要程度不同。现阶段，伊利集团新零售处于商业模式场景化创新时期，其价值形态以情感价值为主，因为其他两类价值形态在这个阶段已经得到有效的保障。由此，通过对伊利集团新零售案例的编码分析以及归纳研究，发现产品场景化使产品功能性、产品体验性和产品情感性的属性特点更为凸显。下面结合案例材料从三方面阐述。

（1）产品功能性。

伊利集团产品不同时期有不同的功能。早期，由于生产力水平较低，产品形式单一，其功能主要是作为一种营养品，仅供一些特殊人群使用，如婴儿、病人和体弱者，消费者注重的是产品质量。随着生产力水平的提高，产品种类逐渐丰富，乳品成为人们日常消费的普通食品，消费者对其能否满足个性化和多元化的需求较为重视。现阶段，乳品更多的是作为一种休闲食品而存在，消费者注重的是产品能为其在特定时空带来愉悦体验的程度。伊利集团目前有五大事业部，分别是液态奶、酸奶、奶粉、冷饮和奶酪。本研究以典型的几个产品为例介绍其功能。①伊利金典牛奶。提供自然健康、安全可靠、高品质的营养乳品，并倡导关爱、崇尚自然的生活方式。②伊利纯牛奶。源自优质奶源带，严格的质量管理体系、全产业链管控，确保牛奶的天然纯正。③伊利舒化奶。采用创新LHT乳糖水解技术，将牛奶中的乳糖营养细化分解，有效减少饮奶不适，消除乳糖不耐受。④伊利安慕希。在酸奶中添加了希腊雅典农业大学研制的菌种，比普通酸奶蛋白质高出35%，具有浓郁的口感和更多的蛋白质。⑤伊利谷粒多。在优质谷物浓浆中融入口感顺滑的牛奶，搭配多种维生素，全面营养开启早晨的良好状态。⑥伊利味可滋。在传统奶昔浓稠口感基础上，融入香浓食材，让细腻柔滑的牛奶因食材的沁入得到完美升华。⑦伊利QQ星儿童成长牛奶。针对孩子成长期特殊营养需求，量身打造“三重保护系统”成长配方，特含维生素D、益生元、DHA+ARA益智组合，专注儿童身体、智力全面成长。⑧金领冠幼儿配方奶粉。源自中国母乳数据库研究，提倡科学母乳喂养，特别添加贴近母乳配方的α+β专利蛋白组合，给宝宝更好的抵抗力。不同的产品对应有不同的生活场景，不同产品具有不同的价值主导和不同的消费期望。

（2）产品体验性。

消费升级时代，乳制品需要不断创新，才能满足消费者的个性化需求。伊利集团通过对海量数据的洞察分析和大量的消费者测试，不断研发最适合消费者需求的优质乳品。伊利从2003年就开始研究中国母乳，并在2008年建立了中国首家母乳数据库。在研究中，伊利发现中国母乳和世界上其他地方的母乳成分并不完全一样，差别较大，中国妈妈需要更接近中国母乳成分、更适合中国宝宝的奶粉。在发现这一问题后，伊利通过创新研发，成功开发了“金领冠”系列婴幼儿配方奶粉。产品包装也是伊利通过大数据精准洞察消费需求的成果，通过大数据洞察发现吸管包装对于一些在户外活动的消费者不是很方便，伊利集团适时推出带盖的瓶装包装，如果消费者一次喝不完，可以方便携带。一些最新上市的牛奶或其他饮用型乳制品大多使用独立包装的PET瓶，这种包装形式不仅重量轻、防碎，而且便于携带，开辟了更多新的消费场景。奶酪使用可重复密封打开的立式袋包装，这种包装形式不仅具有重复密封的便利性，还节省空间。乳制品的小包装与在路上、即拿即走型的消费场景相适配。

（3）产品情感性。

伊利集团善于将产品与消费者日常生活场景相连接，通过将产品与传统节日、恋爱表白、孝顺父母等场景跨界混搭，形成独特的价值。安慕希与“爱慕你”的读音比较接近，这是用很隐晦的词语来表达对女友爱慕之情。伊利巧乐兹“喜欢你，没道理”的品牌主张使其时尚、浪漫的品牌个性展现得淋漓尽致。母亲节期间，各大品牌营销战争进行得如火如荼，亲子主题营销、价格促销、感恩煽情等营销活动此起彼伏，不过，看过了“过分”的亲情渲染，才意识到温情牌才应该是母亲节的主打牌。谈到情感营销，就不得不提伊利舒化中老年牛奶。其作为一款关注中老年人健康的奶类产品，一经问世便在终结乳糖不耐受上获得了技术认同，同时又稳稳地抓住母亲节场景进行跨界混搭，以“健康”为核心、以“情感”为手段，打造以“孝敬父母”为主题的场景情感。伊利舒化奶让“孝敬父母”通过线上发酵、线下延展，赋予母亲节更多的爱。“妈妈，你健康我才快乐”以最素朴的主题浸润着消费者的场景化消费期望。伊利“呵护”产品，用天平的均衡性和精确性表现伊利婴儿奶粉的营养精确，打造了“精确营养，健康呵护”“呵护宝宝健康成长”的场景。

综上，场景基于大数据、技术适配模型和场景适配理论，通过与消费者日常生活场景相连接，并与传统节日、爱的表白、孝顺父母等场景进行跨界混搭，体现产品特定场景的情感价值。通过精确识别场景和准确推荐场景，将乳品新零售的人、货和场相适配，体现产品的功能化、体验化和情感化价值。通过满足消费者的场景化消费期望，实现产品时空的情感化。由此，伊利集团新零售场景对货的重构内容体现在表7-2。

表7-2 伊利集团新零售场景对货的重构内容

场景对货重构	重构方向	重构方法	重构结果
产品功能性	为不同产品搭建不同场景	通过目标人群细分实现产品功能价值	通过场景构建和场景复制实现功能价值
产品效用性	洞察消费者的消费期望	通过场景满足消费者需求、习惯和偏好	通过场景参与和场景配置实现效用价值
产品情感性	场景与日常生活跨界混搭	借助爱情、友情和亲情等强化消费体验	通过场景嫁接和场景叠加实现情感价值

如表7-2所示，伊利集团新零售实现了产品功能化，使产品效用具有体验化的基础，企业得以适时提供合适的产品或服务，进而促进产品的情感化。只有实现了产品的情感化，产品功能化才能进一步迭代，形成良性循环，从而不断提升产品场景化属性的丰富度。综上，场景通过对新零售产品或服务的功能化、效用化和情感化重构，实现新零售情感价值。其中，功能化是效用化的前提，效用化是情感化的保障，情感化又进一步改善功能化，以此丰富新零售产品或服务的场景属性。

7.1.3 场景对场的重构

场景对场的重构体现为从线上、线下零售终端向泛零售、多元化场景转变。中国的零售行业起源之初，零售业态单一。建国以后，零售业主要由家庭小作坊生产交易与小规模的杂货铺组成，特点是分散式、小面积、柜台售卖式的经营，经营效率低下。后来随着商品供应的种类与数量不断增加，专业售卖、囤货流通的百货商店开始崛起，由一个百货商场解决人们多样化的需求。

改革开放后，中国的零售业态逐渐丰富。由于百货商场的辐射人群半径有限，商家的收益受限于商圈范围，推动了以连锁超市为代表的运营模式，实体分店逐渐增多。随着中国城镇化的进程加快，家庭单位构成中单人户的数量增长，以便利店为代表的个人消费场景兴起，同时，更多的外国零售商获批进入中国，引入更加多元化的零售业态，比如大卖场、购物中心等。随着计算机的应用系统逐渐应用于零售行业，现代化的收银系统、订货系统的运用提高了行业效率。

进入21世纪，互联网科技革命推动了零售场景从实体走向虚拟。支付宝等线上支付形式的完善保障线上资金交付的安全性，第三方物流快速崛起为电商发展提供保障，2005~2013 年，我国快递业务量以每年 30%的速度递增，2013 年快递业务总量达到 92 亿件。线上零售渠道的渗透率不断提高，淘宝、京东等电商平台成为越来越多人的消费场所。同时，互联网开始渗透人们的各个生活场景，实现对购物、社交、租房、出行、支付等全场景的覆盖。

从线下到线上，从国内到国外，消费场景不断延伸，新零售从粗放式低价竞争模式向多元差异化竞争与服务竞争模式转变，重视用户精细化运营、提供覆盖用户全生活场景服务、供应链高效的平台才有可能取胜。场既是消费的时空，也是消费时空内情境及其配置关系的总和。场景对场重构的宗旨是要实现多元场景下消费者消费期望与产品属性特征的精准适配。伊利集团消费者细分化日益明显，不同人群的消费理念与消费习惯表现出愈来愈明显的差异。伊利集团董事长潘刚与苏宁控股董事长张近东围绕全渠道和全产品协同、智慧零售核心能力开放共享、体育营销和品牌升级、数字化营销及金融系统升级等方面展开深入合作，深耕场景实现“智慧零售”，为消费者打造更高品质的乳制品消费体验。从消费者的角度而言，对于乳制品的诉求正在发生大的转变，他们从一开始注重产品的营养与功能向追求更多样化的感官享受与消费体验转变，进而再向特定时空的消费需求、消费习惯和消费偏好被满足程度转变。这样的转变不仅意味着产品结构的调整，而且要求伊利集团要比以往更关注消费场景的变化。伊利集团对乳品场景非常重视，主要关注以下几个场景：①早餐场景。随着人们生活节奏的加快，越来越多的人无暇在家做饭，更多人购买现成的早餐食品，这已成为早餐场景的痛点。②户外场景。主要包括外出聚餐、社交聚会、出游、户外健身和运动等场景，不同类型的场景成就了乳品新零售的巨大商机。③乐享场景。随着生活方式的改变以及工作节奏的加快，人们需要针对性的产品提供情绪的安抚和心情的放松。这些不同的场景都有其消费痛点，伊利集团乳品新零售如何解决上述场景的痛点，并为消费者提供不同场景的消费甜点和爽点是其急需要考虑的问题。场景对场的重塑，使得人、货和场由“人找货”转变为“货找人”再向“人找人”转变，形成消费者的情感体验。本研究通过对伊利集团乳品新零售案例的编码分析及归纳研究，发现场景使得乳品新零售人和货的适配方式由“物以类聚”向“人以群分”再向“场以趣建”转变，伊利集团乳品新零售人、货和场的适配效用由“千人一面”向“一人千面”再向“千人千面”转变。综上，以场景要素为基础，充分调动和发挥不同场景要素在伊利集团新零售的效用，将消费场景与用户的日常生活场景相连接，通过场景化情境适配实现人和货的场景化适配。结合伊利集团案例现有信息资料编码的结果，形成了伊利集团新零售场景化适配重构演化如表7–3所示。

表7–3　伊利集团新零售场景化适配重构演化

产品属性演化	产品+功能	产品+体验	产品+情感
适配方式	人找货	货找人	人找人
适配路径	物以类聚	人以群分	场以趣建
适配效用	千人一面	一人千面	千人千面

如表7–3所示，通过场景化适配使消费期望被渐进地满足，强调场景在整个商业生态系统的中心化地位，使得企业的经营重心由货转变为人，再由人转变为场，进一步重构和优化“人”和“货”的适配过程，围绕消费者场景化消费特征，根据产品属性实现用户和产品的场景化精准适配，以适时的个性化的产品满足用户海量场景的需求。基于场景对“人”和“货”的重构，“场”突

出了多元化场景下用户消费特征和产品属性的精准对接，使人和货适配过程由“人找货”转变为“货找人”，再由“货找人”转变为“人找人”，人和货的适配方式由“物以类聚”转变为“人以群分”进而再转变为“场以趣建”，适配效用由“千人一面”转变为“一人千面”，并向“千人千面”转变。“悦己消费”已是“后浪”消费的核心关键词之一。这背后，除了“Z世代”个性与“敢赚敢花”的消费动机驱动外，还离不开一个愈发庞大的现象级消费趋势——“懒人经济”。品质取代价格成年货消费首选因素，以“好好吃饭”为代表的国民日常消费呈现出更注重“悦己”体验的升级特征，消费者更注重自我、个性，更强调品牌、品质。

7.2　新零售商业模式场景化适配机理及路径

7.2.1　新零售商业模式场景化适配机理

场景重构着新零售商业模式，使人、货和场更为适配。然而由于其作用机理并未被充分挖掘和有效揭示，其实现路径较为模糊而难于指导实践。新零售人、货和场从“机械交互”向“体验交互”再向“情感交互”的转变过程中实现了由“功能主导”向“服务主导”再向“场景主导”逻辑的转变；新零售的人、货和场的适配方式由“物以类聚”向“人以群分”再向“场以趣建”转变；其适配过程由“人找货”向“货找人”再向“人找人”转变；其适配效用由“千人一面”向“一人千面”再向“千人千面”转变。本研究立足于场景在伊利集团新零售的具体应用，通过对现有商业模式从人、货和场三个模块解构，并将场景要素融入解构后的商业模式要素之中，通过以下作用方式实现人、货和场的适配：①商业模式解构。伊利集团依据不同场景的价值主张对其商业模式进行解构，其解构的本质就是将商业模式的管理界面要素和客户界面要素分别纳入场景中。②商业模式要素改性。将大数据、移动设备、定位系统、传感器和社交媒体等场景化要素融入解构后的商业模式要素之中，使管理界面和客户界面的商业模式要素具有了场景功能，实现了商业模式要素的场景化改性。③商业模式重构。通过场景化商业情境的配置，依据解构且融入场景化要素的商业模式要素所在场景的价值主张，对其进行商业模式重构，进而实现新零售商业模式的场景化创新。基于此，形成了如图7-1所示的伊利集团新零售商业模式场景化适配机理模型。

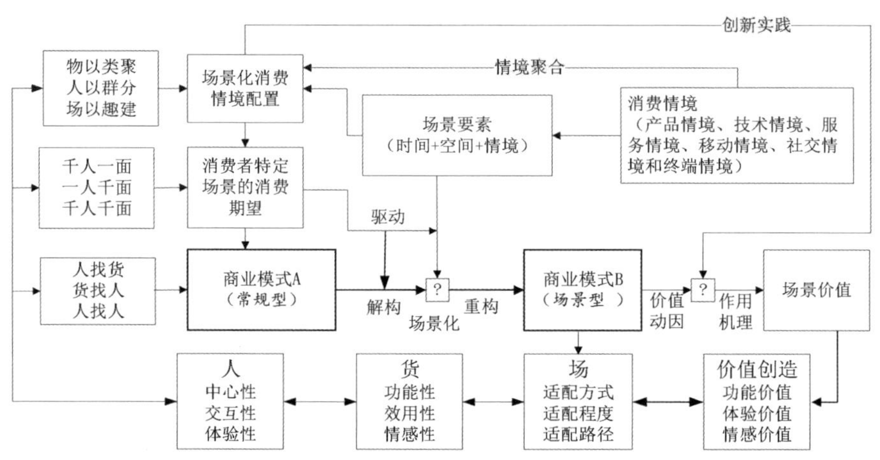

图7-1　伊利集团乳品新零售商业模式的场景化适配机理模型

该理论模型主要包含三层含义：①技术方式上。场景以产品情境、技术情境、服务情境、移动情境、社交情境和终端情境为原料，通过大数据、移动设备、社交媒体、定位系统和传感器等场景要素，基于对人“中心化”“交互化”和“体验化”的协同性重构刻画用户特征，基于对货的“功能化”“效用化”和“情感化”的协同性重构丰富产品属性，并基于场景化情境的适配方法使得“人”和“货”精准适配。②适配逻辑上。场景重构商业模式适配性表现为场的适配路径由“人找货”转变为“货找人”再转变为“人找人”，其背后隐藏的适配逻辑从“商品主导”向“服务主导”再向“场景主导”转变。③实现机理上。伴随“适配逻辑”由“商品主导”向“服务主导”的转变，场景通过对人、货的协同性重构，使得场的适配路径发生转变，其适配方式由“物以类聚”向“人以群分”再向“场以趣建”转变，其适配效用由“千人一面”向“一人千面”再向“千人千面”转变。

（1）适配方式。

适配方式与伊利集团乳品发展有着密切的关系，最初的适配方式为物以类聚，消费者只注重产品的生产，这个时期属于卖方市场，有什么产品卖什么产品，以产品的功能满足消费者的需求为主，消费者更加注重产品的质量和功能。这个时期由于人们收入较低，以及消费习惯的原因，乳制品被人们作为一种营养品，仅供一些特殊的人群使用，如婴儿、病人、体弱者，这个时期产品与消费者的适配方式为功能性适配，只要产品能满足消费者的功能需求即可，如“营养跟得上”和“质量没问题”，这个时期产品满足消费者的基本属性为生理需求和安全需求两个较为低层次的需求。随着社会生产力水平的不断提升，乳品得到了极大的丰富，消费者的基本需求得以保障，这个时期消费者在健康意识方面有所增强，人们对乳制品消费的认识发生改变，乳制品由特殊的营养品转化为大众化的食品。由此，不同的消费群体开始对不同产品感兴趣，产品开始针对不同人群出现了细分，如针对老年人、孕妇、婴幼儿、学生研发和生产不同的产品。再有，针对不同场景，如哺乳场景、馈赠场景、休养场景和生病场景等为不同人群设计产品，形成了人以群分的形态。近年来，乳品消费场景进一步拓展，体现为场以趣建，如居家场景、社交场景、办公场景、出行场景、户外场景、健身场景、健康场景，这些场景以消费者的兴趣为中心建设，更加贴近消费者的生活。伊利集团新零售致力于运用移动互联网、云计算及大数据等创新技术，以社区居民为服务对象，搭建“线上+线下”无缝连接的一站式社区服务平台，以线上社区服务平台为展示主体，线下便利店为服务主体，形成商家接入、服务一体化和社区便民化相结合的场景化无缝连接服务模式，为社区居民提供便捷、个性化的产品和服务，把社区住户、商家紧密连接起来，为社区居民提供一站式生活服务。

（2）适配效用。

伊利集团早期只有几种产品，试图通过这几种产品满足所有人对乳品的全部需求。然而，随着经济发展和科技进步，乳品的营养价值得到了进一步的释放，消费者开始追求乳品的新价值，牛奶不再是“千人一面”，每个人都能在不同场景找到属于自己的牛奶。伊利集团乳品新零售实时和准确地获取各业务环节数据，助推企业实现生产、渠道、经销商、终端到消费者供应链各环节全触点的连接。通过全场景的数据采集和全要素的价值提升，解决企业在供应链管理、营销费用管控，基于“千人千面”的消费者促销等方面遇到的诸多问题。伊利集团新零售由“人找货”到“货找人”，一改以往的“物以类聚”变成了“人以群分”并进一步向“场以趣建”的“千人千面”的消费方式转变。伊利集团新零售正由粗放的流量运营模式到精细的用户运营模式，再向兴趣的时空运营模式转变。面向未来，年轻一代的乳品消费群体将更偏好于个性化消费，千人千面、好品质、独特性成为他们的首选。伊利集团新零售依托大数据积累和沉淀，从过去的“一杯奶养百样人”进阶到未来产品层面上的“千人千面”，进而适应市场的场景化需求变化。

（3）适配路径。

伊利集团新零售已经从原来“人找货”“货找人”向“人找人”转变。对于线下零售而言，消费者进入一家店铺首先看到的是货品，是“货找人”。对于线上零售而言，消费者需要看评论，需要问客服，是“人找货”。场景时代，消费者进入直播间首先看到的是人，是“人找人”。伊利集团可以充分利用自媒体直播等场景化要素全方位实时展示产品，并且与主播实时交互，随时形成场景化的消费体验。伊利集团新零售的人、货和场适配路径体现为以下3个方面。①人找货模式。乳品通过线下固定渠道流通至终端门店，消费者只能在给定的商品中进行选择和购买。在此模式下，缺乏用户画像与需求感知能力，基于门店主观预测订货，相对周期长、批量大，供应链库存有“牛鞭效应”，商品以“陈列+销售”为主。②货找人模式。基于数据挖掘，对用户特定时空的消费期望画像，以丰富和灵活的场景，引导和吸引用户购买。在此模式下，用户属性特征较为丰富而逐渐形成独特的用户画像，商品以“陈列+销售+用户体验+O2O订单”为主。③人找人模式。需要品牌商更加了解用户，描绘立体化的用户画像，了解用户消费期望被现状满足的程度。从购买、交易、反馈的线上化闭环，实现用户数据的收集，迭代用户画像，并实现对用户感知基础之上的用户分层、用户需求分层，进而不断优化场景与服务以满足消费者消费期望。

7.2.2　新零售商业模式场景化适配路径

伊利集团新零售商业模式场景化是历史发展的必然结果，是消费者消费期望得以精准满足的体现，是企业实现其可持续发展并体现其社会责任的有效方式。在这种情形下，伊利集团新零售应继续紧跟时代的发展，捕捉消费者的消费期望，从多维度和立体化的视角满足消费者的消费期望，使消费者形成愉悦的消费体验，进而通过用户对企业的忠诚和信任，促进企业的可持续发展。本研究通过图7–1厘清了伊利集团乳品新零售商业模式场景化适配机理，打开了人、货和场适配性重构的黑箱，使学界和业界对其有了更为深刻的认知和把握，有利于企业合理、科学和有效地管理供应链，也有利于企业培育、引导和调控消费者的消费行为，使人、货和场更为适配。根据以上研究，可得出伊利集团新零售场景化商业模式重构的实现路径见图7–2，以更好地指导乳品新零售场景化商业模式的人、货和场的深度适配。

图7–2描述了新零售商业模式要素的价值主张、价值创造主体和价值创造过程，将新零售的人、货和场关联。在价值类型方面体现了货的功能价值、人的体验价值以及场的情感价值，使三类价值的形成更为立体。随着物联网、5G技术和区块链技术在乳品新零售中的应用，未来消费者的消费期望将被立

体化地感知和预测，一切将变得更为可视化。伊利集团过去是由“生产带动消费”，现在则是从“消费驱动生产”，整个生产环节被逆向重构，传统狭长的供应链向数字和扁平的方向发展。

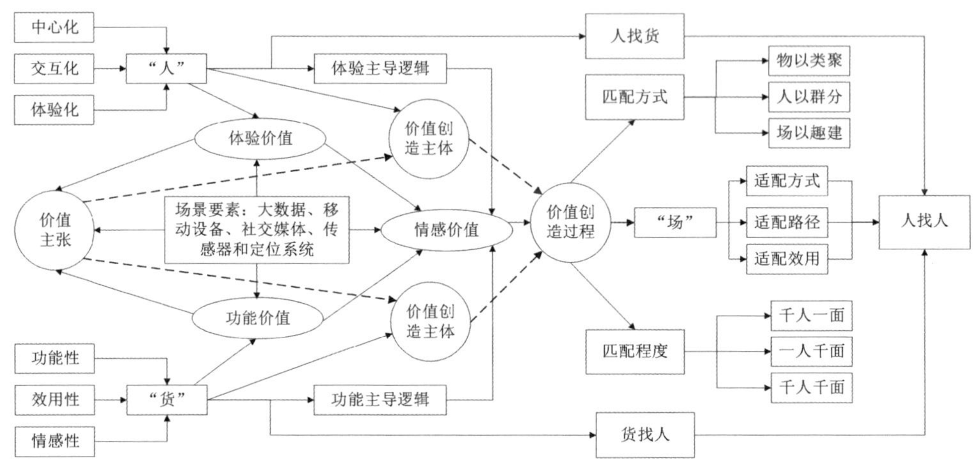

图7-2　新零售场景化商业模式重构的实现路径

7.2.3　新零售商业模式场景化适配重构

由伊利集团新零售商业模式的场景化适配重构案例发现，场景化是新零售商业模式创新方向。由上述对伊利集团新零售案例商业模式的场景化重构，充分运用场景要素、场景化情境配置，以及人、货和场的适配关系重构，实现零售商业模式的场景化重构，进而形成图7-3所示的场景化适配重构的新零售商业模式。

如图7-3所示，场景化正是通过对现有商业模式解构，然后将场景要素融入解构的商业模式要素之中，通过“消费场景—消费期望—消费情境”的适配，使新零售商业模式要素具有场景化的功能，进而实现商业模式要素在新零售人、货和场三个维度的重构，从而实现新零售商业模式的固有价值和附加价值。新零售产业结构、产业优势、产业经济、产业现状和产品或服务的交换价值、使用价值、体验价值和情感价值，以及产品创新、工艺流程创新、服务创新、商业模式创新、突破型创新、重大创新、渐进创新等不同要素之间的内在联系和作用机理。因此，对“产业链—价值链—创新链”三链互动全过程视角的有机融合展开研究是一种全新的视角，具有一定的创新性。

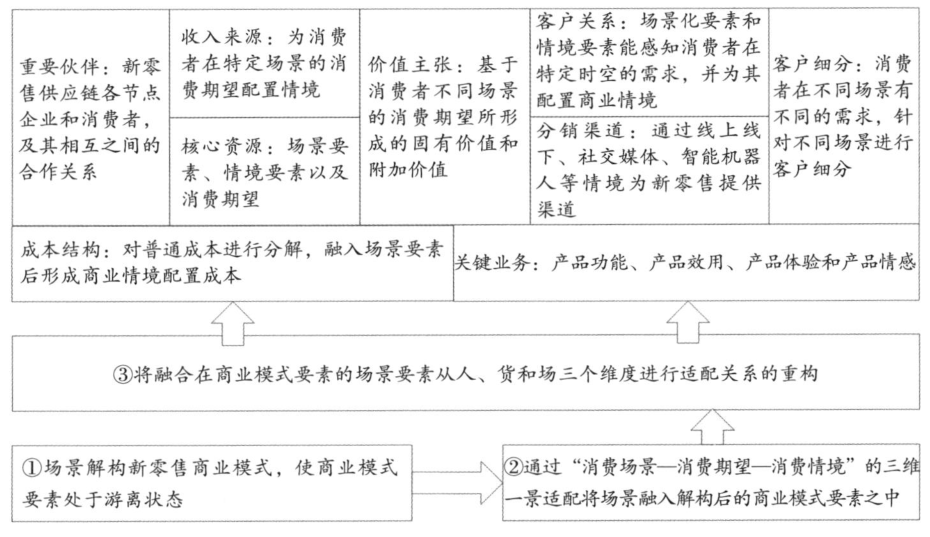

图7-3　场景化适配重构的新零售商业模式

7.3　新零售商业模式场景化适配策略

场景时代，伊利集团新零售经由价值创造创新和主导逻辑创新完成着“人”和“货”的场景适配，激发着商业模式创新，从以下三个方面回答了场景如何重构新零售商业模式适配性这一理论性问题：①价值创造创新。伊利集团新零售商业模式的价值主张由传统的功能价值向体验价值再向情感价值转变，价值创造主体由传统的企业创造价值向企业和消费者共同创造价值转变，价值创造过程通过场景化情境配置实现了“人”“货”和“场”的重构。②主导逻辑创新。伊利集团新零售商业模式由“产品主导”向“服务主导”再向“场景主导”转变，其适配方式由“物以类聚”转变为“人以群分”再转变为“场以趣建”，适配效用由“千人一面”转变为“一人千面”再转变为“千人千面”，从而满足消费者的场景化消费期望。③场景适配创新。经场景重构的“人”通过中心化、交互化和体验化映射出用户的特征差异；经场景重构的“货”通过功能性、效用性和情感性强化了产品的多维属性；“人”“货”基于“场”的重构突出用户特征和产品多维属性的精准匹配，使“人”“货”在“场”的适配方式由“人找货”转变为“货找人”再转变为“人找人”。

伊利集团新零售基于用户画像提升消费者需求场景洞察的清晰度，通过场景化情境配置满足人民日益增长的美好生活需要，做到“比用户更懂用户”，“让合适的人在合适的场景，买到合适的东西”，从而实现人和货的精准适配，即“人找人”。近年来，流量网红、明星、企业大佬等纷纷打破次元壁走进直播间，“充满综艺感的内容+沉浸式场景”带货模式形成新的场景，形成一种新体验的迭代。伊利集团适应时代发展，在新零售商业模式的场景化适配上持续探索，网络直播带货成为伊利集团新零售商业模式适配性重构的又一进展，“人”成为流量入口，“场”实现了实时、体验、互动，“货”为伊利乳业的细分产品。如2020年4月，伊利苏州乳业有限责任公司走进“姑苏网直播间”，近距离分享了乳品制作过程和健康常识等，借助现在流行的直播带货方式，成功地帮助伊利工厂联合经销商打造了线上直播营销渠道，获得了良好的品牌效应和消费者口碑，实现了场景对新零售商业模式新的适配性重构。新零售商业模式的重构围绕消费者在特定“场”的消费期望为消费者搭建特定的“景”，使消费者“触景生情”，为消费者的异质性需求提供个性化的解决方案，注重与用户建立基于品牌质量、情感认同等方面更深层次的连接，其价值创造理念由企业的“独善其身”转变为与消费者进行价值的“共创共享”，通过构建协同互动的商业生态系统，驱动企业新零售实现可持续发展，为企业新零售商业模式的创新实践提供了参考。

7.4　新零售商业模式场景化适配落地

对中国零售行业的历次变革进行梳理，本研究认为其变革的本质是对“人、货、场”三要素的重构与优化，其核心为提高供应链的效率，以满足消费者的个性化需求以及企业的高效运营需求。①“人”。新零售从人的层面出发体现为同质化消费向多元化和个性化消费转变。在计划经济时期，国民欲望受限，消费无差别。改革开放以后，零售由必要消费转向非必要消费。进入新世纪后，消费结构与消费理念升级。金融危机后，个性化、理性化消费趋势明显。近年来，Z世代成为消费主力军，悦己和社交为核心消费诉求。消费者更注重精神享受，悦己消费取代均质消费成主流，消费者更渴望情感倾诉，线上线下社交需求旺盛，传统文化认同感增强，民族自豪感提升。综上，在强经济购买力的支持下，Z世代的消费动机逐步转向以悦己和社交为核心，商品消费不再局限于获得单纯的物质享受，而是愈发重视消费带来的精神体验。由此，可以发现对于“人”的重构体现为“价值链”方面，即从产品功能价值向服务效用价值转变，再由服务效用向场景体验转变。②“货”。新零售从货的层面出发体现为从简单的商品概念向品牌价值、全方位体验转变。新中国成立以后我国面临物资供应匮乏，优先发展重工业。改革开放后，我国商品供应的种类与数量迎来大爆发，实现大规模生产。进入新世纪后，品牌优势溢价明显，消费的享乐之风盛行。经济增速放缓后，产品性价比、个性标签以及实际体验的重要性渐显。近年来，技术引领创新，产品更重性价比与设计体验感，技术降低成本，高端消费品向大众市场普及，传统消费品取得升级突破，提升体验感，产品更重个性化设计，潮流元素凸显。综上，在生产技术创新以及市场同质化的趋势下，具有性价比、体验感、个性化的产品逐渐取代传统的消费品成为新时代消费者的选择，商品价格逐渐回归正常价值，理性的消费者更注重产品带来的实际体验。由此，可以发现对于“货”的重构体现为

“供应链”方面，即从末端消费者向分销商转变，再由分销商向供应商转变。③“场”。新零售从场的层面出发，体现为从线上、线下零售终端向泛零售、多元化场景转变。中国零售行业起源之初，零售业态单一。改革开放后，中国的零售业态逐渐丰富。进入新世纪，互联网科技革命推动了零售场景从实体走向虚拟。近年来，伴随着线上零售红利消退，新零售模式实现全场景覆盖，线上线下融合趋势加强，海外市场为新增长力，互联网重塑生活场景，注重即时便捷的高效率消费，线上线下消费融合，更重视消费体验感。综上，在境内境外物流配送和供应链技术不断成熟的支持下，消费者线上线下消费场景融合趋势加强，海外市场也成为众多品牌的蓝海市场。从线下到线上，从国内到国外，消费场景延伸。由此，可以发现对于“场”的重构体现为“场景链”方面，即从场景节点向场景节点集群转变，再由场景节点集群向场景链转变。

同时，利用CNKI检索可以发现，供应链、场景链、价值链与感官经济、场景经济和粉丝经济有着千丝万缕的联系，这些联系体现在三类策略的选择性应用。现有的场景经济、感官经济和粉丝经济虽然都在不同行业广泛应用，且已取得了一定的成效。然而现有场景经济、感官经济和粉丝经济的底层逻辑是什么，目前尚不清楚。本研究为场景经济寻求到了场景链的底层逻辑，为粉丝经济寻求到了价值链的底层逻辑，为感官经济寻求到了供应链的底层逻辑。诚然，这三类不同经济的底层逻辑并非仅仅包括某一个方面，其根本是包括了供应链、场景链和价值链三个方面，只不过对于不同的经济而言，这三类价值的底层逻辑的主导作用不同。未来，新零售应根据实际情况单独运用某一类主导逻辑，也可以综合运用某两类或某三类逻辑，以彰显“适时—适地—适人—适品—实感”的商业模式创新效用。

7.5　本章小结

伊利集团秉承“无场景不零售”和“不创新无未来”的理念，不断推动新零售商业模式要素的开放式和动态式演进，促进着商业模式的创新。近年来，伊利集团致力于全场景“智慧零售”，为消费者打造高品质的消费体验。伊利集团全场景新零售布局的落定，以场景要素感触消费者体验，以数智化思维重塑消费情境，以场景化适配视角重构商业模式。

第八章

新零售商业模式场景化创新策略

前述基于宏观环境分析，结合消费者消费期望变化，在“新零售商业模式”和“场景化商业模式”关联耦合的基础上形成了“新零售商业模式场景化创新”的研究主题，以“新零售+行业+场景”为基础，分别从“供应链”“场景链”“价值链”三个维度出发，总结出“新零售商业模式场景化情境适配”的创新机理和创新路径。为此，结合近年来新零售供应链、场景链和价值链的在场景经济、粉丝经济和感官经济应用的实际出发，将新零售商业模式创新落地为“场景营销”“新零售营销”“感官营销”和“位置兴趣挖掘”，进而构建新零售商业模式场景化创新策略。

8.1 新零售商业模式场景化营销创新

8.1.1 新零售商业模式场景化营销趋势

随着环境变化，消费者的消费观念已经发生了极大的变化，场景营销要迎合消费者口味变化，通过线上线下场景为其提供极致体验，从细节打动消费者。场景是由“时间+空间+情境+人=消费期望+情感体验”构成，企业应以消费者需求痛点为导向，进行产品设计、研发、生产与销售。场景具有天然连接人与商业模式的作用，它基于实践促进营销闭环产生，通过空间创造营销沟通的氛围，对消费者分析可以实现目标用户的精确寻找。场景营销就是场景基于营销目的的组合，将营销置入场景，促使行动完成，以达成营销目标，它是多个场景的有机组合。做好场景营销需要关注效果与效率两个方面，这就要求进行深入的场景机遇分析、准确的场景营销策划、恰当的效果优化管理以及准确的项目需求分析。场景营销就是要准确地锁定目标人群、锁定商业目的，通过挖掘不同场景下不同用户消费期望的行动路线，并基于用户行为轨迹进行场景化营销。在场景化营销中，可以通过对消费者行为引导和调节等方式干预、强化商业模式场景化的营销效果，增加影响力，提升转化力，并尽可能带来多次购买的机会，实现全维度效果的量化。通过塑造场景环境，利用商业情境的感官效用聚合，形成符合消费者视觉、听觉、触觉、嗅觉和味觉的营销策略，依托不同平台，如微信、微博及虚拟社区等，让创意表现更为生动，让场景互动和沟通更有效。场景营销可以让产品和服务成为人们的一种生活方式，更深层次地与用户进行沟通和交流，并加强彼此的连接和信任感，从而让商业模式更具有能动性和创造性。场景营销关注的不是用户的数量，而是用户的口碑，企业通过交互活动调动消费者的积极性，用口碑赢得朋友，用口碑碾压对手，让消费者成为传播者，让潜在用户知道你的场景。场景构建要具备引导作用，实现其商业目的，并符合用户的生活习惯，更好地连接用户，使产品更具有吸引力，能够加强用户的黏性。

8.1.2　新零售商业模式场景化营销路径

无论什么样的产品，或是什么样的场景，只有体验好才有卖点。所以，决定企业商业模式场景化营销最终效果的就是消费体验。场景时代，消费者对产品或服务的要求已不像过去，简洁是场景化设计的关键点之一。需要注意的是，简洁并不代表简陋或简单，简洁而不简单的场景才能触动消费者。场景获得成功的因素很多，但场景能否满足消费者的消费痛点是衡量场景营销成功与否的最佳标准。简单地说，就是借助场景把商业模式的某个创新点发挥到极致。企业在打造场景时只需将场景的卖点发挥到极致，即找到痒点、发掘痛点和制造爽点，进而赢得消费者的喜爱，让产品体验超出消费者的预期。由此，形成企业商业模式的场景化营销要素，并设计场景化营销路径如下：①改变思维。首先要打造能让用户产生极致体验的场景，建立全新的场景营销思路，然后结合企业产品或服务的实际情形进行商业模式设计，让场景营销内容更适合消费者口味。极致的产品或服务是商业模式场景化营销的前提，如某款啤酒的主打卖点是鲜，从产品功能上主张自然发酵，罐中的啤酒原液不过滤、不杀菌，有独特的丁香花香气。在场景营销设计时，要把类似的功能结合进去，满足喜欢喝鲜啤酒消费者的需求。②打造极致场景。场景是否极致是由用户说了算，企业应深入用户场景体验产品，同时在传播上形成口碑效应。这就是对场景的极致演绎，让用户感觉到舒爽和尖叫。如大部分饮用水广告都在强调水源的问题，但是有些品牌，却在好水源的基础上开发了母婴饮用水，进一步细分广告场景，同时也细分了用户群体，从场景的外延做产品，以产品本身与市场需求结合的方式做场景。③形成极致体验。商业模式场景化营销就是解决消费痛点。只有痛点解决了，消费者才会喜欢所设计的场景，从而认可企业产品。在场景设计中，有人提出“产品极致化”和“工匠精神”的思路，甚至上升到企业和用户的情怀，实际上这些内容都是吸引用户消费的切入点。面对这种情形，企业应该迅速地让场景适应用户需求及其变化。场景打造的秘诀就是要稳定迭代和小步快跑，企业只有不断地对场景进行升级进化和迭代更新，才能留住老用户和吸引新用户。企业一旦开发出新的场景就要及时推出，要明白场景最重要的是要掌握先机，因为用户大多会有先入为主的观念，最先进入用户视野的场景就会较为被认可。④跨界混搭。企业要冲出竞争重围就需要吸引消费者和利益相关者的能力，这就需要企业能够颠覆现有商业模式，打破传统场景构建思维，用新场景激发消费者的消费欲望，并引导和调节消费者在特定时空的消费需求、消费习惯和消费偏好。创新是企业生存的基因，在技术和功能已不能成为成功的绝对决定因素之时，是否具备创新能力，是衡量企业能否长远发展的标准。企业商业模式创新通过与消费者日常生活的跨界混搭构建新的场景，为消费者带来新的体验。如金融业、房地产业、餐饮业和交通业，几乎每个行业都在跨界，都在通过跨界混搭创造新场景。由此，基于上述论述形成图8-1所示的新零售商业模式场景化营销路径。

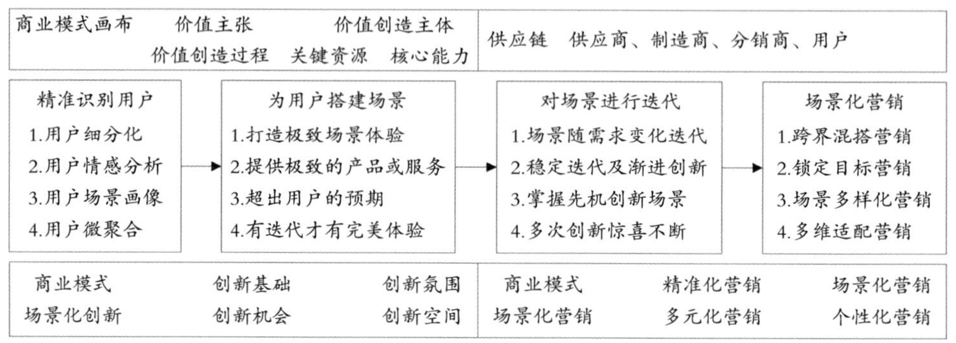

图8-1　企业商业模式场景化营销路径

如图8-1所示，企业商业模式创新是从创新基础、创新氛围、创新机会和创新空间展开的，其营销方式是以供应链为载体，将价值链嵌入供应链，并基于多元化营销、个性化营销、标准化营销实现。不同的信息环境、技术环境和认知环境对商业模式营销的作用不同，但总体而言商业模式营销表现为以下几个方面：①精准识别用户。通过用户细分化，改变营销思维，基于用户消费体验为用户场景化消费画像，并对不同维度的商业情境进行多维度聚合。聚合的结果使不同目标人群可以基于不同亚文化社群为其提供针对性的情境，实现场景化营销。②为用户搭建场景。基于用户精准识别，为消费者打造极致的体验场景，为消费者提供极致的产品或服务，使得企业所提供的产品和服务是超出消费者预期的，通过场景不断迭代，使其商业模式场景化的功效逐渐逼近和超越用户特定时空的消费期望。③对场景进行迭代。场景随需求变化迭代，通过多维商业情境的动态迭代和动态配置不断创新企业商业模式，企业应掌握先机为用户不断搭建新场景。④场景化营销。企业通过不同行业和不同领域场景的跨界混搭，锁定营销目标群体，实现场景的多样化营销。

8.1.3　新零售商业模式场景化营销策略

企业商业模式传统的营销方式是采用大众营销和关系营销，包括4P营销、4S营销，以及4P+4S营销。所谓4P是指产品（Product）、价格（Price）、渠道（Place）、促销（Promotion），由于这四个词的英文字头都是P，所以简称为4P策略。所谓4S是指满意（Satisfaction）、服务（Service）、速度（Speed）、诚意（Sincerity）。将4P和4S这两类营销策略有机融合后对产品或服务进行营销，形成了4P+4S营销策略。随着企业所处的信息环境、技术环境和商业环境的变化，以及场景化要素在商业模式中嵌入程度的不断加深，传统的大众营销和关系营销已不能满足消费者在特定时空的消费期望，企业应将场景纳入营销的视野，通过商业情境的场景化配置实现社群营销、情感营销和场景营销。由此，本研究构建了如图8-2所示的商业模式场景化营销策略。

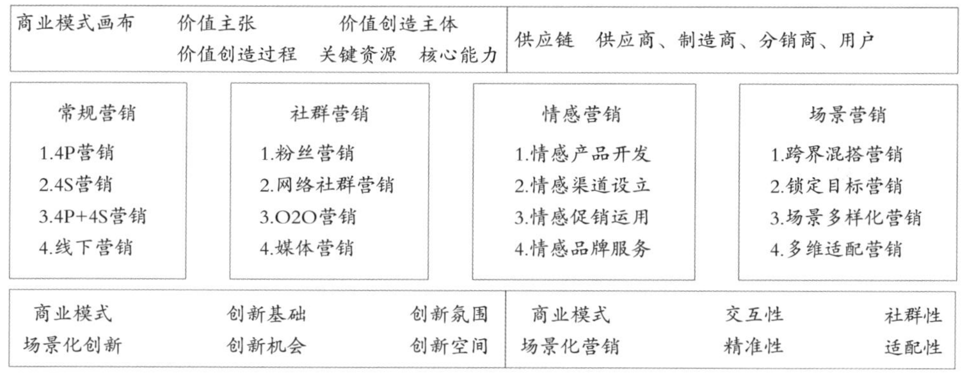

图8-2　企业商业模式场景化营销策略

如图8-2所示，企业商业模式场景化创新以创新基础、创新氛围、创新机会和创新空间为基础，企业商业模式场景化营销是将价值链融于供应链之中，基于消费者与企业的交互性、社群性、精准性和适配性进行营销创新，具体体现在以下几个方面：①常规营销。常规营销主要包括4P、4S、4P+4S，以及线下营销。消费者在物理空间感受产品或服务，此类营销的同质化较为严重。4P营销是以企业利润为出发点，并将顾客的需求与企业利润视为同等重要，随着场景要素在现有商业模式中的嵌入，消费者能够真正参与到营销之中，且消费者参与的主动性被进一步强化。这就决定了企业商业模式的场景化营销需要把消费者纳入特定时空的营销过程中，从其需求出发进行整个营销。②社群营销。社群营销主要是粉丝营销、网络社群营销、O2O营销和媒体营销等思维的集中体现。所谓粉丝营销是指企业利用适配消费者的产品或服务刺激消费者群体成为其粉丝，利用粉丝间的交互达到营销目的的营销模式。③情感营销。情感营销通过产品开发、情感渠道设立、情感促销运用和情感品牌服务实现。情感营销是从消费者的情感需要出发，唤起和激起消费者的情感需求，诱导消费者心灵上的共鸣，寓情感于营销之中，让有情的营销赢得无情的竞争。在情感营销时代，消费者购买商品所看重的已不是商品数量的多少、质量好坏以及价钱的高低，而是一种感情上的满足、一种心理上的认同。④场景营销。场景营销可以通过跨界混搭、识别和锁定营销目标、场景的多样化营销和多维度适配营销实现。主要是通过挖掘消费者场景化消费数据，基于消费者的消费期望、消费习惯和消费偏好为其动态适配情境，以满足其对产品或服务的期望。场景营销以充分尊重用户网络体验为先，围绕网民输入信息、搜索信息、获得信息的行为路径和上网场景，构建了以“兴趣引导+海量曝光+入口营销”为线索的场景化营销新模式。

8.1.4 新零售商业模式场景化营销实例

新零售商业模式场景化可以使消费者碎片化感受变为沉浸式体验，消费者不再会流失，从最开始，消费者就被聚合。一次触动人心的营销行为，必然是互动的，会使消费者与某个场景建立关系，场景激发和塑造消费者的欲望。场景营销是基于消费者所处的环境及消费期望进行的营销。它注重营销的时间和空间，通过搭建、编辑、修改、重组和优化场景，进行线上虚拟场景和线下现实场景的营销。场景营销打破了传统营销的桎梏，可以充分调动消费者的感官，激发消费者的消费欲望，让消费者具有代入感。场景营销为企业商业模式的创新带来了挑战与机遇，在看到场景营销价值与前景的同时，也应该去寻找场景营销的具体方法。根据现有理论研究和实际应用，企业商业模式场景化营销首先要快速抓住用户接触信息的短时心理效应，促成商业机遇的捕捉，将移动终端应用功能与场景充分结合，实现以消费者移动终端为中心的场景化营销。场景营销要从人物、时间、地点、环境、行为和结果六个方面的要素出发，通过蓝牙、跨屏、扫码、图像、声音、地理位置及线上等互动方式，实现六个维度要素要用的充分发挥，进而体现场景的价值，更好地引导消费者的消费行为。

将消费者生活细节的情感体验纳入价值主张设计中，从而带来场景价值的商业创新模式。①家居领域。随着家居体验展厅的投入使用，门窗衣柜情景馆席卷全国，以实景展示的方式展示各种生活场景，让用户感受到身临其境的家居体验效果。家居专业设计师还会为用户提供设计服务，全程打造“整体家居解决方案”。情景馆实景体验，让用户自己找感觉，让用户告别过去从产品展现中找感觉的尴尬。为用户提供最便捷、最专业的服务，让用户一下子能搞定家里的门窗衣柜，不再浪费时间、浪费精力。②饮料领域。红牛在全国十余所高校展开了手机换红牛的活动，在充分利用课堂场景的基础上，采用全新的互动形式，成功地让学生的课堂专注与红牛的能量精神融合到一起，激发出新的营销火花。深入大学生群体的生活场景是很多企业都在思考并尝试的事情。校园也是企业的切入点之一。如何在诸多校园营销活动中形成差异化，开拓大学生市场，让学生记住自己的品牌？红牛采用能量课堂撬动场景营销，通过线上线下互动，深度传达品牌诉求，通过高校发声提升其品牌价值。③交通领域。嘀嗒拼车实现了行场景随心拼。嘀嗒拼车之所以能在滴滴出行主导的出行软件市场中闯出自己的一片天空，就是因为其对各方利益、需求的准确梳理，形成了一套完整的差异化运营方法论，充分满足了各方的需求。嘀嗒拼车体现了公益出行和共享经济的特征。它并非面向运营的性质，以顺路为原则的匹配互助合乘。针对场景，嘀嗒拼车的创始人宋中杰总结出了嘀嗒拼车的三大指导战略：拼速度、用户第一、拼产品和技术。

将社群消费者纳入价值创造主体范畴，消费者独立创造与企业共同创造带来场景价值的商业创新模式。①家电领域。过去要和苏宁达成合作，只有一个入口，就是采销，现在苏宁将物流、金融、大数据等企业中的每一个环节都做成一个独立的产品，向各大企业开放更多的合作入口。苏宁基于场景，重构互联网+零售的市场生态。除了阿里巴巴之外，苏宁和万达、百度、小米、索尼等众多企业都达成了合作。这是苏宁基于场景生态圈发起的开放战斗，整合了线上线下各大场景生态中电商的潜力。在不同场景，企业为用户的某个生活环节提供可能需要的、关联的产品，从而使购物持续发展。场景消费的无缝对接使得场景无处不在，苏宁与阿里合作，也是基于所有场景购物、场景消费的无缝对接。②教育领域。有道词典作为一个教育工具性的app，面临的最大难题就是如何盈利。其通过横向分析用户学习场景，纵向深挖用户学习痛点，深度挖掘用户生活中的各种场景，同时解决用户在这些场景中的需求痛点，最后再根据用户的需求痛点将产品做到极致。有道词典之所以出现是因为发现当时的词典不能满足用户的需求，而有道词典基于数据挖掘技术，首创网络释义功能，从海量网页中分析整合出中英文对应的词义搭配，不断丰富词库，从而满足用户在各种场景下的差异化需求。

企业通过与消费者保持高强度、高频率的深度连接，深入消费者生活细节，从而带来场景价值商业实践。①旅游领域。基于旅游和众筹结合的新营销模式，让许多人都感到非常新鲜。麦兜旅行通过持续对用户的独家品质感进行高效的期望值管理，对场景度假的价值感进行超长预售，与京东众筹进行合作，把出境度假游做出了新高度。麦兜旅行前期推出了颇有话题性、互动性、悬念性的活动，将此众筹活动推到了未筹先火的风口，用娱乐态打造场景度假旅行优质体验。②餐饮领域。百度糯米通过大数据指导构建场景化O2O营销新生态，实现平台融合营销价值。百度糯米将电影和餐饮相混搭，每种不同的消费场景关联到一起就诞生了餐饮+电影的全新场景营销模式。场景营销使O2O与本地生活服务市场融合，了解餐饮企业和用户的痛点，是实现场景营销的前提。地理场景往往能反映出用户的痛点，基于用户关系的消费人群可以细分目标用户，场景营销与本地生活服务有着密切的关系。交叉场景与位置场景，基于位置场景的个性化推荐成为可能。个性化推荐包括两个方面的场景，一是基于位置的商圈、商铺的自动识别，根据定位和大数据商户信息进行匹配与推荐；二是根据消费者消费以及其停留场所的历史记录进行个性化推荐，如爱看的电影、爱吃的美食等。将以上三类关于新零售商业模式场景化营销实践总结为表8-1，通过不同行业的不同实例的分析，体现了商业模式创新的价值主张、场景价值创造主体，以及企业模式价值创造过程。

表8-1　新零售商业模式场景化营销实践总结

行业	案例	价值主张	场景化营销策略
家居	情景馆	从用户体验中创造价值，为用户提供其期望的服务	全程打造整体家居解决方案，让用户进入情景馆后，马上就能发觉这就是我的家，让用户在不经意间找到自己想要的家居风格
饮料	红牛	将饮料与课堂相结合，体现了学生课堂的专注与红牛能量的精神融合	营销地点选择高校，得到了与其他活动地点不一样的价值。以线上和线下相结合的方式，吸引学生关注，获得他们对品牌的认知度和满意度，全面提升了红牛的品牌价值
交通	嘀嗒拼车	体现出了公益出行、共享经济的特征，既解决了出行问题，还能交到朋友	针对乘客打车难的现状，通过拼速度进行快速融资，投资更多的资金打造出更多的出行场景，使城市交通运输得到改善，缓解拥堵并促进绿色环保，推动作用增强，实现共享经济再次升级

续表

行业	案例	价值主张	场景化营销策略
家电	苏宁	重构互联网+零售的场景，实现消费的线上线下无缝对接	苏宁基于场景实现互联网+零售，重构市场生态，整合线上线下各大场景生态电商的潜力，不同的场景驱动用户购物，并给予所有场景购物、场景消费的无缝对接
教育	有道词典	通过挖掘用户学习痛点，满足用户各种场景，快速扩展产品矩阵	基于数据挖掘技术从海量的网页中分析整合出中英文对应的词义搭配，满足用户差异化需求，为用户提供更精准的翻译结果和个性化服务体验，推出人工翻译，实行众包
旅游	麦兜旅行	通过话题性、互动性和悬念性的活动，满足用户个性化出行的需求	其新颖的众筹场景营销方法更值得其他企业学习借鉴。对用户旅游品质感进行期望值的高效管理，充分满足用户对各种旅行场景的需求
餐饮	百度糯米	通过大数据构建场景化O2O营销新生态，实现平台融合营销价值	了解餐饮企业和用户的痛点，借助交叉场景激发用户联动购物倾向，以满足不同亚文化社群的场景化下消费需求，根据用户的时间、地点、状态，把营销方式与用户生活场景紧密结合

8.1.5 新零售商业模式场景化营销方法

在如今互联网+、新零售、新媒体盛行的大商业环境下，场景营销带来了新颖的分析视角和解决手段，加强企业与用户的关系，占领用户心智，传递品牌信息，带来商业价值，达成品销双赢。新零售商业模式场景化营销策略的形成包括以下几个方面：①场景要素。场景要素主要包括大数据、移动设备、定位系统、传感器、社交媒体，这五类要素称为场景五力。②消费行为规律。新零售消费行为规律细化为需求、习惯和偏好三个维度。新零售消费行为规律表现为消费需求的层次递进性。新零售消费习惯规律表现为消费习惯的拓展与收缩规律。新零售消费偏好规律表现为消费期望与消费现实的矛盾运动。③场景营销依据。新零售场景营销的依据可表述为以下四个层次，即：识别用户、用户画像、激发需求、提升体验。④场景营销路径。在这种思维引导下，新零售场景营销可沿着明确目标、细分用户、挖掘痛点、选择场景、做好适配、增强体验的路径进行 。⑤营销目标。从深层次挖掘场景营销的目标包括三个方向，其一是基于需求的营销，其二是基于习惯的营销，其三是基于偏好的营销。新零售商业模式场景化营销方法如图8-3所示。

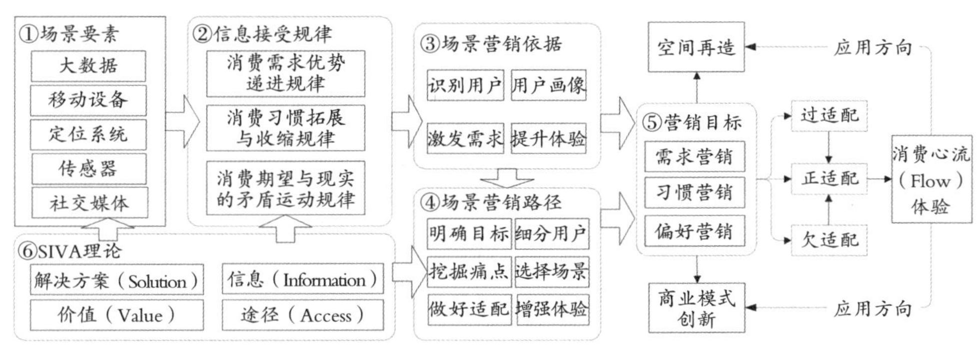

图8-3　新零售商业模式场景化营销方法

新零售商业模式场景营销按照图8-3框架进行，新零售商业模式的场景营销的目标是要通过将欠适配和过适配调整为正适配，最终实现用户消费的心流体验。新零售场景营销基于SIVA理论进行。SIVA理论是由美国西北大学的市场营销专家Schultz D E（2005）在其发表的论文中提出的。SIVA分别是指：①解决方案（Solution）。主要是指新零售用户消费中遇到的各种各样的问题（什么用户+什么场景+什么行为），而问题的背后往往隐藏着消费期望。新零售商业模式场景营销就是通过提升场景要素在新零售商业模式嵌入的程度，帮助用户解决消费问题；②信息（Information）。用户遇到问题需要解决时间，新零售应尽可能扩大消费触点，主动地为用户提供其所需要的产品、服务和功能；③价值（Value）。通过满足用户消费期望，会产品功能、服务效用和场景价值得以充分发挥；④途径（Access）。新零售应优化以往的营销渠道，以用户的便利性作为首要考虑的内容，形成新零售商业模式场景营销途径。由此，新零售商业模式场景营销策略首先是基于新零售消费方式，以消费行为规律为基础，借助于场景要素，提出场景营销的依据和场景营销的路径，进而通过适配类型的调整实现消费空间再造和商业模式创新。期间，新零售商业模式可以根据场景的类型进行针对性的营销，并通过场景管理实现场景化商业情境的适配，进而进行商业模式创新。

8.2 新零售商业模式短视频运营创新

只有汇聚了大量粉丝用户的企业，才能通过提前预售及时评估市场销量情况从而更加精确安排产品生产避免过去盲目生产导致的库存积压，从而让产生效率得到极大提高。经过互联网信息化粉丝经济模式，企业将全程掌控从产品设计、原料采购、仓储物流、生产加工、终端零售到售后服务六大环节的整条微笑曲线价值链，全程高度信息化，最终走向以销定产的C2B模式，企业将与消费者建立起长期反馈，而不再是一锤子买卖关系。另外，“以粉增粉”也是一种很好的方式。具体来说就是利用现有粉丝的社交渠道，如微信朋友圈、微博等，通过这些互联网平台，让已有粉丝通过自己的品牌体验吸引更多用户，满足客户需求。在运营中，企业可以通过互联网与消费者互动，收集用户体验和产品相关需求，改进产品，优化服务，改进产业链和价值链。

8.2.1 新零售商业模式短视频运营现状

场景时代，各大商家纷纷抢滩短视频产业，使用户基于短视频的消费期望体现为“产品功能价值—服务效用价值—场景体验价值”三类价值形态的演变。场景化商业模式正基于价值形态的演变，借助于“有故事”和“有温度”的感官体验、社交体验和情感体验，引导和调节用户消费期望的变化，通过场景解构现有商业模式，将场景化要素融入已解构的商业模式要素之中，借助场景化情境配置重构商业模式，进而赋能价值创造，具体体现在以下几个方面。首先，企业借助用户消费期望的演变，利用短视频场景打动用户，并与用户形成深层次的心理共振。企业以短视频的“短小轻快”“生产流程简单”“制作门槛低”“参与性强”和“理解成本低”等特点，迎合移动互联时代下用户碎片化的消费期望，用户不但可以“随时刷”和“随地刷”，还可以毫不费力地“划掉”任何不吸引自己的内容，加速了消费方式向“碎片化”“个性化”和“时空化”演变。其次，短视频最初依靠“娱乐性”和“社交性”传播增长奠定了用户“逛”的心智，通过公域流量和私域流量变现形成了商家“卖”的效用赋能价值创造。最后，场景时代短视频消费决策更趋感性化，表现为产品功能不再是“唯一”的和“理性”的决策要素，用户更容易被商家或达人“一十八般武艺”和“七十二般变化”的个人魅力所感染。相比传统图文而言，短视频场景化商业模式可利用的“时空卖点更加直观”“展示场景更为丰富”“体验效用维度更多”。短视频场景化商业模式将产品服务与用户日常生活场景连接和混搭，借助广告无缝植入、页面店铺链接、社交电商、IP电商、直播带（卖）货和知识付费等场景化流量变现等方式赋能价值创造。

腾讯继2018年重启“微视”之后，又于2020年通过微信上线“视频号”拓宽短视频，以期打通朋友圈、公众号等多个场景。5G、人工智能等新技术的普及催生了以短视频为媒介的场景化消费新生态，使消费主体、消费客体和消费情境等均发生深刻的变化。短视频消费方式正逐渐引起大众的广泛关注和情感共鸣，并由此引发用户的交互性、融合性和沉浸式的消费体验。场景是实现“商家供给”与“用户期望”动态平衡的特定时空内不同情境及其配置关系的总和，短视频情境主要包括产品情境、技术情境、服务情境、移动情境、社交情境和终端情境，用户场景化消费期望的满足是通过场景化情境动态配置实现的。随着大数据、移动设备、传感器、社交媒体和定位系统等场景化要素在商业模式的嵌入，短视频逐渐成为满足用户碎片化消费期望的内容新载体和服务新模式。信息环境变化驱动着用户消费期望的变革，场景化流量变现已成为短视频赋能价值创造的触点而被众多用户接受，场景成为短视频借助其商业模式赋能价值创造的新动能而受到广泛关注。现有短视频商业模式的相关研究较少且较为分散，大多成果还停留在概念界定层次和体系构建层面，学界对于短视频场景化商业模式的认知还处在初级阶段，其创造、传递和获取价值的机理和实现路径作为核心概念备受关注。短视频开始是应用于社交分享生活，自新零售提出之后，短视频平台转型变现模式，走“短视频+”模式，与其他行业迅速结合。零售行业未来五年的趋势，就是短视频直播将会成为所有零售业态的主要引流工具和展示工具。

8.2.2 产品功能价值场景化商业模式创新机理

短视频凭借其碎片化、智能化、社交化和个性化的属性特点与用户日常生活场景连接和混搭，由于其紧贴用户消费需求、消费习惯和消费偏好成为人们信息消费的新宠，抢占和争夺着各类信息消费场景。在信息环境巨变的今天，短视频场景化服务要素管理形成的产品功能与场景化情境配置形成的服务效用逐渐显现，短视频场景化服务逻辑正在形成。近年来，短视频不断丰富其应用场景，通过将场景要素嵌入其商业模式，形成用户对产品或服务的“沉浸感”和“美好感”的“感官体验”效用。顺应这种趋势，本研究从场景化商业模式的“价值主张”“价值创造主体”“价值创造过程”三个维度出发，通过对快手和抖音案例资料的层层编码，凝练出五个构念，即“产品消费期望”“产品功能价值”“平台、企业和消费者”“场景化情境的标准化配置”和“供需匹配”。场景化要素嵌入短视频形成的价值主张为产品功能价值，其价值创造主体包括平台、企业和消费者，其价值创造过程表现为场景化情境的标准化配置，形成“短视频+行业+场景故事→产品消费期望+感官体验→价值感知→公域流量交易推广变现”的逻辑赋能产品功能价值创造。短视频通过以用户生产内容（User Generated Content，UGC）为主，以专业生产内容（Professionally Generated Content，PGC）为辅的方式，凭借其“短与快”和“新与奇”打造场景故事，在场景故事中将产品功能价值予以体现，充分体现了“人找货”的“物以类聚”和“千人一面”的标准化适配形式，其目的是通过场景故事中产品的感官体验，解决消费者的消费痛点。短视频以关键消费领袖（Key Opinion Consumer，KOC）的去中心化运营方式，借助于原生广告植入和店铺页面链接，通过公域流量进行内容交易推广变现，进而聚焦关键业务和强化核心资源。这种“内容为王”的商业模式通过去中心化运营，借助于跨边网络效应进行价值创造。由此，形成产品功能价值主导的场景化商业模式赋能价值创造机理，如图8–4所示。

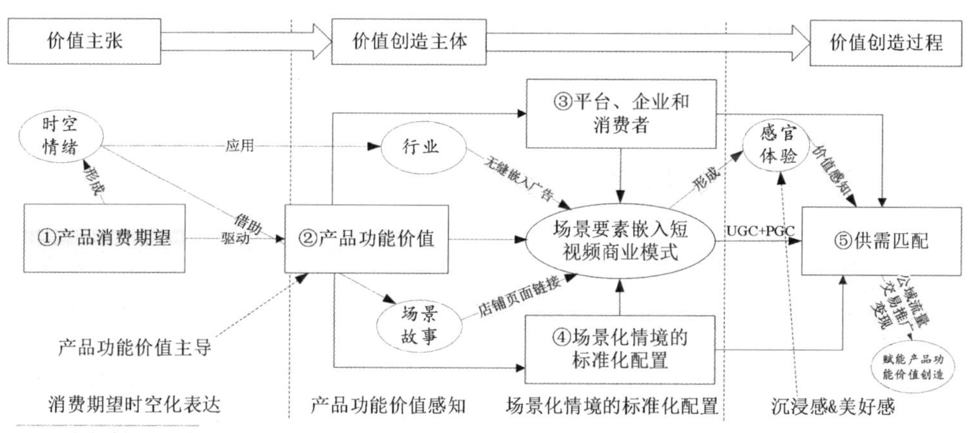

注：“短视频+行业+场景故事”→广告+链接→感官体验→价值感知→公域流量变现→赋能价值创造。

图8–4　产品功能价值的场景化商业模式创新机理

如图8–4所示，时空情绪为用户产品消费期望的时空化表达。场景要素嵌入短视频赋能产品功能价值创造可以理解为用户在特定时空对特定产品的消费需求、消费习惯和消费偏好的满足。在用户需求的刺激和驱动下，短视频平台情境逐渐丰富，短视频基于情境不仅能为用户提供产品功能价值，还可以为用户提供服务效用价值，以及特定时空的场景体验价值，只不过这个阶段主要以产品功能价值为主导，这三类价值是由商家与用户交互实现的。短视频将场景要素融入其商业模式，通过“短视频+行业+场景故事”形成产品功能的感官效用，并借助于用户对其价值感知，通过“广告”和“链接”两种方式实现公域流量的交易推广变现，赋能产品功能价值创造。由于短视频播放时间很短而不适合做前贴片广告和冠名，其主要通过原生广告变现。相对于传统广告而言，原生广告是在不影响用户体验的基础上，将品牌需要传达的信息传递给用户，使内容和广告变为“你中有我、我中有你”，也就是“内容即广告，广告即内容”的模式，如植入广告、接单广告和冠名广告。对于链接变现而言，抖音和快手相继在短视频页面链接“抖店”和“同城”实现流量变现。原生广告的植入显得生动而不落俗套，借助短视频播放量增加广告的曝光度。经过多年发展，短视频原生广告已经成为全新的广告形态，并显现出极为可观的市场效能。短视频链接变现主要包括线上开店、同城服务、相似推荐和文化氛围，助力线上“种草”和线下“变现”赋能价值创造，充分体现了“物以类聚”的“千人一面”营销方式。

8.2.3 服务效用价值场景化商业模式创新机理

近年来，短视频圈子注重场景化情境配置，强化用户对于产品或服务的“激励感”和“成功感”的“社交体验”。短视频圈子场景化商业模式为其赋能价值创造带来更多的机遇，让原本无法触达的场景变成了具有价值创造潜力的现场。

社交包括了短视频的所有社交功能，如快手的关注、同城、朋友，还有抖音的关注、推荐、本地（以所在地区域名显示）等社交功能，这些社交功能还包括了点赞、转发和评论等。圈子则是由社交功能形成的不同社交群体。短视频圈子之所以成为现代消费的有效方式而被大众所喜爱，是由于其圈子情境不断丰富，且其感知用户在特定时空消费期望的能力越来越强，也越来越能基于圈子为消费者提供针对性的产品或服务。短视频将场景化要素嵌入商业模式，并通过场景化情境的个性化配置赋能价值创造，基于“社交+圈子+社群构建→产品/服务+社交体验→价值感知→私域流量的社交关系变现”的逻辑，赋能服务效用价值创造。短视频通过以PGC为主、以UGC为辅的方式打造社交圈子，在社交圈子中将服务效用价值予以体现，充分体现“货找人”的“人以群分”和“一人千面”的个性化情境适配形式，通过社交圈子中的社交体验，为消费者制造消费痛点。社交圈子以KOL进行中心化运营，借助于社交电商和IP电商，通过私域流量进行关系交易推广变现，进而深化用户连接和拓展延伸场景，凸显同边网络效应。社交圈子借助场景化情境的个性化配置，在满足用户对于产品或服务异质性消费需求的同时，为其创造特有的时空价值。这种“社交为王”的商业模式通过中心化调和性运营，借助于同边网络效应进行价值创造。由此，形成服务效用价值主导的场景化商业模式赋能价值创造机理，如图8-5所示。

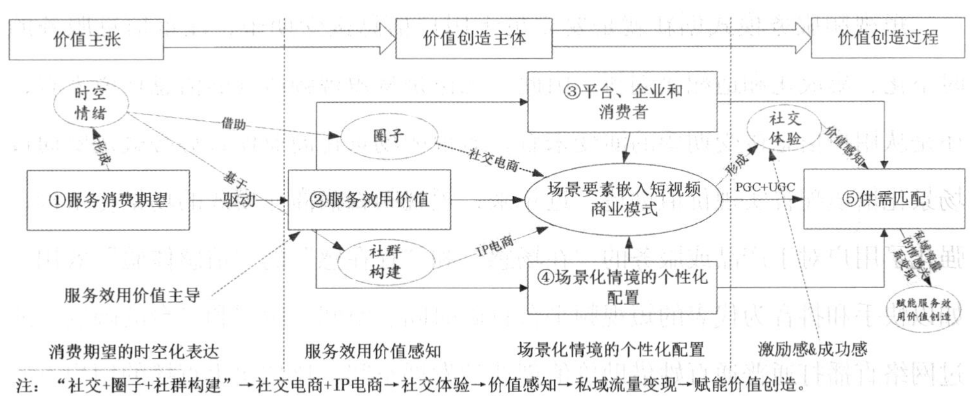

注：“社交+圈子+社群构建”→社交电商+IP电商→社交体验→价值感知→私域流量变现→赋能价值创造。

图8-5　服务效用价值的场景化商业模式创新机理

如图8-5所示，时空情绪为用户服务消费期望的时空化表达。短视频圈子通过用户“关注”和“推荐”赋能服务效用价值创造，让短视频圈子更懂用户的消费需求、消费习惯和消费偏好。基于短视频圈子商业模式，场景化社交功能为价值创造赋能解决了“消费期望”与“供给现实”之间的矛盾。短视频圈子的价值主张以服务效用价值为主导，短视频圈子正是通过场景化情境的个性化配置形成赋能价值创造的价值节点、价值节点集群、价值链、价值支链、价值树和价值网。短视频圈子场景化商业模式的价值创造主体为平台、企业和消费者。短视频圈子商业模式的场景化情境配置通过“社交+圈子+社群构建”借助“社交电商”和“IP电商”的分销渠道，形成不同服务的社交体验效用，进而借助于对其服务效用的价值感知，通过私域流量变现，赋能服务效用价值创造。对于电商而言，主要是以短视频圈子为导流利器，贩卖生活态度，增加用户对产品的信任感并打开销量。场景时代，IP电商已经不是公司或者明星的专属，有更多的纯素人在没有任何成本和规划的情况下因为突发事件成为流量黑马，把握住机会顺势构建了自己的商业模式，实现了影响力变现。

8.2.4　场景体验价值场景化商业模式创新机理

短视频服务模式创新就是要立足于用户信息接受期望，注重信息服务的时空化、集成化和适配化创新。由此，无论是从短视频所处的信息环境来看，还是从用户信息接受期望的演变来看，短视频场景化商业模式势必就是要通过场景化情境配置实现价值创造。近年来，短视频直播商业模式的场景化重构，强化了用户对于产品或服务的“在场感”和“存在感”的“情感体验”效用。如以快手和抖音为代表的短视频平台打破时间、空间、阶层和平台的限制，通过网络直播打通普通百姓借助价值创造的发展空间。比如快手直播的用户具有浓厚的乡土情结，如果针对这类用户采用“产品+乡土情结”的方式直播，将会获得带货价值创造优势。再如，抖音众多垂直领域的内容创作者从图文创作转移到直播创作，也极快地提升了直播带货的平台情境。短视频直播借助场景解构其原有商业模式，将场景要素融入解构后的商业模式要素之中，通过场景化情境配置重构商业模式，采用“直播+兴趣+场景还原→场景+情感体验→价值感知→两类流量混合方式变现”的逻辑赋能情感价值创造。直播通过专业用户生产内容（Professional User Generated Content，PUGC）的方式，利用场景还原激发用户兴趣，体现场景化体验价值，充分体现了“人找人”的“场以趣建”和“千人千面”双路径情境适配形式。通过“直播带货”和“知识付费”对用户兴趣进行场景还原，激发用户场景体验，为消费者打造消费爽点。直播通常以多频道网络（Multi-Channel Network，MCN）进行调和性运营，借助于网络直播和知识付费进行流量变现，通过混合流量进行“内容+关系”的情感型变现，进而创新盈利模式和优化成本结构。这种“内容+关系”的商业模式通过中心化运营，借助于双边网络效应进行价值创造。由此，形成场景体验价值主导的场景化商业模式，赋能价值创造机理，如图8-6所示。

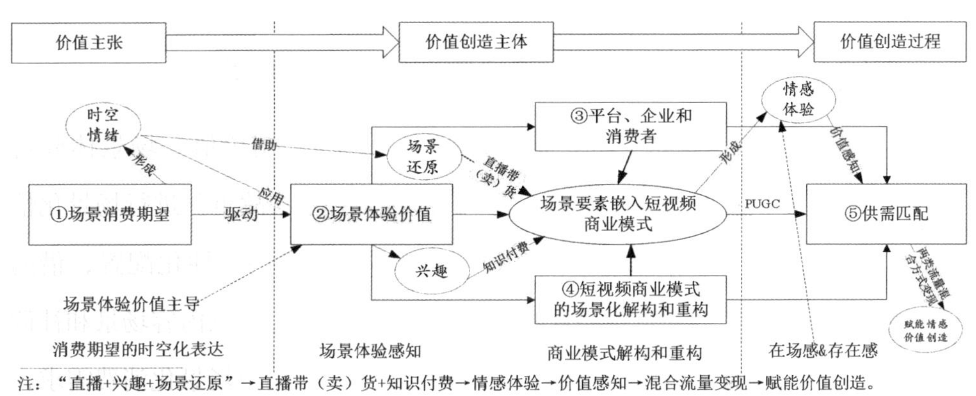

注：“直播+兴趣+场景还原”→直播带（卖）货+知识付费→情感体验→价值感知→混合流量变现→赋能价值创造。

图8-6　场景体验价值的场景化商业模式创新机理

如图8-6所示，时空情绪为用户对场景消费期望的时空化表达。短视频直播场景化商业模式赋能情感体验价值创造的价值主张是“产品功能价值—服务效用价值—场景体验价值”三种价值形态主导地位的演变，且以场景体验价值为主导。短视频“直播带货”和“知识付费”场景化商业模式是通过场景解构其原有商业模式，将场景要素融入解构后的商业模式要素之中，通过场景化情境配置重构商业模式实现的。短视频“直播带货”和“知识付费”将场景化要素融入其商业模式助力品牌宣传营销，提高受众购买的积极性，深度开掘产品功能价值、服务效用价值和场景体验价值，整合企业资源，赋能价值创造。通过“直播+兴趣+场景还原”形成特定的交互体验效用，借助于价值感知，通过混合流量的情感关系变现，赋能场景体验价值创造。短视频直播是通过“直播带（卖）货”和“知识付费”为短视频场景体验价值创造赋能。短视频直播商业模式价值创造主体是大流量、大曝光的网络红人，同时红人内容更接地气，更容易和用户建立信任，因此比较容易“带货”，都不用特意推荐就会产生购买转化，评论区出现热心肠的“助攻大师”，会帮忙梳理出植入的产品以及链接，直接促进转化。短视频直播商业模式解构和重构是通过资源配置优化成本结构，并通过“消费场景—消费期望—平台情境”的资源配置形成其核心能力。

8.2.5 价值形态演变的场景化商业模式创新路径

总体而言，短视频基于“产品功能价值—服务效用价值—场景体验价值”三种价值形态主导逻辑的演变，借助“短视频+场景故事”进行场景化情境的标准化配置，借助“圈子+社交”进行场景化情境的个性化配置，借助“直播”进行场景解构和重构商业模式赋能价值创造。短视频内容场景和社群场景营造的深度融合显得尤为重要。这就需要深入洞察用户场景化消费需求，明晰用户场景化消费习惯，把握用户场景化消费偏好。具体而言，短视频场景化商业模式赋能价值创造路径可以从以下几个方面理解：①价值主张赋能。价值主张是由商业模式要素的收入来源、成本结构和价值主张重构形成。短视频基于价值主张赋能价值创造是要实现“产品功能价值”“服务效用价值”和“场景体验价值”三类价值的调和，这些价值在不同时空的主导程度不同。目前而言，短视频价值创造的主导价值体现为场景体验价值。短视频基于价值主张赋能价值创造的实质是借助“消费场景—消费期望—平台情境”的标准化配置方式重构实现的。②价值创造主体赋能。价值创造主体是由商业模式要素的客户细分、重要伙伴和客户关系重构形成的。最早的价值创造主体是短视频平台，用户只是被动地接受信息。随着环境的变化，短视频平台不再是唯一的价值创造主体，企业、用户都成为价值创造的又一主体，对短视频价值创造发挥着重要的作用。短视频基于价值创造主体赋能价值创造实质上是基于“消费场景—消费期望—平台情境”的个性化配置方式实现的。③价值创造过程赋能。价值创造过程是由商业模式要素的核心资源、关键活动和渠道通路重构形成的。短视频基于价值创造过程赋能价值创造实质上是场景对商业模式的解构，将场景要素融入解构后的商业模式要素之中，并基于“消费场景—消费期望—平台情境”的配置方式进行商业模式的场景化重构实现的。基于此，形成图8-7所示的价值形态演变的场景化商业模式创新路径。

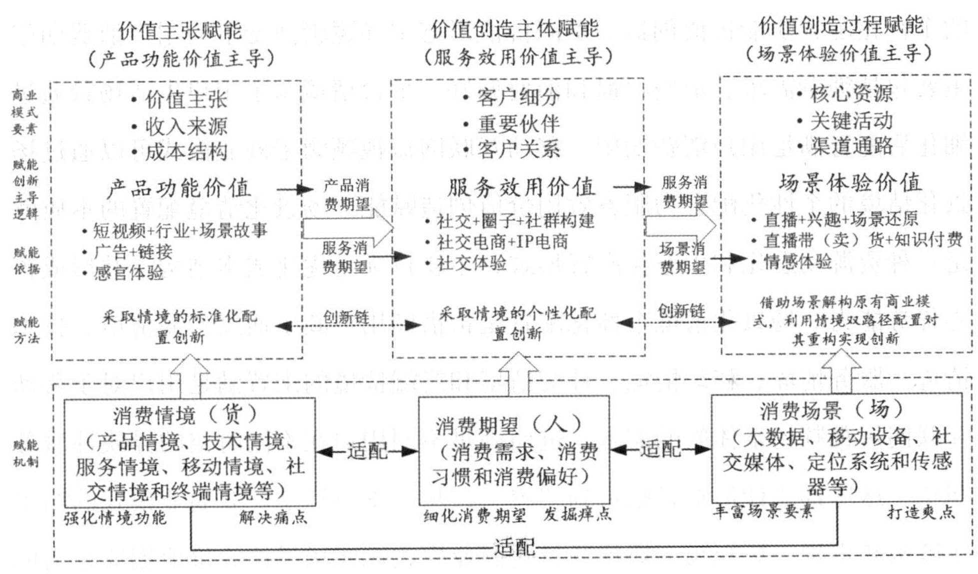

图8-7 价值形态演变的场景化商业模式创新路径

如图8-7所示，短视频场景化商业模式赋能价值创造体现在“产品功能价值”“服务效用价值”和“场景体验价值”三类价值主导逻辑的演变。在不同价值形态主导逻辑演变下，场景化商业模式为短视频价值创造赋能具体包括以下几个方面：①不同主导逻辑赋能价值创造。在不同场景下，用户消费期望可细分“产品功能价值”主导、“服务效用价值”主导和“场景体验价值”主导，用户不同时空的消费期望是以不同价值形态为主导的，其具有不同时空的消费需求、消费习惯和消费偏好。不同主导逻辑的用户消费期望是无法进行客观定性分析和精准抓取的，但却可以结合用户的点赞、转发、评论等行为对其现阶段消费期望进行预测。例如，没有熟练烹饪技巧的家庭主妇会在三餐前观看相关短视频，而后台系统根据该用户的搜索浏览记录，有针对性地进行精准广告投放，从而达到原生广告场景传播的目的。同时，在短视频页面通过链接实现厨具以及家庭用具的品牌宣传，最大程度地激发用户消费行为的产生。②场景化情境的个性化配置。基于不同消费者在不同时空的消费需求、消费习惯和消费偏好，形成不同场景的价值主张，通过场景化情境的个性化配置赋能价值创造。不同价值形态主导逻辑演变下的用户消费期望主要包括消费需求、消费习惯和消费偏好，平台情境基于用户生活场景通过细化后配置满足用户消费期望。移动互联网短视频圈子商业模式可以通过场景化情境的个性化配置为服务效用价值创造赋能。场景化情境配置的本质就是一种资源动态化和生态化配置形式，主要目标是优化成本结构，并形成核心优势能力。场景化情境个性化配置是指借助用户圈子通过产品情境、技术情境、服务情境、移动情境、社交情境和终端情境的配置满足用户对于移动互联网短视频场景体验的需求，进而满足不同用户在不同时空的异质性服务期望，这些都能让消费者感觉到“爽”，从而爱不释手。③商业模式的场景化解构和重构。短视频直播的场景化商业模式赋能场景体验价值创造是借助场景解构现有商业模式，并将场景要素融入解构后的商业模式要素之中，实现移动互联网短视频商业模式要素的改性，这种改性实现了资源的配置，优化了成本结构。改性后的商业模式要素具有感知用户在特定时空消费期望的功能，通过“消费场景—消费期望—平台情境”场景化情境适配助力移动互联网短视频直播商业模式的重构，这种场景化情境配置的本质是要形成核心能力，进而实现供需匹配。短视频通过对现有商业模式解构，将场景要素融入解构的商业模式要素之中，赋能产品功能价值、服务效用价值和场景体验价值的创造。

8.2.6　价值形态演变的场景化商业模式创新策略

短视频基于不同价值形态主导逻辑的演变实现线上流量的抢夺，这种流量的争夺不再仅是注意力的抢夺，还是用户消费心理和消费需求主导逻辑演化信息的抢夺。谁能快速、准确地挖掘用户在某些垂类领域的消费需求（价值主张），并为之提供相对应的产品和服务，谁就能盘活手里的流量。未来，随着场景要素的不断丰富，特别是传感器、可穿戴设备、虚拟现实、增强现实、物联网、5G技术、云计算等技术的不断丰富和强大，短视频场景化商业模式赋能价值创造的内涵和外延不断延伸和拓展而产生极强的在场感，让用户完全沉浸在虚拟场景中，使短视频场景化商业模式价值创造凸显其特有的魅力。短视频正是基于主导逻辑的演变，通过植入广告、店铺链接、社交电商、IP电商、直播带货和知识付费等方式进行各类流量的调适性变现。通过场景解构现有商业模式使商业模式要素处于游离状态，基于用户场景化消费期望，借助场景化情境的标准化和个性化配置以及商业模式的重构赋能价值创造，通过“消费期望”与“供给现实”的精准匹配为用户带来愉悦体验。基于对本研究的总结提炼，形成表8-2所示的价值形态演变的场景化商业模式创新策略。

由此，短视频商业模式赋能价值创造应基于表8-2，从以下几个方面予以完善和发展。①适度强化情境配置功能。未来，随着短视频平台的不断发展，应通过数据挖掘精准地引发消费者注意、激发其兴趣、刺激其搜索、促进其购买、引导其分享等方式培养用户持续消费意愿。由此，就需要根据消费者在特定时空的消费期望进行场景化情境配置，这种配置追求的是一种适度配置，即能标准化配置绝不个性化配置，以期在最小配置成本下最大程度地满足消费者的消费期望。②按需细化用户消费期望。在主导逻辑演变的驱动下，短视

表8-2 价值形态演变的场景化商业模式创新策略

赋能主导逻辑	产品功能价值主导	服务效用价值主导	场景体验价值主导
赋能方式	短视频+行业+场景故事	社交+圈子+社群构建	直播+兴趣+场景还原
商业模式类型	内容为王/感官体验型	社交为王/社交体验型	内容+社交/情感体验型
价值创造方式	物以类聚/人找货/千人一面	人以群分/货找人/一人千面	场以趣建/场找人/千人千面
情境配置目标	解决消费痛点	制造消费痒点	打造消费爽点
情境配置方式	标准化适配	个性化适配	商业模式解构和情境双路径配置的重构
信息生产方式	UGC为主，PGC为辅	PGC为主，UGC为辅	PUGC
场景流量变现	公域流量/广告植入+店铺链接	私域流量/社交电商+IP电商	混合流量/直播带货+知识付费
场景变现方式	内容交易推广型变现	关系交易推广型变现	“内容+关系”的情感型变现
场景运营方式	去中心化运营	中心化运营	调和性运营
网络效应类型	跨边网络效应	同边网络效应	双边网络效应
赋能策略优化	通过强化情境配置功能聚焦关键业务，强化核心资源	通过细化用户消费期望，深化用户链接，拓展延伸场景	通过丰富场景要素，创新盈利模式，优化成本结构

频成为用户需求的理解者和提供者，短视频平台应对用户了如指掌，知道用户有什么、要什么以及其行为习惯，据此对用户进行筛选和生态适配，短视频还应针对情境和场景的实际情况引导和调节用户消费期望。诚然，用户消费期望也不是越细化越好，而是需要和其所处时代的生产力和生产关系相适应。如果细化程度不够，满足不了用户消费期望；如果细化程度过高，现有情境和场景化要素不能与之匹配，也满足不了用户消费期望。③适时丰富场景要素。随着信息技术、通信技术、智能技术等的不断发展，大数据、移动设备、定位系统、传感器、5G技术、VR、AR、社交媒体和可穿戴设备等场景要素不断丰富，这使短视频消费者在特定场景中获得特定体验。短视频应注重环境变化下的用户消费体验和商家的利益，在适当的时候通过丰富场景要素增强平台与用户的黏性，赋能立体化价值创造。综上所述，短视频场景化商业模式对于产品功能价值主导逻辑需要通过聚焦关键业务和强化核心资源赋能价值创造，对于服务效用主导逻辑需要深化用户链接和拓展延伸场景赋能价值创造，对于场景体验主导逻辑需要创新盈利模式和优化成本结构赋能价值创造。

8.3　新零售商业模式感官营销策略

由于移动互联网的普及引致网购的迅猛发展，中国可能已经在感官营销尚未充分发展的时候，就早早进入了一个感官缺位的时代。当下，服务主导逻辑越来越成为企业与消费者之间关系的主流态势。实施顾客感官管理，应当对顾客从信息搜寻，到完成购买，再到产品使用及售后服务的全过程进行仔细分解。将顾客与相关信息媒介、企业人员、供应链服务人员、产品包装、产品本身的每一次可能的接触场景化，再分析这个环节发生前顾客“视听嗅触味”五种感官可能的初始状态，最后考虑感官的接触机会并对可能出现的情况给出应对程序。搞定线上商品感官缺位的关键在于，商品展示的“色香味”俱全，以及保证供应链完整，商品触达效率，给予顾客最优质的购买体验。

8.3.1 新零售的场景化感官营销形成

2015年，中国人民大学彭兰教授认为构成场景的基本要素应包括空间与环境、实时状态、生活习惯和社交氛围，这种提法为场景化商业模式的感官认知理论的构建提供了思路。

首先，空间与环境是指场景化商业模式所可能存在的时空，以及时空所依赖的环境，正是由于消费者所处的时空和环境的不同，形成了消费者对不同时空产品或服务的感官期望，也正是基于消费者的消费期望进行场景化情境配置，形成了消费者对产品或服务的独特感官认知；其次，用户的实时状态是指用户在特定时空的身体状态，包括用户是在家还是在单位，是在路上还是在岗上，是静止状态还是运动状态，是休闲状态还是工作状态，是独处状态还是群体状态等。用户的实时状态不同致使其对产品或服务的感官需求存在差异；再次，不同地区消费者的生活方式不同，不同类型消费者的生活方式亦不同，所以把握和发掘消费者的生活习惯有助于有效地挖掘消费者在不同时空对于产品或服务的感官体验需求，进而有针对性地为其提供服务。最后，社交氛围的不同对于消费者的消费行为影响巨大，间接地影响着消费者对于产品或服务的感官认知，如消费者借助于社交媒体对某款产品的功能、效用以及感官体验的转发、评论和分享，可以起到消费的引导和刺激作用。

社交媒体在一定程度上成为产品或服务感官营销的媒介，是消费者对于产品或服务感官认知的催化剂和助推剂。由此，形成图8-8所示的新零售商业模式场景化感官形成机理。

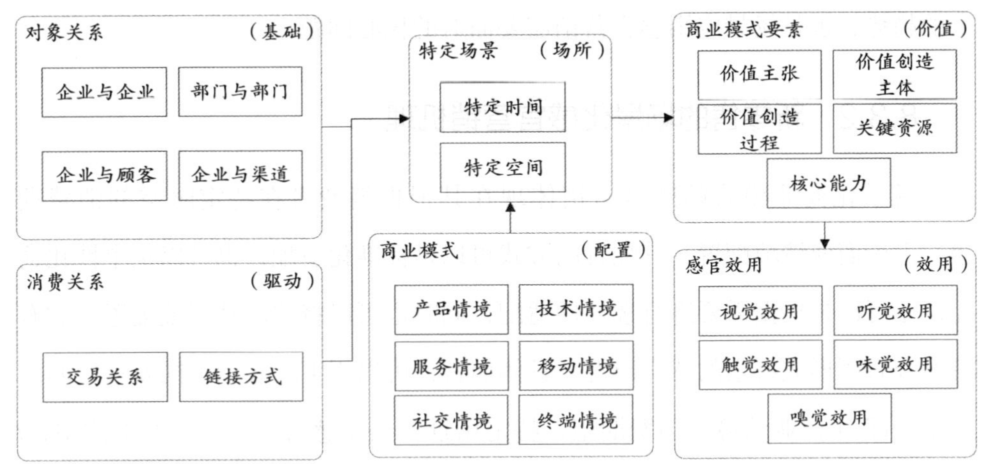

图8-8 新零售商业模式场景化感官形成机理

场景化感官营销不同于传统的营销方式，传统商业营销大多注重产品的质量、售后服务，而场景化商业营销则更多地关注用户在特定时空的消费体验，这种体验包括消费者在特定时空对于产品或服务的视觉、听觉、嗅觉、触觉和味觉的感知，这对于场景化商业模式非常重要。场景不仅是特定的时空，还包括特定时空内的情境配置关系，以及消费者的消费行为。场景时代，如何构建基于消费者消费需求、消费习惯和消费偏好的感官营销体系，使消费者成为价值共创者，使不同场景的产品的气味、材质、设计、音乐等感官融合为具体的价值效用，刺激和提升消费者对产品或服务的品牌特征和服务场景的识别能力。场景化商业模式感官营销突出了消费者的场景化体验，基于消费者与产品或服务的场景化连接，使消费者对产品或服务的风格进行精准、清晰地定位，进而影响消费者的消费心智，通过场景化感官激发消费者的消费意愿。场景化商业模式的感官营销是实现场景应用细节和满足人们生活方式的契合，可以通过商业情境的有效配置实现，以产品或服务的感官满足消费者的消费需求、迎合消费者的消费习惯和调适消费者的消费期望，进而以感官打动消费者的消费痛点、激发消费者的消费痒点和形成消费者的消费爽点。场景时代，探索消费者的感官表征及其文化形态，并以此为基础进行场景化的感官营销是未来的趋势，也是场景应用感官营销需要面对的核心问题。

8.3.2 新零售的场景化感官营销机理

场景化商业模式的感官营销体现在其根据消费者在特定时空的消费期望，进行商业情境配置，其配置的方式可以是标准化适配，也可以是个性化适配，还可以是根据需要进行选择性适配，同时也可以将这两种情境配置方式有机融合后所形成特定的感官形态。具体而言，可以用下式表示不同要素之间的关系，即f（商业情境，消费期望，特定场景）=g（感官效用）。在上式中，f是函数符号，其含义是在商业情境（可以用x表示，具体包括产品情境、技术情境、服务情境、移动情境、社交情境和终端情境）、消费期望（可以用y表示，具体包括消费需求、消费习惯和消费偏好）和特定场景（可以用z表示，具体包括特定时间、特定空间）三个要素之间存在着某种关系。如何使这三者之间关系最优？可以用函数f（x，y，z）表示，通过函数关系的运算，得到商业模式b（ys_1，ys_2，ys_3，ys_4，ys_5），再由商业模式形成五种感官效用值的函数g（m，n，p，q，l）的关系。这五种感官效用值分别是m表示听觉效用，n表示视觉效用，p表示嗅觉效用，q表示味觉效用，l表示触觉效用。由此，可以形成如图8–9所示的新零售的场景化感官营销机理。

如图8–9所示，首先基于消费者在特定时空的消费需求、消费习惯和消费偏好，进行场景化商业情境的有效配置。商业情境的配置目的是要解决消费者在特定时空消费的痛点，商业情境配置的方式是通过标准化适配或者是个性化适配，以及这两种配置方式的融合适配进行。商业情境的场景化适配使企业产品或服务的价值主张、价值创造主体、价值创造过程、关键资源和核心能力等商业模式要素更具有场景的特征，满足着消费者在特定时空的感官体验，使企业通过感官营销增强产品或服务与消费者的黏性，强化其持续购买意愿。

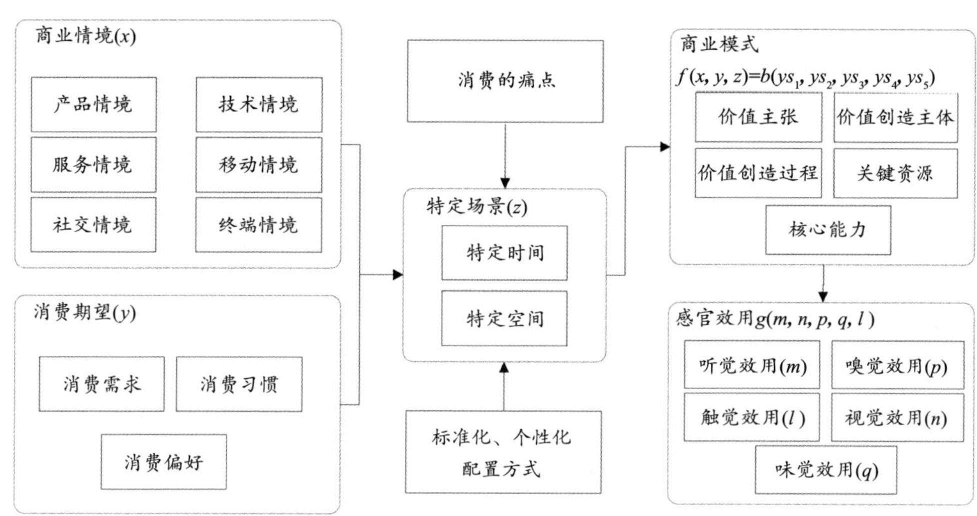

图8-9　新零售的场景化感官营销机理

8.3.3　新零售的场景化感官营销路径

人类五大感官如今正获得越来越多的关注。在大多数情况下，用户兴趣聚焦于对感官营销的认知，以达成战术性的、短期的销售目标。感官营销对于商业模式创新而言更具战略意义，它能够帮助新零售明晰场景价值，是辅助用户对产品或服务的感官认知和形成持续使用意愿的重要途径。当企业为消费者营造出极致的感官体验时，企业就能够通过不同的感官知觉和感官表达实现感官战略，进而完成品牌的私属化。一旦企业通过品牌私属化使消费者身心能够接受品牌的灵魂，感官营销为消费者提供品牌触感，兼顾情感、体验愉悦、感官价值以及理性和感性双重逻辑的需求。消费者的极致体验揭示了企业对于商业情境的配置程度，以及消费者在特定时空的体验愉悦度，而这些均来自企业产品或服务所创建和传递的全方位的感官体验，包含视觉、听觉、嗅觉、触觉和味觉五种感官，这也是感官营销的核心和关键。现有理论研究和实际应用表明，仅有大众营销或是关系营销是远远不够实现企业营销目标的，企业还需要将人体感官置于营销战略的核心地位。无论是产品还是服务，消费者的全方位感官体验对企业而言至关重要。感官营销未来可以借助于不同的传感器实现，通过影响消费者对感官触发、刺激的反馈，进而影响消费者接受感官信息或信号，从而改变消费者的消费行为。由此，形成了新零售的场景化感官营销路径，如图8-10所示。

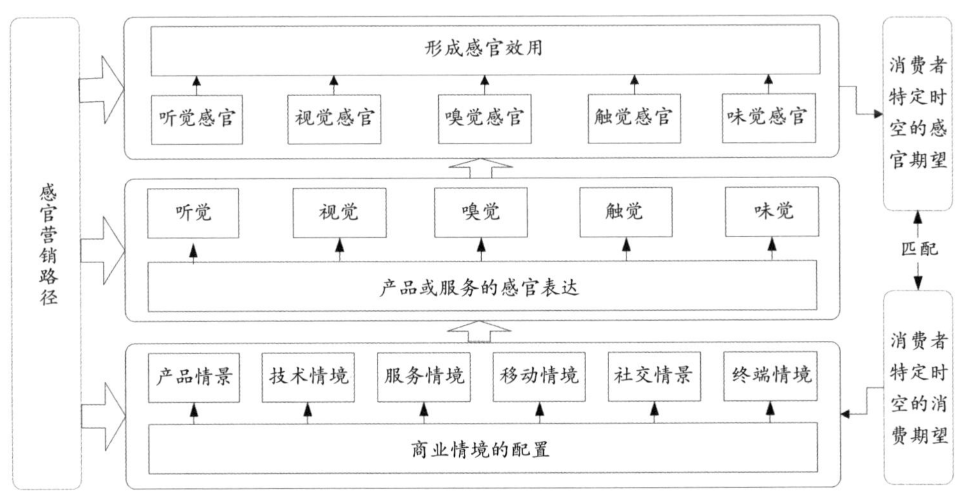

图8-10　新零售的场景化感官营销路径

如图8-10所示，感官触发器可以被运用到餐厅、商店、超市等实体经营环境，或者电子商务的虚拟经营环境中。在场景化商业模式中，消费者综合不同感官体验形成的品牌形象在一定程度上受到社会文化、时代潮流和日常生活的影响。在感官营销研究框架中，企业可以运用不同的感官表达来创造品牌认知和树立品牌形象，这就要求企业能够像人类一样不断适应身边环境的变化而做出改变。在感官营销中，消费者通过产品感官体验了解产品或服务属性特征，并获得产品或服务的实际感官效用，这就需要企业在场景化商业模式中不断嵌入和强化感官的作用，使感官体验和感官表达与消费者大脑中的固有印象和情感产生联系。企业感官营销意味着通过感官、感官知觉和感官体验，结合人类五种感官的感官表达，形成消费者对品牌的感官体验，这也就是我们日常所说的消费者所追求的极致感官体验。

8.3.4　新零售的场景化感官营销实例

2017年6月，亚马逊以137亿美元收购美国线下高端生鲜连锁超市Whole Foods Market。Whole Foods Market创建于1980年，现有200多家连锁超市，遍布全美各地，在美国高端线下有机食品市场处于龙头地位。该超市为消费者提供极致的感官体验，具体表现为：①嗅觉感官。Whole Foods Market将面包房设置在入口处，这样可以使整个商店门口都弥漫着新鲜出炉的面包香味，让食物的自然芬芳充斥着整个商店，营造出令人愉悦的嗅觉氛围。Whole Foods Market在每个档口都摆放着样品，样品气味充斥着整个商店，为消费者提供嗅觉感官体验。②听觉感官。Whole Foods Market对于店内背景音乐的选择上非常慎重，其所选的背景音乐是来自精心挑选的3000首不同歌曲，这些歌曲力图为消费者营造愉悦的购物环境，精选的音乐可以视为Whole Foods Market的标志音乐。③视觉感官。Whole Foods Market的装潢让消费者觉得十分舒适、愉悦和放松，当光与墙面颜色相融合时，便增添了柔和的色彩，为消费者营造出舒适、惬意的视觉感官体验。店内的照明采用了面光源和点光源相结合的方式，既营造氛围，又能突出特定的产品。④味觉感官。味觉感官和其他感官之间的交互，强化了消费者的味觉体验，从而促进了感官之间的协同作用。Whole Foods Market弥漫着食物和饮料的气味，消费者漫步其中可以随意品尝店内的样品，样品的选择和供应服从季节和特定的主题。消费者可以凑近观看、品尝这些食物以获得味觉体验。Whole Foods Market内设有巧克力泉，人们可以随心所欲地用水果或蛋糕蘸着巧克力吃，进而加强了消费者感官体验。⑤触觉感官。卖场通常设计成可供消费者提供触摸产品机会的场所，无论是水果还是咖啡豆，消费者都可以尽情享受触摸产品带来的触觉体验。产品被放在精美的编织篮或是餐碟之上供人们触摸或品尝，进一步强化了这种触觉体验。Whole Foods Market的感官体验之所以如此良好，就是因为该商店的产品情境、技术情境、服务情境、移动情境、社交情境和终端情境基于消费者在该特定时空的消费期望进行了有效的配置，让每一位消费者对于其的感官体验各不相同，表现为个性化的特性。在该案例中，我们可以建立场景化商业模式与感官营销之间的映射机制和映射关系如表8–3所示。

表8–3　场景化商业模式及其感官映射表

场景化商业模式	场景化感官效用	两者之间的映射	感官营销策略
价值主张：不仅包含交换价值、使用价值，也包含产品或服务感官体验价值	嗅觉感官：将面包房设置在入口，让食物的自然芬芳充斥着整个商店，营造出令人愉悦的嗅觉氛围	映射机制：基于消费者在特定时空的消费需求、消费习惯和消费偏好，对商业情境进行标准化和个性化的选择性融合适配，使产品或服务的视觉、味觉、嗅觉、触觉、听觉效用显现，强化消费者持续消费意愿	策略1：场景化商业感官交互整合，形成感官效用
价值创造主体：企业+消费者。包括企业单独、消费者单独以及二者协作	听觉感官：精心挑选歌曲，力图为消费者营造愉悦的购物环境，精选的音乐可以视为标志音乐		策略2：场景化商业情境的立体化适配，形成感官效用
价值创造过程：场景化商业情境适配过程。这种适配是基于消费期望适配的	视觉感官：店面装潢为消费者营造出舒适、惬意的视觉感官体验。既营造氛围，又能突出特定的产品		策略3：借助场景五力形成消费心流体验，激发感官体验
关键资源：商业情境的丰富程度。拓展情境维度，延伸情境深度	味觉感官：随意品尝店内的样品，内设有巧克力泉，人们可以随心所欲地用水果或蛋糕蘸着巧克力吃	映射关系：“场景—感官需求—商业情境”“场景—感官习惯—商业情境”“场景——感官偏好—商业情境”的三维—景的适配	策略4：实施线上线下全渠道无缝连接，激发感官体验
核心能力：场景化商业配置能力。基于消费感官期望的适配能力	触觉感官：提供触摸产品机会的场所，消费者都可以尽情享受触摸产品带来的触觉体验		策略5：以上四个策略的选择性组合实施策略，形成更强的感官体验

在Whole Foods Market的五种感官中，商业情境中的产品情境、技术情境和服务情境体现得较多，Whole Foods Market在未来应该突出其商业情境中的移动情境、社交情境和终端情境的功效，使其感官效用能得以进一步发挥，如通过虚拟现实技术，利用电子气味还原技术和电子触觉技术，在移动网络环境下，可以在远程体验Whole Foods Market提供的五种全方位的感官，进一步增强消费者的愉悦体验。

8.3.5　新零售的场景化感官营销策略

消费者通过线上交互和线下体验可以获取产品或服务的多种感官信息。场景化商业模式就是要通过场景化的情境配置触发消费者对于产品或服务的多感官交互和多感官整合的功能，并充分发挥其效用，具体是借助消费者对不同的感官体验后形成感官效用评价。诚然，无论是物理场景还是虚拟场景大多呈现的是视觉信息，现有企业的多感官交互与整合的效用还未能得以充分发挥，即使掺杂了一些听觉信息但是其效用十分有限。因此，在未来的场景化商业模式的感官营销中，应充分发挥传感器技术、电子触觉和电子味觉还原等技术的效用，对五类感官的效用进行整合，进而使其感官体验效用得到充分发挥。所以企业应该基于消费者的生活习惯，对消费者的消费行为进行捕捉和挖掘，设计触动消费者情感共鸣和认同的消费场景入口，调动消费者的多感官体验，触发消费者多感官认知的战略架构和实现技术的不断成熟，进而完善场景化商业模式的感官营销策略。

场景化商业感官整合的方法源于商业情境的配置方式，依据消费者在特定时空的消费需求、消费习惯和消费偏好，进行产品情境、技术情境、服务情境、移动情境、社交情境和终端情境的标准化配置和个性化配置以及这两类配置的有机融合。场景化商业感官整合的效果决定了产品和服务的感官效用。场景化商业模式的感官效用来自商业情境的立体化适配，具体表现为企业满足消费者多元化需求的商业情境标准化适配方式、企业满足消费者个性化需求的商业情境个性化适配方式，以及这两类情境适配方式的有机融合。场景时代，随着场景五力对人们生活的影响，消费者的生活或方式不断变迁，表现为复杂、动态、多元的形态。在这种情形下，消费者不仅满足于基本的物质生活需求，而且按照马斯洛的需求层次理论不断演进。在这种情形下，场景化为产品或服务的感官营销创造了更多的机遇，通过感官拓展营销渠道，强化与消费者的及时沟通，从而激发消费者的持续消费意愿。为此，企业需要掌握消费者在特定时空的实时状态、生活习惯，开发个性化、定制化的感官营销服务，增加感官黏性。为此，需要基于位置的服务、各种传感器以及大数据等技术的支持，调整感官营销策略，使其与受众更相关、更个性化，从而实现场景和服务适配。

场景化商业模式的感官交互与整合使消费者对于产品或服务以五种感官效用为体验。在实际体验过程中，需要运用场景五力融合线上和线下的场景，通过大数据、移动设备、社交媒体、传感器和定位系统，对商业情境进行整合和有效的配置，通过将产品和服务的感官与其他行业进行跨界混搭，实现场景化商业模式的感官营销。在场景化商业模式的消费情境下，消费者对产品或服务的感官评价的实质是企业对产品或服务的视觉、听觉、味觉、嗅觉和触觉的整合结果。场景化时代，消费者对产品或服务的感官体验，来自其与产品的交互模式和机制。企业应从消费者在特定场景的消费需求、消费习惯和消费偏好出发，为消费者提供与产品或服务深入交互的机会，让消费者深入把握产品或服务的五种感官效用，带给消费者前所未有的心流体验，为消费者订制相应的产品和服务，触发消费者感官的同时也有效引导消费需求，激发消费者的持续消费意愿。

移动互联网使消费者的线上活动和线下活动联系得更为紧密，表现为消费者在线上与企业交互，在线下体验产品和服务。随着技术的进步，线上体验也变得越来越丰富。感官营销可以帮助消费者理解新的产品和服务，形成对消费者持续消费意愿的有效刺激。场景化时代，强调的是线上场景和线下场景的无缝链接和无缝切换。场景化商业模式下感官营销是以场景为中心的O2O感官效用的整合和有机融合。场景化商业模式应该可以把企业、消费者、商业情境等进行连接，并让这种连接随时可以被按需激活。场景化商业模式感官营销的本质就是要基于消费者的消费期望，将消费者感官体验融入生活方式之中，使场景感官效用标签化。场景时代的到来，预示着企业可为消费者提供更多跨界场景感官的服务，企业应该能即时即地触发消费者的感官系统，提升“场景要素＋产品＋服务=场景化商业模式+感官体验”。

8.4　新零售场景化位置兴趣挖掘策略

8.4.1　新零售场景化消费位置兴趣内涵

基于位置的移动服务目前在商业领域应用得较为广泛和成熟，对于新零售方面的研究和应用相对较少。新零售的位置兴趣是由定位系统记录用户消费的位置，并将位置与用户消费的兴趣关联，具体是利用定位系统，实时捕获用户接入新零售系统的位置，为用户提供基于位置的服务。这种基于位置的服务具有位置敏感、时间敏感、时间突发、即时接入和需求碎化等特点，下面分别予以详述：①位置敏感。所谓位置敏感是指用户利用新零售接受信息的习惯性表现，突出表现为用户在不同的位置对于不同消费兴趣程度的差异，这可以指导新零售在适当的地点激活用户的消费欲望。②时间敏感。所谓时间敏感是指用户在不同的时间对于不同消费的兴趣程度的差异，这可以指导新零售在适当的时间激活用户消费的欲望。③即时接入。所谓即时接入是指新零售的技术情境和服务情境功效，表现为能使用户在任何时间、任何地点接入新零售平台，平台可以实时感知用户接入的状态，并适时、适量和适度地为其提供其所处场景需要的任何信息。④需求碎化。新零售要迎合用户现实生活的信息需求、信息搜索和消费碎片化的特点，引导用户利用碎片化的时间和碎片化的空间接受其需要的信息。以上这些均需要对用户在特定位置的消费兴趣度进行挖掘，这也是本研究的主要触点。

8.4.2 新零售场景化消费位置兴趣分析

新零售用户消费的位置兴趣在一定程度上表现为其在特定位置接入系统平台的频繁程度。如果某个用户在某个特定位置接入新零售平台比较频繁，则说明其在这个位置的消费兴趣度较高。Tseng V S和Lin K W（2006）考虑了用户所处时空与其消费的关联性，提出了时间序列接入挖掘的方法。张芸等人（2009）综合分析了移动用户所处时空的消费期望，提出了N-gram数据挖掘的改进预测模型。由此，我们认为新零售的服务质量和服务效率在一定程度上取决于用户情境，即用户所处的位置、用户接受信息的时间，以及用户接受信息的期望等。同时，本研究将移动场景五要素纳入新零售情境之中，形成了新零售系统的资源情境、移动情境、服务情境、技术情境、终端情境和社交情境。新零售系统通过用户终端的传感器捕捉用户所处时空的身体姿态，在挖掘用户历史场景消费期望的基础上，分析和预测用户此时场景的消费期望，并为其提供针对性的服务。为此，本研究采用创设情境的试验方法，对用户在不同时空接入新零售的行为模式进行记录，记录用户的消费时空轨迹和消费期望，如形成表8-4所示的新零售用户接入消费场景的请求信息。

表8-4 新零售用户接入消费场景的请求信息表

试验序号	用户（u）	消费期望（e）	位置变化轨迹（l）
1	User1	Expect1	$l_7 \to l_9 \to l_2 \to l_1$
2	User2	Expect1	$l_8 \to l_9 \to l_6 \to l_4 \to l_9 \to l_6 \to l_3$
3	User1	Expect2	$l_9 \to l_1 \to l_2$
4	User2	Expect2	$l_3 \to l_9 \to l_8 \to l_4 \to l_6$

从表8-4可以看出，当相同用户消费期望不同时，其消费的轨迹是不同的；当不同用户的消费期望相同时，其消费轨迹亦不同。在实验过程中，我们采取在用户移动终端安装录屏软件的方法，记录用户接入新零售系统时的操作，记录用户的消费类型，进而确定新零售系统针对不同用户的不同消费期望的不同时间段接入点的服务。由此，我们对用户u_1和u_2，分别面对不同消费期望Expect1和Expect2的服务信息进行记录，如表8-5所示。

表8-5　新零售系统位置变化的消费试验结果

接入时间	用户及期望			
	(u_1, e_1)	(u_2, e_1)	(u_1, e_2)	(u_2, e_2)
T_1	(l_7, t_1, s_1)	(l_8, t_5, s_1)	(l_9, t_1, s_1)	(l_3, t_1, s_1)
T_2	(l_9, t_2, s_2)	(l_9, t_6, s_2)	(l_1, t_2, s_3)	(l_9, t_4, s_2)
T_3	(l_2, t_3, s_3)	(l_6, t_8, s_2)	(l_2, t_3, s_4)	(l_8, t_5, s_4)
T_4	(l_1, t_4, s_4)	(l_4, t_9, s_3)	—	(l_4, t_6, s_5)
T_5	—	(l_9, t_{10}, s_4)	—	(l_6, t_8, s_6)
T_6	—	(l_6, t_{11}, s_5)	—	—
T_7	—	(l_3, t_{12}, s_6)	—	—

由表8-5可以看出，u_2的消费期望为e_1时，其信息频次远大于u_1对应的消费期望的频次。由此，我们可以发现不同用户在不同场景的消费期望不同，其需要提供的服务亦不同。这就是说，用户不同的消费期望会影响其消费行为。另外，影响新零售用户消费的还有情境因素，例如新零售系统的产品情境、服务情境、技术情境、社交情境、移动情境和终端情境，以及这些情境针对不同用户的不同消费期望的配置等。

8.4.3　新零售场景化消费位置兴趣识别

影响新零售用户消费位置兴趣的因素有很多，但是这些因素中哪些是主要的影响因素，哪些是次要的影响因素，这些都值得研究和探讨。为此，本研究利用文献调研和问卷调查相结合的方法对新零售用户位置兴趣因素进行归总，结果表明影响新零售用户位置消费兴趣的因素主要包括：用户情境、产品情境、技术情境、服务情境、移动情境、社交情境和终端情境等几个方面。利用SPSS对调查问卷的数据做基于因子分析的特征抽取，结果发现，用户、时间、地点和消费期望等属性是影响新零售位置兴趣较为重要的因素。本试验的对象是新零售用户，在对用户场景化消费时记录其新零售各个情境因素的特征数据。新零售用户位置兴趣主要因素可以利用现有研究成果，结合问卷调查方法，进行搜集和筛选，形成的主成分分别为信息用户类型（user）、信息服务类型（service）、消费接入时间（time）、消费接入地点（location）和消费期望（expect）。

8.4.4 新零售场景化消费位置兴趣建模

为了对新零售用户消费的位置兴趣建模，需要对上述得出的影响用户消费的五类要素进行如下定义：①新零售用户。新零售用户是指所有利用新零售平台系统进行消费用户集合，可以表示为$U=\{u_1, u_2, u_3, \cdots, u_i\}$，$i=1, 2, 3, \cdots, n$，$n\in\mathbf{N}$。②接入时间。用户接入新零售系统的时间段，$t_s$为某个用户在某个位置停留的时间，而服务请求的时间为t_r。③接入位置。是指用户利用移动终端接入新零售服务平台的位置集合，用$L=\{l_1, l_2, l_3, \cdots, l_j\}$表示，$j=1, 2, 3, \cdots, n$，$n\in\mathbf{N}$。④消费期望。是指不同用户在不同时间和地点使用移动设备进行消费的期望，即其消费期望，用$E=\{e_1, e_2, e_3, \cdots, e_h\}$表示，$h=1, 2, 3, \cdots, n$，$n\in\mathbf{N}$。⑤信息服务。是指新零售平台用户在不同位置和不同时间接入系统平台请求的服务信息集合，用$S=\{s_1, s_2, s_3, \cdots, s_n\}$表示，$n\in\mathbf{N}$。根据上述定义，本研究假设$P=\{u, e, l, t, t_s, s, t_r\}$为新零售系统用户的某一消费行为，其中$u$为新零售用户群中的一个用户，$e$为新零售用户消费期望集合$E$中的一类消费期望$e$，$l$是新零售用户消费地点集合$L$的某一个具体的位置，$t$是新零售系统消费时间集合$T$的某一个时间段，$t_s$为用户$u$在某个具体位置$l$停留的时间，$s$为新零售平台服务类型集合$S$中的某一类服务，$t_r$为用户$u$请求服务$s$的时间。新零售用户位置与其消费兴趣存在着一定的关联关系，我们可以用图论的知识予以表示。用户、消费期望、用户消费接入的时间和位置，以及用户所享受到的服务组成了网络图。新零售消费网络结构是由基于位置的消费节点间的边组成的，每条边都是由新零售消费位置兴趣五种影响因素节点间的边及其关联数值，我们将其称为消费兴趣的“权”值，这样可以清晰地反映出一个新零售用户消费的行为模式，我们可以将其表述为{用户消费期望，消费接入位置，消费接入时间，逗留时间值，服务类型，请求服务时间长}={u_1，e_2，l_2，t_1，6，s_2，2}，其中u_1e_2表示用户u_1的消费期望为e_2的请求服务次数，e_2l_2表用户u_1在位置l_2的消费期望为e_2的接入系统的次数，l_2t_1表示的是新零售用户u_1在位置l_2停留的时长，t_1s_2表示的是请求服务s_2的时间长。

8.4.5　新零售场景化消费位置兴趣挖掘方法

为了对新零售用户消费位置兴趣进行挖掘，需要对消费兴趣连接系数、位置消费兴趣服务和消费兴趣重复边这三个概念定义如下：①消费兴趣连接系数。消费兴趣连接系数是指每个用户u产生消费期望e的接入次数。其中，新零售用户消费兴趣与其所处位置的接入次数可定义为LC_{nu}，用户在某个位置的消费时间用t_s表示，用户消费请求的时间用t_r表示，且消费时间大于等于消费请求时间，即$t_s \geq t_r$。②位置消费兴趣服务。当用户u_i在某一个位置消费的时间超过某一阈值时，则可以认为这个位置是用户对某个产品或服务感兴趣的位置。③消费兴趣重复边。同一用户可能会在两个消费模式中有相同的连接边，我们称其为消费兴趣的重复边。④消费连接边值。消费连接边值是指对消费兴趣连接系数进行无量纲化处理。由此，各边值的计算公式如式（8-1）所示。

$$W_{jk}=\frac{\text{count}\left(u_ie_j\right)}{\sum_{j'=1}^{n}\text{count}\left(u_ie_j{}'\right)} \quad (8\text{–}1)$$

式（8–1）中，用户u_i与消费期望e_j的连接边值可以用它们的连接次数count（u_ie_j）比上用户u_i与消费期望e_j连接次数总和count（u_ie_j'）。其中，n为用户消费期望总数目。由此，可以计算用户与其消费期望的连接边值为：w_{11}=3/5=0.6；w_{12}=2/5=0.4，如表8–6所示。

表8–6　新零售用户消费接入信息

p	U_j	E_j	L_k	LC_{nu}	T_h	T_s	S_z	T_r
1	u_1	e_1	l_2	2	t_{14}	8	s_3	8
2	u_1	e_1	l_3	2	t_{15}	7	s_2	7
3	u_1	e_1	l_5	2	t_{15}	12	s_3	9
4	u_1	e_2	l_2	3	t_{16}	9	s_5	3
5	u_1	e_2	l_4	3	t_{17}	6	s_4	2

类似地，新零售消费期望与其所处位置连接的边值可以表示为式（8–2）。

$$W_{jk}=\frac{LC_{nu}\left(jk\right)}{\sum_{k'=1}^{m}LC_{nu}\left(jk'\right)} \quad (8\text{–}2)$$

如式（8–2），m为消费接入位置数目，且LC_{nu}（jk）和LC_{nu}（jk'）都为同一用户消费期望与消费接入位置的连接次数，基于表8–6中的消费数据，可以计算用户消费期望与接入地点的连接边值为：w_{12}=2/12≈0.166，w_{13}=2/12≈0.166，w_{15}=2/12≈0.166，w_{22}=2/12≈0.166，w_{24}=3/12=0.25。由此，新零售系统用户消费接入位置和接入时间关系可以表示为式（8–3）。

$$W_{kh}=\frac{t_s\left(kh\right)}{\sum_{h'=1}^{24}t_s\left(kh'\right)} \quad (8\text{–}3)$$

式（8–3）中，t_s（kh）和$\sum_{h'=1}^{24}t_s\left(kh'\right)$为同一用户在某个地点消费请求的时间。

新零售的消费接入时间和用户申请的服务之间连接的边值，可以表示为式（8–4）。

$$w_{hz}=\frac{t_r\left(hz\right)}{\sum_{z'=1}^{n}t_r\left(hz'\right)} \tag{8–4}$$

其中n为用户在不同的时间和位置接入新零售系统接受信息服务的集合数，且t_r（kh）和$\sum_{z'=1}^{n}t_r\left(hz'\right)$为同一新零售用户消费的时间。当新零售用户消费五种要素连接边值小于某一阈值时，则可以把这条边剔除。新零售消费影响因素连接边系数f就是某一消费影响因素对整体边的影响程度，即消费行为影响因素的边连接系数比上同一用户在这条边上的连接系数之和。

8.4.6 新零售场景化消费位置兴趣度计算

新零售用户消费位置兴趣度是衡量用户消费模式感兴趣的程度的重要性指标，本研究借鉴现有理论研究成果，对新零售消费位置信息度定义为影响新零售消费影响因素的关联性的整合。由此，新零售用户位置兴趣度可以按照式（8–5）的公式计算，其值是指影响移动系统平台的五元组（u，d，l，t，s）的一条消费链路上消费期望与消费连接边权值的和。由此，新零售消费兴趣度的计算公式即为：

$$id=f_{ij}\times w_{ij}+f_{jk}\times w_{jk}+f_{kh}\times w_{kh}+f_{hz}\times w_{hz} \tag{8–5}$$

其中，f_{ij}为用户i与其消费期望j之间出现重复边时的连接边系数，w_{ij}为用户i与其消费期望j的之间的连接边值；f_{jk}为消费期望j与消费位置k之间出现重复边时的连接边系数，w_{jk}为消费期望j与消费位置k的连接边值；f_{kh}为消费位置k与消费时间段h之间出现重复边时的连接边系数，w_{kh}为消费位置k与消费时间段h的连接边值；f_{hz}为消费时间段h与消费服务z之间出现重复边时的连接边系数，w_{hz}为消费时间段h与消费服务z的连接边值。例如，在表8–6的新零售消费中，其消费的位置兴趣度计算如下。

$$id_{p_1}=0.6\times\frac{1}{3}+0.166\times\frac{1}{3}+0.19\times1+0.27\times1\approx0.71$$

$$id_{p_2}=0.6\times\frac{1}{3}+0.166\times\frac{1}{3}+0.16\times1+0.24\times\frac{1}{2}\approx0.53$$

$$id_{p_3}=0.6\times\frac{1}{3}+0.166\times\frac{1}{3}+0.28\times1+0.31\times\frac{1}{2}\approx0.42$$

利用以上计算公式，对新零售用户消费位置兴趣度进行计算，并根据计算出的位置兴趣度的大小划分新零售用户消费位置兴趣度的等级。在新零售平台中，可以动态地设置两个阈值，分别是th_1和th_2。如果新零售系统某个用户消费的位置兴趣度id小于阈值th_1，则认为该用户在该位置的消费的兴趣度较低，本研究将其从消费网络中剔除。同理，如果新零售系统某个用户消费的位置兴趣度id大于某一阈值th_2，则认为该用户在该位置的消费兴趣度较高。由设定的两个阈值为分界点，把用户消费的位置兴趣分成三类，分别是消费的低兴趣度、一般兴趣度和高兴趣度，可以利用消费位置兴趣度的计算公式预测用户未来消费的位置兴趣。在实际的新零售消费兴趣度计算中，我们可以设定th_1和th_2的值分别为0.8和1.2，由此，我们可以计算p_1、p_2、p_3均为低兴趣度的消费。

8.4.7 新零售场景化消费位置兴趣挖掘策略

新零售系统用户消费位置兴趣挖掘的流程主要包括：①收集新零售系统的消费原始数据。这些被采集的数据主要包含用户信息U_i、用户的消费期望E_j、用户消费位置L_k、用户消费接入次数LC_{nu}、用户消费时刻T_h、在L_k位置接受信息的时间T_s、消费服务S_z以及消费请求服务的时长T_r；②设计消费位置兴趣网络。根据新零售用户消费的影响因素，将用户与系统的每一次接入平台作为一个消费节点，并绘制新零售消费位置兴趣网络图。③消费连接系数。新零售系统消费节点与其相邻的节点连接，每个连接边的系数就是新零售平台的消费兴趣连接系数；当新零售消费位置兴趣网络出现重复边的时候，则需要对这条边上的连接系数进行叠加。④剔除位置兴趣度低的消费。在消费中，不同位置的消费兴趣度不同，可以将消费位置兴趣度低的节点从消费位置兴趣网络中剔除，以寻求消费位置兴趣度高的节点网络。⑤设置新消费位置兴趣阈值。根据新零售系统消费的位置兴趣，设定低兴趣度th_1和高兴趣度th_2的值，对于低于th_1的消费不予考虑，对于一般兴趣度和高兴趣度的消费进行下一步处理。⑥消费的关键位置及路径挖掘。当用户对某个新零售系统消费位置兴趣较高时，则将该路径记录在新零售平台中，可以按照此路径对用户进行相关消费的预测和推荐。

本研究综合考虑影响新零售用户消费兴趣的主要因素，如用户类型、消费期望、消费时间、消费地点以及信息服务等，得出了影响新零售用户消费兴趣的主要因素，提出了一种新零售用户消费位置兴趣挖掘的方法。该方法首先构建影响新零售消费网络图，网络图中的节点为消费要素的各类属性，网络的边为各类消费要素间的关联性。根据本研究中的相关定义和消费兴趣度的计算公式，可以计算基于用户消费的位置兴趣度等级，通过剔除消费位置兴趣度低的消费路径，保留消费位置兴趣度较高的消费路径。然后将位置兴趣度较高的消费因素及消费路径存储在系统中，依据这些路径对用户消费进行预测、推荐、引导和调控。虽然本研究得出了一些有意义的结论，但是还存在一些不足，如用户类型的选择不够全面，情境维度的细化程度不够等。这些将在未来研究中给予重点关注。

8.5　本章小结

本章将前面章节构建的理论落地为场景营销、短视频运营和感官营销三个方面。在实际应用中，可以将这三个维度的创新策略综合运用，也可以单独运用，总而言之，要达到新零售商业模式场景化创新的目标，即“适时—适地—适人—适品—适感”。在对“人、货、场”重构的基础上，分别形成“产品功能价值—服务效用价值—场景体验价值”三个维度价值的立体化和时空化创造。在“商业场景—消费期望—商业情境”的三维一景适配中，分别形成以“供应链”视角的“货”的价值、以“场景链”视角的“场”的价值、以“价值链”视角的“人”的价值的综合效用。未来，消费者消费期望不断细化，场景化情境不断丰富，供应链更为智慧，通过“供给”与“需求”的精细化、个性化和智慧化的匹配，助推新零售由高速度增长向高质量发展。

参考文献

[1] ACCORSI R, BARUFFALDI G, MANZINI R, et al. On the design of co-operative vendors' networks in retail food supply chains: a logistics-driven approach[J]. International Journal of Logistics, 2018, 21(1): 1–18.

[2] Van BRIEL F. The future of omnichannel retail: a four-stage Delphi study[J]. Technological Forecasting & Social Change, 2018, 132(7): 217–229.

[3] CHEN Wuhua, HUA Zhongsheng, ZHANG Z G, et al. Analysis of freemium business model considering network externalities and consumer uncertainty[J]. Journal of Systems Science & Systems Engineering, 2018, 27: 78–105.

[4] CAO Lanlan, NAVARE J, JIN Zhongqi. Business model innovation: How the international retailers rebuild their core business logic in a new host country[J]. International Business Review, 2018, 27(3): 543–562.

[5] CSIKSZENTMIHALYI M, NAKAMURA J. The concept of flow[M]// CSIKSZENTMIHALYI M. The handbook of positive psychology. New York: Oxford University Press, 2002: 89–105.

[6] QUAN D M, ALTMANN J. Business model and the policy of mapping light communication grid-based workflow within the SLA context[J]. Lecture Notes in Computer Science, 2008, 4782: 285–295.

[7] DILGER M G, JOVANOVIĆ T, VOIGT K I. Upcrowding energy co-operatives — Evaluating the potential of crowdfunding for business model innovation of energy co-operatives[J]. Journal of Environmental Management, 2017, 198(1):

50–62.

[8] DUMRONGSIRI A, FAN Ming, JAIN A, et al. A supply chain model with direct and retail channels[J]. European Journal of Operational Research, 2008, 187(3): 691–718.

[9] EVANS J, BRIDSON K. Explaining retail offer adaptation through psychic distance[J]. International Journal of Retail & Distribution Management, 2005, 33(1): 69–78.

[10] EVANS S, VLADIMIROVA D, HOLGADO M, et al. Business model innovation for sustainability: Towards a unified perspective for creation of sustainable business models[J]. Business Strategy & the Environment, 2017, 26(3): 597–608.

[11] GOEKE L, POUSTTCHI K. A scenario–based analysis of mobile payment acceptance[C]//2010 9th International Conference on Mobile Business and 2010 9th Global Mobility Roundtable (ICMB–GMR), IEEE, 2010: 371–378.

[12] HEINONEN K, STRANDVIK T, MICKELSSON K J, et al. Rethinking service companies' business logic: Do we need a customer–dominant logic as a guideline?[J]. Hanken School of Economics, 2009: 1–18.

[13] HU Xiaohua. A data mining approach for retailing bank customer attrition analysis[J]. Applied Intelligence, 2005, 22(1): 47–60.

[14] HESS N J, KELLEY C M, SCOTT M L, et al. Getting personal in public!? How consumers respond to public personalized advertising in retail stores[J]. Journal of Retailing, 2020, 96(3): 344–361.

[15] KOUTANAEI F N, SAJEDI H, KHANBABAEI M. A hybrid data mining model of feature selection algorithms and ensemble learning classifiers for credit scoring[J]. Journal of Retailing & Consumer Services, 2015, 27: 11–23.

[16] KENNY D, MARSHALL J F. Contextual marketing: The real business of the Internet[J]. Harvard Business Review, 2000, 78(6): 119–125.

[17] KOMOTO H, MASUI K, TOMIYAMA T. Quantitative scenario-based simulation of global business models for manufacturers[J]. CIRP Annals — Manufacturing Technology, 2013, 62(1): 163–166.

[18] KOMAKI D, HARA T, NISHIO S. How does mobile context affect people's web search behavior?: A diary study of mobile information needs and search behaviors[C]//2012 IEEE 26th International Conference on Advanced Information Networking and Applications. IEEE, 2012: 245–252.

[19] MORGAN E. Plan A: Analysing business model innovation for sustainable consumption in mass-market clothes retailing[J]. Journal of Corporate Citizenship, 2015(57): 73–98.

[20] MENCARELLI R, LOMBART C. Influences of the perceived value on actual repurchasing behavior: Empirical exploration in a retailing context[J]. Journal of Retailing and Consumer Services. 2017, 38: 12–21.

[21] MASSA S, TESTA S. Beyond the conventional-specialty dichotomy in food retailing business models: an Italian case study[J]. Journal of Retailing and Consumer Services. 2011, 18(5): 476–482.

[22] OLOFSSON S, HOVESKOG M, HALILA F. Journey and impact of business model innovation: The case of a social enterprise in the Scandinavian electricity retail market[J]. Journal of Cleaner Production. 2018, 175: 70–81.

[23] PAWAR P, SUBERCAZE J, MARET P, et al. Towards business model and technical platform for the service oriented context-aware mobile virtual communities[C]//2008 IEEE Symposium on Computers and Communications. IEEE, 2008: 103–110.

[24] PANTANO E, PRIPORAS C V, DENNIS C. A new approach to retailing for successful competition in the new smart scenario[J]. International Journal of Retail & Distribution Management, 2018: 1–44.

[25] PANTANO E, VANNUCCI V. Who is innovating? An exploratory research of digital technologies diffusion in retail industry[J]. Journal of Retailing and Consumer Services, 2019, 49(7): 297–304.

[26] ROUTRAY S, MISHRA S. Designing a value–added e–business model through information aggregation: an Indian case study[J]. International Journal of Business Information Systems, 2009, 4(3): 311–323.

[27] RODRIGUES V S, HARRIS I, MASON R. Horizontal logistics collaboration for enhanced supply chain performance: an international retail perspective[J]. Supply Chain Management, 2015, 20(6): 631–647.

[28] ROBERTSON T S. Business model innovation: a marketing ecosystem view[J]. Ams Review, 2017, 7(3): 1–11.

[29] STURARI M, LICIOTTI D, PIERDICCA R, et al. Robust and affordable retail customer profiling by vision and radio beacon sensor fusion[J]. Pattern Recognition Letters, 2016, 81: 30–40.

[30] SHANKAR V, VENKATESH A, HOFACKER C, et al. Mobile marketing in the retailing environment: current insights and future research avenues[J]. Journal of Interactive Marketing, 2010, 24(2): 111–120

[31] SOUTO J E. Business model innovation and business concept innovation as the context of incremental innovation and radical innovation[J]. Tourism Management. 2015, 51: 142–55.

[32] SCHOLZ J, DUFFY K. We ARe at home: How augmented reality reshapes mobile marketing and consumer–brand relationships[J]. Journal of Retailing

and Consumer Services, 2018, 44(9): 11–23.

[33] HØGEVOLD N M. A corporate effort towards a sustainable business model[J]. European Business Review, 2011, 23(4): 392–400.

[34] SCHULTZ C J, APPS D J, JOHNSON T E, et al. Testing consumer acceptability of new crops: an integrated sensory and marketing approach using muntries, an Australian native berry[J]. Food Australia, 2009, 61(8): 335–341.

[35] SOUIDEN N, LADHARI R, CHIADMI N E. New trends in retailing and services[J]. Journal of Retailing and Consumer Services, 2019, 50(9): 286–288.

[36] TIAN X, DING Y. From selling products to selling services: a new retail business model[J]. Advances in Information Sciences and Service Sciences, 2011, 3(6): 187–196.

[37] TEECE D J, PISANO Q. The dynamic capabilities of firms: an introduction[J]. Industrial and Corporate Change, 1994, 3(3): 537–556.

[38] TEECE D J, PISANO G, SHUEN A. Dynamic capabilities and strategic management[J]. Strategic Management Journal, 1997, 18: 509–533.

[39] TSENG V S, LIN K W. Efficient mining and prediction of user behavior patterns in mobile web systems[J]. Information & Software Technology, 2006, 48(6): 357–369.

[40] VARGO S L, LUSCH R F. Evolving to a new dominant logic for marketing[J]. Journal of Marketing, 2004, 68(1): 1–17.

[41] WANG C L, AHMED P K. Dynamic capabilities: A review and research agenda[J]. International Journal of Management Reviews, 2007(9): 31–51.

[42] WANG Lingyun, JARING P, WALLIN A. Developing a conceptual framework for business model innovation in the context of open innovation[C]//2009 3rd IEEE International Conference on Digital Ecosystems and Technologies. IEEE,

2009: 453–458.

[43] WANG Jianyi, JIANG Lihong, CAI Hongming. Scenario–based method for business process analysis and improvement in SOA[C]//2014 IEEE 11th International Conference on e–Business Engineering. IEEE, 2014: 19–25.

[44] WEI Wei. Retailing supply chain with location–sensitive mobile channel: a game–theoretic investigation[J]. International Journal of Electronic Finance, 2011, 5(3): 261–271.

[45] Wood S. Revisiting the US food retail consolidation wave: regulation, market power and spatial outcomes[J]. Journal of Economic Geography, 2013, 13(2): 299–326.

[46] WIENER M, HOßBACH N, SAUNDERS C. Omnichannel businesses in the publishing and retailing industries: Synergies and tensions between coexisting online and offline business models[J]. Decision Support Systems. 2018, 109: 15–26.

[47] LI Xin, SU Guofeng, ZHONG Shaobo, et al. Study on scene–driven emergency drill method[M/OL]//WEN Zhenkun, LI Tianrui. Practical applications of intelligent systems. Heidelberg: Springer–Verlag, 2014: 1089–1097[2022–3–2]. https://doi.org/10.1007/978–3–642–54927–4_104.

[48] ZHANG Yue, ZHAO Shukuan, XU Xiaobo. Business model innovation: an integrated approach based on elements and functions[J]. Information Technology & Management, 2016, 17(3): 303–310.

[49] YOSHIKAWA N, FUJIWARA N, NAGATA J. Scenario analysis of greenhouse gases reduction by changing consumer's shopping behavior[J]. Energy Procedia, 2014, 61: 1532–1535.

[50] YANG Miying, EVANS S, VLADIMIROVA D, et al. Value uncaptured

perspective for sustainable business model innovation[J]. Journal of Cleaner Production, 2016, 140: 1794–1804.

[51] ZHAO Yan, WEN Zhou, HÜSIG S, et al. Environment, network interactions and innovation performance of industrial clusters[J]. Journal of Science & Technology Policy in China, 2010, 1(3): 210–233.

[52] ZOTT C, HUY Q N. The affective side of dynamic capability: emotion regulation, and resource activation in firms[J]. Academy of Management Annual Meeting Proceedings, 2012(1): 10385.

[53] ZUKIN S, TRUJILLO V, FRASE P, et al. New retail capital and neighborhood change: boutiques and gentrification in New York City[J]. City & Community, 2009, 8(1): 47–64.

[54] 陈玲玲，翟会颖，王建平.新零售商业模式对零售商顾客价值的影响[J].商业经济研究，2021（5）：116–119.

[55] 蔡春花，刘伟，江积海.商业模式场景化对价值创造的影响——天虹股份2007—2018年数字化转型纵向案例研究[J].南开管理评论，2020，23（3）：98–108.

[56] 陈嘉贤.场景：大数据挖掘的新标准[J].今传媒，2016，24（9）：17–18.

[57] 党兴华，薛超凯，施国平.风险投资网络社群行为研究述评与展望[J].科技进步与对策，2016，33（18）：156–160.

[58] 陈志刚.场景、场景链营销及其在大型儿童销品茂中的应用[J].江苏商论，2017（3）：3–6.

[59] 冯鹏辉.福田车联网：打造商用车智能网联新生态[J].智能网联汽车，2020（3）：72–74.

[60] 何琼峰.基于扎根理论的文化遗产景区游客满意度影响因素研究——以大众点评网北京5A景区的游客评论为例[J].经济地理，2014，34（1）：168–

173，139.

[61] 韩晓宁，邹韵婕.智能化、场景化、跨平台：内容产业2.0时代的产业特征与商业模式创新[J].出版广角，2019（7）：27–30.

[62] 黄文彬，徐山川，吴家辉，等.移动用户画像构建研究[J].现代情报，2016，36（10）：54–61.

[63] 江积海，刘芮.互联网产品中用户价值创造的关键源泉：产品还是连接?——微信2011—2018年纵向案例研究[J].管理评论，2019，31（7）：110–122.

[64] 江积海，刘敏.动态能力重构及其与竞争优势关系实证研究[J].科研管理，2014，35（8）：75–82.

[65] 江积海，王烽权.O2O商业模式的创新路径及其演进机理——品胜公司平台化转型案例研究[J].管理评论，2017，29（9）：249–261.

[66] 江积海，阮文强.新零售企业商业模式场景化创新能创造价值倍增吗?[J].科学学研究，2020，38（2）：346–356.

[67] 江积海，王若瑾.新零售业态商业模式中的价值倍增动因及创造机理——永辉超级物种的案例研究[J].管理评论，2020，32（8）：325–336.

[68] 江积海，李琴.平台型商业模式创新中连接属性影响价值共创的内在机理——Airbnb的案例研究[J].管理评论，2016，28（7）：252–260.

[69] 江积海.商业模式创新中"逢场作戏"能创造价值吗？——场景价值的理论渊源及创造机理[J].研究与发展管理，2019，31（6）：139–154.

[70] 江积海，廖芮.商业模式创新中场景价值共创动因及作用机理研究[J].科技进步与对策，2017，34（8）：20–28.

[71] 江积海，王烽权.O2O商业模式的创新导向：效率还是价值?——基于O2O创业失败样本的实证研究[J].中国管理科学，2019，27（4）：56–69.

[72] 江积海，廖芮.商业模式创新中场景价值共创动因及作用机理研究[J].科技

进步与对策，2017，34（8）：20–28.

[73] 荆浩，宝建梅.绿色商业模式的概念框架分析[J].中国科技论坛，2012（11）：34–40.

[74] 蒋波.福田汽车海外资源管理系统的设计与实现[D].济南：山东大学，2016.

[75] 刘红，张乐乐.基于价值链理论的企业商业模式创新实践研究[J].商业时代，2012（10）：99–100.

[76] 罗达.云计算经济视野下企业商业模式创新解析[J].中国商论，2016（33）：126–127.

[77] 蓝海燕，刘旭晔."共享零售"的含义、消费驱动与演化路径[J].中国流通经济，2018，32（2）：8–16.

[78] 李鸿磊，刘建丽.基于用户体验的商业模式场景研究：价值创造与传递视角[J].外国经济与管理，2020，42（6）：20–37.

[79] 李志刚，许晨鹤，乐国林.基于扎根理论方法的孵化型裂变创业探索性研究——以海尔集团孵化雷神公司为例[J].管理学报，2016，13（7）：972–979.

[80] 罗伯特·斯考伯，谢尔·伊斯雷尔.即将到来的场景时代[M].赵乾坤，周宝曜，译.北京：北京联合出版公司，2014.

[81] 林海涛，许骏.基于TRIZ理论的技术创新和商业模式协同创新研究[J].工业技术经济，2019，38（4）：37–42.

[82] 李文，武飞，张珍珍，等.基于大数据能力的新零售商业模式研究[J].商业经济研究，2020（6）：118–120.

[83] 李军民.北汽福田汽车欧曼品牌营销渠道优化研究及应用[D].北京：北京化工大学，2018.

[84] 齐严.商业模式创新与"新零售"方向选择[J].中国流通经济，2017，31（10）：3–11.

[85] 隋伟.基于价值链向价值网演变角度的商业模式创新研究[D].北京交通大学，2014.

[86] 单良.盒马鲜生“新零售”商业模式创新及对策建议——基于Osterwalder模型[J].商业经济研究，2019（13）：104–106.

[87] 田剑，董颖.基于扎根理论的新零售企业商业模式创新演化机制研究——以盒马为例[J].管理案例研究与评论，2020，13（6）：688–699.

[88] 唐・舒尔茨.SIVA范式：搜索引擎触发的营销革命[M].李丛杉，等译.北京：中信出版社，2014.

[89] 王福.移动图书馆场景化信息接受适配研究[D].长春：吉林大学，2018.

[90] 王福，长青，刘俊华，等.新零售商业模式场景化创新的理论框架与实现路径研究[J].技术经济，2021，40（4）：39–48.

[91] 王福，刘俊华，冀强.企业商业模式场景化创新及其营销策略构建[J].中国流通经济，2021，35（5）：62–73.

[92] 王烽权，江积海，王若瑾.人工智能如何重构商业模式匹配性？——新电商拼多多案例研究[J].外国经济与管理，2020，42（7）：48–63.

[93] 王福，庞蕊，高化，等.场景如何重构新零售商业模式适配性——伊利集团案例研究[J].南开管理评论，2021，24（4）：39–52.

[94] 王福，王科唯.“新零售”供应链场景化价值逆向重构[J].中国流通经济，2020，34（2）：27–35.

[95] 王福.新零售流通供应链商业模式创新体系构建[J].当代经济管理，2020，42（7）：17–26.

[96] 王海军.福田汽车公司发展战略研究[D].北京：北京理工大学，2016.

[97] 王坤，相峰.“新零售”的理论架构与研究范式[J].中国流通经济，2018（1）：3–11.

[98] 王淑翠，俞金君，宣峥楠.我国“新零售”的研究综述与展望[J].科学学与

科学技术管理，2020，41（6）：91–107.

[99] 汪涛武，王燕.基于大数据的制造业与零售业融合发展：机理与路径[J].中国流通经济，2018，32（1）：20–26.

[100] 汪涛，王铵.中国钢铁企业商业模式绿色转型探析[J].管理世界，2014（10）：180–181.

[101] 王宝义."新零售"的本质、成因及实践动向[J].中国流通经济，2017，31（7）：3–11.

[102] 王雪冬，董大海.商业模式创新概念研究述评与展望[J].外国经济与管理，2013，35（11）：29–36，81

[103] 王水莲，常联伟.商业模式概念演进及创新途径研究综述[J].科技进步与对策，2014，31（7）：154–160.

[104] 王砚羽，苏欣，谢伟.商业模式采纳与融合："人工智能+"赋能下的零售企业多案例研究[J].管理评论，2019，31（7）：186–198.

[105] 吴超云，余昌彬.苏宁"新零售"模式的落地研究[J].福建商学院学报，2019（2）：64–69，94.

[106] 杨双亮.用户画像在内容推送的研究与应用[D].北京：北方工业大学，2017.

[107] 翁昕.优衣库的商业模式分析及对中国企业的启示[J].现代商业，2019（22）：29–30.

[108] 邢惠淳."新零售"背景下生鲜电商商业模式比较分析——以盒马鲜生和每日优鲜为例[J].商业经济研究，2019（4）：85–87.

[109] 杨天.基于场景链的自然驾驶V2V通信技术交通适应性研究[D].北京：北京交通大学，2001.

[110] 于萍.移动互联环境下的场景营销：研究述评与展望[J].外国经济与管理，2019，41（5）：3–16.

[111] 祝俊.智慧零售：苏宁，变局中实现弯道超车[J].中国品牌，2019（6）：54–55.

[112] 周慧琴.电子商务环境下传统零售业的发展情况研究[J].商场现代化，2019（8）：3–4.

[113] 周文辉，邓伟，陈凌子.基于滴滴出行的平台企业数据赋能促进价值共创过程研究[J].管理学报，2018，15（8）：1110–1119.

[114] 周文辉，陈凌子，邓伟，等.创业平台、创业者与消费者价值共创过程模型：以小米为例[J].管理评论，2019，31（4）：283–294.

[115] 周蓉蓉.我国新零售商业模式的动力机制与升级研究[J].管理现代化，2020，40（2）：52–55.

[116] 王福，刘俊华，长青，等.场景链如何基于供应链赋能新零售商业模式价值共创？——福田汽车案例研究[J].科学学与科学技术管理，2022，43（7）：135–155.

[117] 左培文，董晓岚.不同场景的商用车自动驾驶产业化分析[J].商用汽车，2019（9）：58–61.

[118] 潘涛.福田汽车绿色工艺创新路径研究[D].哈尔滨：哈尔滨理工大学，2017.

[119] 左培文，董晓岚.不同场景的商用车自动驾驶产业化分析[J].商用汽车，2019（9）：58–61.

[120] 赵秋银，秦昌才.大数据时代的商业模式创新——以日本的优衣库为例[J].经济论坛，2015（11）：53–60.

[121] 张建军，赵启兰.新零售驱动下流通供应链商业模式转型升级研究[J].商业经济与管理，2018（11）：5–15.

[122] 周殿昆，李荣庆，郭红兵.构建促进绿色商业发展的良性互动机制[J].财贸经济，2007（10）：103–107，129.

[123] 周杰.竞合能力、联盟企业间关系质量与创新绩效案例研究[J].西南政法大学学报，2017，19（6）：100–109.

[124] 曾锵.大数据驱动的商业模式创新研究[J].科学学研究，2019，37（6）：1142–1152.

[125] 张浩，朱佩枫.基于区块链的商业模式创新：价值主张与应用场景[J].科技进步与对策，2020，37（2）：19–25.

[126] 王福，李哲，刘俊华，等.近十年来竞争供应链研究热点及其演化——基于关键词共现和社会网络分析[J].供应链管理，2022，3（8）：5–19.

[127] 刘俊华，许力苹，王福.基于文献计量的绿色供应链热点研究及演进分析[J].供应链管理，2022，3（5）：5–23.

[128] 王福，刘俊华，王建国.产学研共同体信息共享的形成机理及实现路径[J].现代情报，2020，40（12）：74–83.

后 记

本专著是项目团队近几年在新零售商业模式领域成果的综合体现。从2019年开始，团队在新零售领域的相关研究成果陆续在《南开管理评论》《科学学与科学技术管理》《西安交通大学学报（社会科学版）》《中国流通经济》《当代经济管理》《技术经济》等期刊发表，标志着在该领域取得了阶段性的成果。项目团队多年的研究积累形成了新零售商业模式场景化创新的系列成果，这些成果之间具有一定的关联性，很有必要将其系统化地整合，以对这一阶段的研究进行总结和归纳，为未来研究指明方向，这是本专著出版的初衷。

本专著得到国家首批新文科研究与改革实践项目（2021140037），国家自然科学基金（72162028），内蒙古自治区自然科学基金（2021LHMS07001），内蒙古自治区高等学校人文社会科学重点研究基地基金项目内蒙古现代物流与供应链管理研究中心（201906），内蒙古自治区高等学校人文社会科学重点研究基地内蒙古互联网经济研究中心资助，在此对所有资助表示感谢。

本研究得到了内蒙古工业大学经济管理学院各位领导的支持和各位老师的鼓励，在专著写作过程中也得到了校外相关领域专家学者的指导和帮助，在此一并感谢，正是由于您的支持和帮助，本专著才更具可读性。感谢项目团队的家人对本研究的支持，正是由于您的支持，团队成员才能心无旁骛地完成科研和写作。本书共8个章节，合计20余万字，是对新零售商业模式场景化创新研究的阶段性记录和总结，欢迎读者和同仁不吝赐教。